教育部人文社会科学研究规划项目研究成果（项目编号：11YJAZH081）

青少年运动健康促进导论

谭思洁　王　健　郭玉兰　主编

U0951057

知识产权出版社
全国百佳图书出版单位

内容提要

科学合理的运动对体质健康的作用已得到广泛的认可。本书充分分析影响青少年体质健康的多方面因素，详尽地解读青少年运动健康促进的基本理论；同时，尽可能收集国内外研究者的最新成果，其中特别注意将简便易行、准确合理、适合青少年应用的运动健康促进方法收录书中，以帮助和引导青少年获得理想的体质健康水平。

责任编辑：江宜玲　　　　**责任出版**：卢运霞

图书在版编目（CIP）数据

青少年运动健康促进导论/谭思洁，王健，郭玉兰主编．—北京：知识产权出版社，2012.6

ISBN 978－7－5130－1186－0

Ⅰ.①青…　Ⅱ.①谭…　②王…　③郭…　Ⅲ.①青少年—健身运动—研究　Ⅳ.①G883　②R161.5

中国版本图书馆 CIP 数据核字（2012）第047840号

青少年运动健康促进导论

QINGSHAONIAN YUNDONG JIANKANG CUJIN DAOLUN

谭思洁　王　健　郭玉兰　主编

出版发行：知识产权出版社

社　址：北京市海淀区马甸南村1号	邮　编：100088
网　址：http：//www.ipph.cn	邮　箱：bjb@cnipr.com
发行电话：010-82000860转8101/8102	传　真：010-82000507/82000893
责编电话：010-82000860转8339	责编邮箱：jiangyiling@cnipr.com
印　刷：知识产权出版社电子制印中心	经　销：新华书店及相关销售网点
开　本：787×1092 1/16	印　张：14
版　次：2012年7月第1版	印　次：2012年7月第1次印刷
字　数：214千字	定　价：42.00元

ISBN 978－7－5130－1186－0/G·485（4061）

前　言

21 世纪是追求健康与生活品质的世纪，青少年是国家的希望与未来，各国一贯重视他们的身心发展。我国学校教育的发展战略更是把青少年全面健康成长作为主题，并为此进行了长期不懈的努力。

目前，科学合理地运动对体质健康的作用已经得到越来越广泛的认可，必将在对青少年实施有效的健康促进中起到重要作用。

本书顺应新形势下青少年提高体质健康的需要，以青少年体质健康现状为切入点，充分分析影响青少年体质健康的多方面因素，尽可能收集国内外相关领域的最新研究成果，详尽地解读青少年运动健康促进的基本理论；其中特别将简便易行、准确合理、适合青少年应用的运动健康促进方法收录于书中，旨在帮助和引导青少年获得理想的体质健康水平。

实用、严谨、前沿是本书力图达到的目标。

本书编写得到教育部的资助，为 2011 年度教育部人文社会科学研究基金规划项目《我国青少年体质健康促进模型的构建及实证追踪研究》（编号 11YJAZH081）及国家科技支撑计划课题《青少年日常体力活动水平测量与能量消耗关键技术的研究与应用》（编号 2009BAK62B01）的研究成果，特在此说明。

本书第一、第三、第五章及第四章第一节由王健编写；第八章及附录由郭玉兰编写；其余由谭思洁编写。特别感谢天津体育学院教师曹立全，在读研究生刘政宇等在本书编写过程中作出的重要贡献。

由于作者能力有限，书中难免不当之处，恳请同行指教。

谨此感谢所有帮助过我们的人们。

编者

2012 年 2 月

目 录

第一章 健康概述

第一节 有关健康的理论

一、健康的定义

世界卫生组织关于健康的定义是："健康乃是一种在身体上、精神上的完满状态以及良好的适应能力，而不仅仅是没有疾病和衰弱的状态。"健康是人类生存与发展的要素，不仅属于个人，而且属于社会。真正的健康应该是在没有疾病和身体不虚弱的基础上，保持着良好的体质水平和心理状态，拥有高质量的生活方式，达到躯体健康、心理健康、道德健康，社会适应力良好。

（1）躯体健康。一般指主要器官没有疾病，各项生理功能正常，体力良好等。

（2）心理健康。一般有3个方面的标志：第一，人格完整，自尊、自爱、自信；情绪稳定，积极情绪多于消极情绪，有较好的自控能力；第二，在自己所处的环境中有充分的安全感，能保持正常的人际关系，能得到他人的信任；第三，对未来有明确的生活目标，能切合实际地不断进取，有理想、有追求等。

（3）道德健康。不以损害他人利益来满足自己的需要；有辨别真假、善恶、荣辱、美丑等是非观念，能按照社会公认的准则约束、支配自己的行为等。

（4）社会适应力良好。指能够适应复杂的社会环境变化，为他人所理解，为大家所接受等。

健康的人应具有正常的生理、心理反应，有强壮的体格、敏捷的思维，有充沛的精力应付日常学习和工作；能够抵抗一般性疾病和意外事故；可以轻松、坦然地享受生活乐趣，从容地处理人际关系，自觉恪守社会道德观。因此，青少年身体健康是人类宝贵的社会财富。

二、健康体适能

体适能（physical fitness）可视为身体对生活、活动与环境的综合适应能力，是一种满足生活需要和有足够的能量完成各种活动任务的能力，常简称为“体能”。但通常所说的体能更偏重于发展各种运动素质，而体适能则包括机体对环境的全面适应能力，它涉及机体的全面健康水平。一些国家和地区对于“physical fitness”有不同的解释，如德国将其解释为“工作能力”（leistungs fahigkeit）；美国运动医学学会将其定义为：机体在不过度疲劳的状态下，能以最大活力愉快地从事休闲活动的能力，以及应付不可预测的紧急情况的能力和从事日常工作的能力。

我国一般使用“体质”（fitness）的概念来解释体适能。体质是人体的质量，它是在遗传性和获得性的基础上表现出来的人体形态结构、生理功能和心理因素的综合的、相对稳定的特征。体质表达了机体有效与高效执行自身机能的能力，也是机体适应环境的一种能力。

因此，体适能由机体的基本生活能力、身体形态、身体机能和运动素质的发展水平决定。身体形态包括机体的内外部形态；身体机能指机体各器官系统的功能；运动素质指机体在活动时表现出来的各种基本运动能力，如肌肉力量、速度、耐力、柔韧和灵敏等。

与健康有关的体适能主要包括以下 4 个方面。

（一）心肺适能

心肺适能（cardiorespiratory fitness）是健康体适能中极为重要的方面，它指身体摄取氧和利用氧的能力，主要反映心脏、血管和肺脏等器官向运动的肌肉组织提供氧的能力。氧是生物体新陈代谢所必需的，日常生活、各种身体活动都离不开氧。在日常生活中，随着工作强度的加大，人对氧的需求也会加大，在氧供充足的情况下，机体内能源物质氧化分解提供能量，人们可以比较轻松地完成工作或运动；氧供不足，则承受工作负荷的能力大大减弱，因此氧供充足是有氧工作能力的先决条件，其水平的高低主要取决于呼吸功能、氧运输系统、心脏的泵血功能和肌组织利用氧的能力。这一过程是：空气中的氧通过呼吸器官的活动吸入肺，并通过物理弥散作用与肺循环毛细血管血液之间进行交换；弥散入血液的氧由红细胞中的血红蛋白携带并运输；心脏泵血推动血液循环供身体组织的需要及维持静脉血的回流，当毛细血管血液流经组织细胞时，肌组织从血液中摄取氧和利用氧。

通常认为，心肺适能与有氧工作能力的内涵是相同的。具备良好的心肺适能在完成学习、工作、走、跑、跳、劳动时就会轻松自如，并能够胜任强度较大的工作，对较为剧烈的运动也能逐步适应。

（二）肌肉适能

肌肉适能（muscular fitness）在近年关于体质健康的研究中受到了极大关注。它包括肌肉力量与肌肉耐力，肌肉力量是一块肌肉或一个肌肉群一次竭尽全力从事抵抗阻力的活动能力，表示肌肉一次所能产生的最大力量。肌肉耐力指一块肌肉或肌肉群在一段时间内重复进行肌肉收缩的能力，以肌肉承受某种适当负荷时运动重复次数的多寡或持续运动时间的长短来计算。

研究者认为，肌肉收缩是人体一切活动的原动力，肌肉力量是其他所有身体素质的基础，所有的身体活动都需要肌肉力量，足够的肌力可使人以最小的生理应激完成面临的工作和运动。肌肉适能良好可以提升身体活动能力，提高生活质量。其重要性还有：维持均匀的体形、体姿，避免肌肉萎缩、松弛，有利于预防关节扭伤等运动伤害。肌肉强壮和具备一定肌肉耐力的人更易抵御疲劳的发生。

（三）柔韧性

柔韧性（flexibility）指用力做运动时扩大动作幅度的能力，包括身体各个关节的活动幅度及跨过关节的肌肉、肌腱、韧带、皮肤和其他组织的弹性和伸展能力。柔韧性对于提高身体活动水平，改善肌肉紧张，避免关节僵硬，维持正确的体姿，保持良好的体态，减少运动器官损伤具有重要意义。

（四）身体成分

身体成分（body composition）指组成人体各组织器官的总成分，总重量为体重，含脂肪成分和非脂肪成分。体脂肪重量占体重的百分比称为体脂百分比，余下的包括骨、水分、肌肉等，称为去脂体重。保持合理的身体成分对体质健康有重要的意义。近年来，青少年体重超重比例呈上升趋势，特别值得注意的是，一些青少年体重指数虽然正常，但脂肪堆积过多，肌肉量明显不足，这是一种隐性肥胖，它对健康的威胁更为严重。经常性的合理运动会使肌细胞肥大，肌纤维粗壮，肌肉发达，骨密度增大，避免脂肪堆积，保持健康的身体成分。

第二节　健康的基本标志

一、世界卫生组织提出的 10 条健康标准

为了帮助人们更好地理解健康的具体内涵，世界卫生组织提出了更为具体的评价健康的标准，包括以下 10 条。

（1）精力充沛，能从容不迫地应付日常生活和工作的压力而不感到过分紧张。

（2）处事乐观、态度积极，乐于承担责任，事无巨细不挑剔。

（3）善于休息，睡眠良好。

（4）应变能力强，能适应外界环境的各种变化。

（5）能够抵抗一般性感冒和传染病。

（6）体重得当，身材匀称，站立时头、肩、臂位置协调。

（7）眼睛明亮，反应敏捷，眼睑不发炎。

（8）牙齿清洁，无空洞，无痛感；齿龈颜色正常，不出血。

（9）头发有光泽，无头屑。

（10）肌肉、皮肤富有弹性，走路轻松有力。

二、衡量健康的“五快”、“三良”

近年来，世界卫生组织提出用“五快”来衡量躯体的健康状况，用“三良”来衡量心理的健康状况。

“五快”包括：食得快、便得快、睡得快、说得快、走得快。

（一）食得快

不要把食得快理解成狼吞虎咽，不辨滋味。食得快指胃口好、有食欲、不挑食、不偏食，能顺利吃完一餐饭，没有难以下咽的感觉，饭后感到饱足，没有不饱的不满足感。这反映口腔和胃的功能良好。

（二）便得快

便得快指有便意时能很快地排泄大小便。便中和便后轻松自如，没有疲劳感，说明肠道功能良好。

（三）睡得快

睡得快指晚间有自然睡意，入睡迅速，睡得较深，睡眠质量好；醒后头脑清醒、精神饱满，说明中枢神经系统兴奋、抑制功能协调，且内脏无病理信息干扰。

如不能很快入睡、睡眠时间短、多梦易醒等，或睡的时间过多，睡后仍感乏力不爽，则是不健康的表现。

（四）说得快

说得快指说话流利，语言表达准确，说话内容合乎逻辑，这反映人的头脑清醒、思维敏捷，精力充足。

精神疲劳或受疾病困扰的人常常有词不达意、反应迟钝的现象。如说话不时停顿、欲言又止、下意识地重复、前言不搭后语、说话吃力，有疲倦感等。

（五）走得快

走得快指步伐轻快、行动自如、身体协调、反应敏捷，表明躯体和四肢运动器官状况良好，精力充沛旺盛。

身体疲劳或衰弱往往先从下肢开始，在精神抑郁、心理状况欠佳时下肢常有沉重感，表现为步履沉重、行动不协调、反应欠灵活等。

“三良”包括：良好的个性、良好的处世能力、良好的人际关系。

（一）良好的个性

良好的个性指性格温和，言行举止能够被别人认可和接受，并且能够在各种环境中充分发挥自己的个性特点。意志坚强，胸襟坦荡，有丰富的情感，心境乐观，热爱生活，不会有经常性的压抑感。

（二）良好的处世能力

良好的处世能力指观察问题客观，有良好的自我控制能力，与人交往的行为方式能被大多数人所接受。能应付复杂环境，对事物的变迁保持稳定而良好的情绪，有知足感。

（三）良好的人际关系

良好的人际关系指待人宽厚，有与他人交往的愿望，珍惜友情，尊重他人。待人接物大度和善，不吹毛求疵和过分计较，能助人为乐，与人为善。

三、全适能

全适能指心肺功能、身体形态、身体成分、肌肉力量与耐力、柔韧性以及生活和劳动所需要的技能、功能等都能达到良好的标准。具体包括以下 6 个方面。

（1）社会方面。个体应具有顺利实现其社会角色的能力，同时不会对他人造成伤害。

（2）身体方面。个体应通过合理饮食，进行有规律的锻炼，避免不良习惯和嗜好，参加能够预防疾病的活动，在需要的时候寻求医疗保健方面的帮助，以及在身体健康方面具有广博的知识和高度的责任感等手段来维护一个健康的体格。

（3）情绪方面。要有理解和合作精神，能够妥善处理日常生活中出现的问题。

（4）职业方面。喜爱自己借以维持生活并对社会作出贡献的工作，无论身处何种职业，都应具备判断性的思维、解决问题的能力及与他人交流和沟通的能力。

（5）智力方面。应具备能够接受新事物的开放性思维，乐于寻求新的经验和体会，勇于接受新的挑战。

（6）精神方面。应能够合理平衡自身需求和外界需求的矛盾，恰如其分地自我评价和自我对待，与他人和谐相处。

第三节 影响健康的因素

影响现代人健康的主要因素可归纳为如下3点。

一、自然环境

自然环境中有10余万种微生物、30多万种植物和我们生活在同一个星球，它们和人类共同维持着生态平衡。而人类则由于人口的增多，要向大自然索取更多的资源，工业化、城市化进程加快使环境污染严重。调查表明，与环境污染有关的疾病，如癌症、呼吸和循环系统方面的疾病呈上升趋势。在现代社会中，人们广泛使用化肥导致粮食、蔬菜、水果受到污染。家用电器的普及、计算机的广泛使用使人们遭受着越来越多的电磁辐射。自然环境中的暴风、雷电、冰雹、地震、海啸、泥石流等对人类也有很大的威胁。

尽管人类在长期的生存适应中，已经形成了较强的自我保护机制，如免疫机制、创伤愈合机制、耐寒服习等，但面临自然环境对健康越来越多的不利因素，我们必须不断提高抵抗疾病和适应自然环境的能力。

二、社会环境

现代文明社会使人们丰衣足食，医学的进步使人们有能力抵抗许多疾病的困扰，应该说现代人具备了健康长寿的条件，但在现实中，人们还没有获得预期的健康和长寿，原因之一是高度发达的物质条件给现代人带来了新的不利于健康的因素。一位生理学家认为：“坐着工作是文明史上对人的新陈代谢影响最深刻的变化，是造成许多新陈代谢失调现象的原因。”而现代社会中，坐位工作已经越来越多。有研究证实，终日伏案的生活方式将使人类变得越来越胖，躯干佝偻得越来越严重，研究甚至预计，长期身体活动不足将导致人类的视觉、听觉、方位觉、灵巧、力量等出现退化，这些将直接影响人类的健康与长寿。

环境因素对青少年生活行为模式的影响非常直接，如国际互联网以便捷、高效的信息互动影响着现代人的生活方式，青少年接触网络的比例迅速增加。有调查显示，71%的小学生经常上网，这不仅导致坐位行为过多，对体质构成严重的潜在威胁，引发的网络上瘾症更是严重影响青少年的心理健康。目前学生体质监测结果显示，我国大、中、小学学生的肺活量和身体素质水平持续下降，肥胖和视力不良检出率逐渐上升。研究认为，我国青少年体质健康状况存在的主要问题是：体力活动不足，静态行为居多，膳食结构不合理，因而心肺功能较差，肌肉力量不足，肥胖者占有一定比例。另外，睡眠不足、姿势不良也是困扰健康的因素，且学习压力、竞争压力、网络等导致的不健康心理状态也有相当的发生率。

三、生活方式

生活方式指作为社会主体的人，为生存和发展而进行的一系列日常活动的行为表现形式，是人们一切生活活动的总和。随着社会经济的飞速发展和科技的日新月异，人们的生活方式发生了巨大的变化。现代文明成果在为人类创造美好生活的同时，也带来了一些负面影响，如现代化的生活方式使人们的体力活动明显减少，人类虽然基本解决了烈性传染病的发生，但心血管疾病、糖尿病、肥胖症等慢性疾病的患病率日趋上升，这些“现代文明病”的发生或多或少与不良的生活方式有关。

生活方式直接影响着人类的健康。人类在追求物质享受和精神享受的过程中，逐渐脱离了原始狩猎和角力等大自然赋予的基本能力，导致人类生物性本能的逐渐退化。有趣的是，科学实验证明，没有吃饱的老鼠活得更长久。这证明人类机体的代谢系统可能更适应一种较大的体力活动输出、摄入食物并不很充足的状态。

但在现代化的生活中，物质的极大丰富却使人们经常性地热量摄入过多；在青少年群体中，营养过剩、运动不足导致的代谢紊乱，使单纯性肥胖症的比例越来越高，甚至已经严重威胁到人类未来的健康，成为全球关注的社会性问题。研究一致认为，目前青少年体质健康水平下降与现代化生活方式的改变有重要关联，如高脂、高糖类食物摄取比例过高，营养素补充剂或药物滥用，再加上体力活动严重不足，使能量代谢失衡，肥胖、高血糖、脂肪肝等成人疾病低龄化现象已表现出非常明显的发展趋势，成为21世纪影响人类健康的重要因素。

第二章　健康促进的基本理论

第一节　健康促进概述

一、健康促进的概念

“健康促进”一词，早在20世纪20年代就已出现在公共卫生文献中。关于健康促进的确切定义，目前公认的是著名的《渥太华健康促进宪章》中的定义。1986年在加拿大渥太华召开的第一届国际健康促进大会上发表的《渥太华健康促进宪章》中将健康促进定义为：“健康促进是促使人们维护和改善他们自身健康的过程。”

渥太华国际健康促进大会的召开和《渥太华健康促进宪章》的发表是国际健康促进运动正式启动的标志。2000年，在第五届全球健康促进大会上，世界卫生组织前总干事布伦特兰对健康促进做了更为清晰的解释：“健康促进就是要使人们尽一切可能让他们的精神和身体保持在最优状态，宗旨是使人们知道如何保持健康，在健康的生活方式下生活，并有能力做出健康的选择。”

此外，文献中还有其他一些关于健康促进的解释，具体如下。

美国《健康促进》杂志认为：“健康促进是帮助人们改变其生活方式以实现最佳健康状况的科学（和艺术）。最佳健康被界定为身体、情绪、社会适应性、精神和智力健康的水平。生活方式的改变会得到提高认知、改变行为和创造支持性环境三方面联合作用的促进。三者当中，支持性环境是保持健康持续改善最大的影响因素。”

温斯勒认为：“健康促进就是组织社区努力开展个人卫生教育，完善社会机构以保证有利于维持并增进健康的生活水准。”

美国联邦办公署认为：“健康促进包括健康教育及任何能促使行为和环境转变为有利于健康的有关组织、政策及经济干预的统一体。”

格林认为：“健康促进是促使行为和生活条件向有益于健康改变的教育和环境支持的综合体。”尽管“健康促进”的概念至今仍在不断探讨和完善中，但其所包含的内容已经比较一致：健康促进就是充分利用行政手段，广泛动员和协调个人、家庭、社区及社会各相关部门，履行各自对健康的职责，共同维护和促进健康的一种社会行为。

二、健康促进的内涵

对于健康促进的理论和内涵，多年来人们有较多的讨论。一种意见认为其包含有4点。

（1）健康促进涉及整个人类的健康和人们生活的各个方面，而不仅仅是针对某些疾病或某些疾病的危险因素；

（2）健康促进主要是直接作用于影响健康的病因或危险因素的活动或行动；

（3）健康促进不仅作用于卫生领域，还作用于社会各个领域，健康促进指导下的疾病控制已非单纯的医疗卫生服务，而应采取多部门、多学科、多专业的广泛合作；

（4）健康促进特别强调个体与组织有效的和积极的参与。

健康促进的理论和执行被认为是一种积极的生活方式，成为引领个人、家庭、社区及社会朝增进安宁、幸福及实现健康潜能的行为目标前进。

青少年健康促进的内涵更强调把所有有利于发展和促进青少年健康的因素组织和联系起来，形成广泛的合作。有人把学校健康促进的目标人群分为以下两个级别：一级目标人群指学生群体；次级目标人群则包括学校领导、教职员工、学生家长、社区领导。通过开展健康促进学校工作，努力给学生提供综合性的、积极性的经验和结构，创造安全、健康的学校环境，提供适当的健康服务，以促进和保护青少年健康成长。

总之，健康促进是以教育、组织、法律和经济等手段，干预那些对健康有害的生活方式、行为和环境，以促进健康。其目的在于，努力改变人类不健康的行为，改善预防性服务以及创造良好的社会与自然环境。

三、健康促进的基本构成

健康促进的方法应因人而异，健康促进的指导者要了解被指导者，对他们的个人不良行为进行教育和调整，循序渐进地达到促进身心健康、提高体质的目的。概括地说，健康来源于平衡膳食、科学运动和良好的心理状态，健康促进应该为此而努力。

（一）平衡膳食

人体在维持生命和各种活动时均需要消耗一定的热能，所以营养是维持人类生命活动的基础，它主要起着产生能量、调节代谢、促进生长的作用。合理膳食，平衡营养是维持健康的重要方面。

1992年在意大利罗马召开的全球性部长级世界营养会议上通过了《世界营养宣言》和《世界营养行动计划》，包括中国在内的159个国家的代表作出庄严承诺：要尽一切努力在2000年以前消除饥饿和营养不良。为实现这一承诺，中国政府采取了一系列政策与行动消除饥饿、改善公众营养状况。近年来，我国经济建设获得快速发展，民众的温饱问题已经得到解决。

在人民生活水平日益提高的今天，民众的膳食结构发生了很大的变化，不容乐观的是，不少人缺乏营养学知识，饮食中鸡、鸭、鱼、肉的比重过大，绿色蔬菜过少，导致脂肪、胆固醇、纯热量过高，维生素及纤维素严重不足。这种不平衡的膳食结构，使心、脑血管疾病，肥胖症，糖尿病，胆结石等不断增加，且发病年龄明显提前。调查显示，12～15岁青少年高血压的发病率已达3.11%。

2002年8月，卫生部组织各省（自治区、直辖市）相关部门在全国范围内开展了“中国居民营养与健康状况调查”，结果显示，城市居民膳食结构不尽合理。畜肉类及油脂消费过多，谷类食物消费偏低。2002年城市居民每人每日油脂消费量由1992年的37g增加到44g，脂肪供能比达到35%，超过世界卫生组织推荐的30%的上限。城市居民谷类食物供能比仅为47%，明显低于55%～65%的合理范围。此外，奶类、豆类制品摄入量过低仍是全国普遍存在的问题。

营养缺乏或营养过剩，均会影响人体健康。合理的营养是通过平衡膳食来实现的。因此，用现代营养学的知识对人们的一日三餐进行指导，是目前我国人民亟须解决的重要问题。平衡的膳食是：基本营养素配比适宜，所有的必需物质含量充足。许多国家或组织机构都制定了膳食供给量或安全摄入量的标准与建议，作为评价平衡膳食的基本依据。

（二）良好心理状态

心理健康是个体在各种环境中能保持一种良好适应能力和效能的状态。一个人不仅仅是生物体，更是一个社会成员。健康的心理是一个社会人适应社会的基本条件。

心理情绪因素对生理上的健康起着十分重要的作用。现代心理医学研究表明，一个人心情舒畅，精神愉快，中枢神经系统处于最佳功能状态，内脏及内分泌活动就会在中枢神经系统调节下处于平衡状态，身体自然也就健康。

心理学家把人的情绪归纳为两大类：一类是愉快的情绪（如快乐、喜悦等）；另一类是不愉快的情绪（如悲伤、焦虑、沮丧、紧张、憎恨等）。人之七情：喜、忧、怒、思、悲、恐、惊，是人体对外界环境的一种生理反应，一般不会引起机体的病理变化。但是过度的兴奋或抑制可能会导致机体疾病的发生。国外长寿学家胡夫兰德认为："一切不利的影响因素中，最能使人短命夭亡的，莫过于不良的情绪和恶劣的心境，如忧虑、颓丧、惧怕、贪求、怯懦、忌妒和憎恨等。"据统计，消化道疾病患者中因情绪不佳而致病的竟占1/3。耶鲁大学医学院的报告中也曾提到，在门诊病人中，属于情绪不佳而患病的竟占76%。

因此，良好的心理状态是获得机体健康的要素。

（三）科学的体育运动

《中国大百科全书》将体育活动定义为："通过一些轻松愉快的身体活动使人转移对日常生活中的艰难和压力的注意力。"

体育运动是否有益于健康长寿，存在着各种不同的观点。德国柏林科学中心社会研究所的国民经济学家格特·瓦格纳博士（1989）认为："良好的教育和稳定的收入很可能是实现有健康意识的生活方式和较高预计寿命的最有效手段”。他的理由是，“我们还是不能根据经验说明，被当做手段的体育运动对改善健康状况是否有效”，“虽然可以认为活动少会使人生病，从而使人少活若干年，也可以断定，通过体育活动最能避免心血管疾病。但另一方面也并没有证据可以说明，通过经常的体育活动会如所期望地改善健康状况”。与之相似的一些观点是：体育锻炼不一定能健康长寿，不运动而长寿的人也不少。但大多数人的研究表明，科学合理的体育运动能使人获得健康。

研究已经证实，缺乏运动是心血管疾病、癌症和糖尿病的主要诱因，同时它也会导致体重增加和骨质疏松。运动是减少中风的有效手段；运动也能减少各种类型癌症的发病机会（如结肠癌和乳腺癌）；运动可以延迟并防止运动系统的异常，诸如骨质疏松、骨折、腰背功能性疼痛和颈椎病；运动对减轻轻度和中度的心理压抑症状及对心理健康有良好作用。

欧信等提出运动和健康密切相关的主要理由如下。

（1）运动可改善心血管系统，降低血中低密度脂蛋白含量，减少罹患冠状动脉阻塞的心脏疾病。

（2）运动可改善肥胖，使人类可望增加 7 年的寿命。

（3）运动可有效地改善或预防因支撑脊椎的肌力衰退或组织失去弹性引发的背痛，背痛会造成活动困难，使身体功能退化。

（4）缺少运动引发的疾病有冠心病、高血压、下背痛、肥胖以及关节病变等。

（5）运动不足使儿童越来越衰弱，使协调感、平衡感、空间感降低。

（6）运动可以控制体重，体重过重是冠心病、高血压、糖尿病、关节病变的诱因。

（7）运动让人感觉美好、愉快，更能迎接每一天的挑战。

（8）睡眠的质量可因运动而更好，良好的睡眠是健康的基础。

生理学家认为运动和健康密切相关的理由如下。

（1）运动可增强心血管系统的功能。爱好运动的人，心肌纤维增粗，心脏收缩力增强，营养心脏的冠状动脉血管管壁弹性增高，从而使心脏的供血得到改善，使心脏功能增强。这样可预防或推迟心血管疾病如动脉硬化、高血压、冠心病等发生。

（2）运动可促使皮肤健康。运动能增加皮肤的血液循环，促进新陈代谢，提高感觉的灵敏度，加强皮肤如毛孔、汗腺、皮脂腺等对冷热刺激的适应能力，从而增强人体的防御能力及免疫力。

（3）运动可改善呼吸系统功能。经常运动，呼吸肌强壮有力，吸气时胸廓充分扩张，使更多的肺泡张开而吸入更多的氧气；呼气时胸廓尽量压缩，排出更多的二氧化碳和废气。通过长期的锻炼，人的呼吸变得深而慢，使呼吸肌得到充分的休息。呼吸功能良好可使人体维持旺盛的精力，从而推迟身体的老化过程。

（4）运动可提高消化系统的功能。人在运动中会增强体内营养物质的消耗，使整个机体的血液循环加速，新陈代谢旺盛，从而提高食欲，还会促进胃肠蠕动，消化液分泌增加，吸收增加，改善肝脏的功能。

（5）运动可改善神经系统的功能。运动时各部分肌肉有规律而协调地收缩，对神经系统是一个很好的锻炼，使机体灵活，动作迅速，精力充沛，还能使大脑的紧张状态得到缓和，提高大脑的工作效率。

（6）运动可改善骨骼系统的功能。经常运动可使肌纤维变粗且坚韧有力，血管畅通，血液循环及新陈代谢得到改善，动作的耐力、速度、灵活性、正确性都得到增强。

（7）运动可以提高免疫系统功能。适宜的运动使淋巴细胞反应性增加，NK（自然杀伤细胞）活性升高，而有利于人体对细菌、病毒的抵抗能力。

美国加州大学公共健康系莱斯特·布莱斯诺博士对约 7 000 名 11 ~ 75 岁的不同阶层、不同生活方式的男女居民进行了 9 年的研究，结果证实，人们的日常生活方式对身体健康的影响远远超过所有药物的影响。消除现代文明病（即运动不足）的危险因素，对于疾病预防来说比消除任何单一的危险因素，如戒烟或限制动物性脂肪等有更大的意义。因此，适宜的运动的确是一种副作用最小的健康促进方式。

古希腊医学家希波克拉底（Hippocrates）认为“体育锻炼是实现健康生活的根本手段”。21 世纪，体育运动作为最有效的健康促进手段，将得到人们的普遍欢迎和采纳，必将成为健康生活方式的稳定内容被每个社会成员所接受。

第二节 健康促进研究现状

一、健康促进理论研究与实践现状

国外健康教育与健康促进事业起步较早，如美国在19世纪初就把卫生教育作为公立学校体育课的一部分开始实施。“健康促进”一词也早就出现在公共卫生文献上，到1986年在加拿大渥太华召开了第一届国际健康促进大会，所发表的《渥太华宣言》明确了健康促进的概念，标志着健康促进研究进入了一个新的阶段。1997年《雅加达宣言》进一步强调健康促进的重要性；2000年第五届全球健康促进大会说明了健康促进是架起公平的桥梁，各国都应该行动起来推进健康促进计划。

国外比较推崇和普遍采用社区健康促进模式，如拉菲利（Laffery）健康促进模式就是以社区为单位提供的健康促进服务，从个人延伸、扩展到家庭、群体、社区，乃至整个社会。其内容是有利于健康的生活品质，包含了生理、心理（精神、心灵）和社会的安适状态等促进工作，目标是使社区居民达到最理想的健康状态。

国内外有关健康促进生活方式的评价也有许多研究，主要有：Laffery 的健康概念评量表；Walker 及 Pender 制定的健康促进生活方式评量表（HPLP）及该表的修订版（HPLP－Ⅰ和 HPLP－Ⅱ）。目前，HPLP－Ⅱ在美国、日本等地已被广泛应用，一些研究数据显示该量表具有良好的信度系数。

20世纪80年代，我国健康促进的实践起步于城市健康教育工作。20世纪90年代，卫生部开展创建国家卫生城市的活动，颁布了《中国城市实现“2000年初级卫生保健”规划》，极大地推动了城市社区健康教育与健康促进的发展。自此，国内开展了有关健康促进的一系列研究和实践，涉及生活方式、膳食结构、环境卫生、心理状态、体力活动和身体锻炼等方面，为我国民众体质健康起到了重要作用。“健康促进”作为体质健康研究领域的专有名词，是一个综合性的复杂工程。一般认为健康促进模式包含平衡膳食、科学运动、良好心理状态等具体内容。但目前应用于改善代谢、发展体能的良好膳食模式和身体活动方案可操作性不强，还不能全面解决健康促进的问题。

二、青少年健康促进研究现状

青少年是国家的未来和希望。各国一贯重视他们的身心发展。我国学校教育的发展战略更是把青少年全面健康成长作为重点，并为此进行了长期不懈的努力。在新形势下，2006 年教育部、国家体育总局联合发布了《关于进一步加强学校体育工作，切实提高学生健康素质的意见》，并和共青团中央联合启动了全国亿万学生的阳光体育运动；2007 年中共中央、国务院发布了《关于加强青少年体育、增强青少年体质的意见》，对促进青少年学生体质健康起到了重要的作用。但是，仍有研究显示，各国青少年体质状况出现了不同程度的下降，我国也不例外。青少年体质健康连年滑坡成为困扰我国学校教育和社会发展的严重问题，并引起全社会的高度关注。因此，提高青少年体质健康水平应从不同的社会领域、视角和层面进行综合研究，针对薄弱环节，解决关键技术，对青少年实施有效的健康促进，这是一项长远的战略目标，又是一项紧迫的现实任务。

世界卫生组织于 20 世纪 80 年代中期在学校健康教育基础上提出建立“健康促进学校”，提倡“通过学校及学校所在社区成员的共同努力，提供能促进并保护学生健康、全面、积极的经验和组织机构，为学生创建安全和健康的学校环境，提供适当的健康服务等”。我国从 1995 年开始在部分地区进行“健康促进学校”的试点和推广，内容包括在开展正式和非正式的健康教育课程中，创建安全和健康的学校环境，提供适当的健康服务等。这对青少年健康促进工作起到重要的推动作用，但由于缺乏规范研究，健康促进方法操作性不强，使健康促进流于形式，并未使学生体质健康水平获得应有的提高。邹洁等认为，青少年体质下降已是世界性的问题，从各国青少年体力活动促进模式的变化可知青少年健康促进的重要性与复杂性。对青少年健康促进的研究和实践还需进行相当多的工作和深入系统的研究。

第三章　青少年健康促进构成

第一节　生长发育

一、生长发育的概念

生长，是细胞繁殖、增大和细胞间质的增加，表现为组织、器官、身体各部以至全身大小、长短和重量的增加以及身体化学组成成分的变化。

发育，是组织、器官和系统功能的分化和不断完善，心理、智力的发展和运动技能的获得。发育通常涉及人体达到成熟过程中所出现的一系列变化。

生长和发育的概念和内涵不同，但两者相互依存，生长是发育的前提，发育是生长的结果，前者是量变过程，后者是质变过程。

人体生长发育到成年时趋于成熟，成熟意味着生长发育的基本结束。表现为身高、体重达到一定水平，各系统功能基本完善，骨骼牙齿的钙化基本完成，性器官具有繁殖后代的能力。

二、生长发育的一般规律

（一）生长发育的量变和质变过程

生长发育是从出生后开始算起，经婴幼儿、儿童、少年、青年、壮年直到老年的生命过程。儿童时的身体形态比成年人小，但并不是成年人的缩影，其身体机能方面与成年人相比，具有质的差别。生长发育是从微小的量变到根本的质变的复杂过程，是在体积增大的过程中，完成结构和功能的分化和成熟。例如，脑在生长过程中，大脑的思维记忆和分析综合功能不断发展，而且在脑的重量不再增长后，其功能仍在进一步地完善。这种从量变到质变的过程是逐渐发生的，其间没有明显的界限，但又不是一种无区别的现象。

（二）生长发育的连续性和阶段性

生长发育的过程是连续的，虽然在生长发育过程中，我们看不出朝夕的变化，但却自然地表现出阶段性的特点，并有一定的变化程序。例如，在运动器官和神经系统的生长发育过程中，随身体形态的变化，动作技能逐渐完善。最先发育的是头部运动（如转头、抬头），然后过渡到上肢运动（如抓物），再发展成躯干运动（如翻转、直坐），最后发展到下肢运动（如站立和行走）。这种从头部向下的发展过程称为“头尾发展规律”。由于头颅发育早于躯干，躯干早于四肢，使神经系统得到优先发展的机会，这对促进语言、智力发育及全身各种生理活动是有益的。

生长发育的另一个特征是向心特征，主要表现在青春期生长突增中，身体各部位开始突增的顺序是由远及近的。足第一个突增，也最先停止生长（在14~15岁时）；足突增后6个月，小腿开始突增。然后是大腿、骨盆宽、胸宽依次开始突增；躯干高度则从青春后期才开始突增，最后才到胸壁厚度突增。上肢的青春期突增也基本遵循上述向心特征，只是出现年龄略晚，一般发生在大腿突增之后、骨盆突增之前。突增顺序为手→前臂→上臂。手的骨骺愈合顺序基本上也是由远及近，顺序为指骨尖端→指骨中、近端→掌骨→桡、尺骨远端。

（三）生长发育的波浪式规律

生长发育不是匀速直线上升，而是时快时慢的波浪式发展。人由生到死可分为胎儿期、婴儿期、幼儿期、童年期、青春期、青年期、成年期、老年期。在这些阶段中从生长发育的角度而言，有两次快速生长发育期，即胎儿—婴儿期和青春期（见图3-1）。

两个生长发育的高峰期有不同的特点。在第一次突增期，胎儿从一个特大的头、较长的躯干及短小的四肢，发育到儿童时期的身体各部位较匀称的比例。

第二次突增期也称为青春发育期，是由儿童发育到成人的过渡时期，是从体格生长突增开始，到骨骼完全愈合、躯干停止生长、性发育成熟而结束。一般认为，青春发育期开始的时间为：男骨龄13岁左右，女骨龄11岁左右。

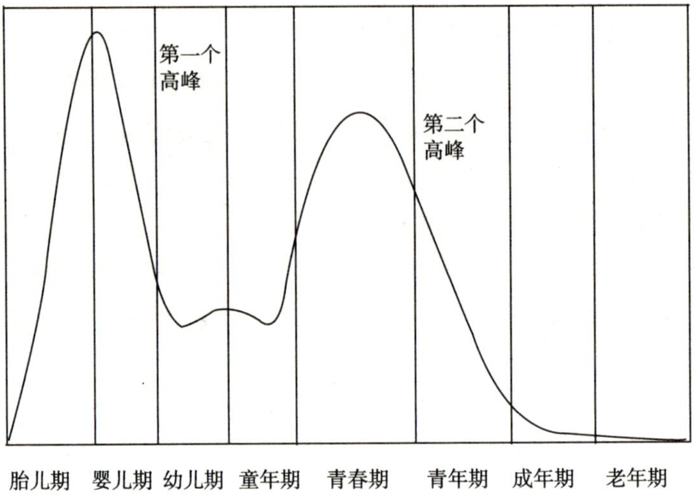

图 3－1　人体生长发育两次高峰示意图

青春发育突增期有如下 4 个特点。

（1）身高年增长值明显增长，平均在 7～9cm；

（2）体重明显增加，体形趋于成人化；

（3）内脏器官趋于健全；

（4）生殖器接近成熟，出现第二性征。

第二性征也称为副性征，指除生殖器以外身体的其他部位所表现出来的性别差异，如阴毛、腋毛、喉结、胡须、乳房、月经、遗精等，是性发育的外部表现。

人的第一性征称为主性征，指两性之间不同的生殖器官特征。这在人刚出生时就形成了，有阴茎的是男孩，有阴道的为女孩。第二性征是由于性激素的作用而发生改变的人体特征。男女两性在到达青春期时，由于受性腺分泌的性激素影响，会出现一系列与性别有关的特征。性腺虽然是与生俱来的，但在青春期前，性腺一直处于休眠状态，进入青春发育期后，性腺开始复苏，它所分泌的激素——性激素决定了青春期少男少女第一性征的发达和第二性征的出现。所以，一般要到青春期后，男女的第二性征才差异明显。

男性第二性征的表现为生须、喉结突出、骨骼粗大、声音低沉等；女性表现为乳腺发达、乳房丰满而隆起，出现阴毛和腋毛，骨盆宽大、皮下脂肪增多、音调变高等。

三、生长发育的影响因素

生长发育是机体与外界、遗传性与适应性的对立统一过程，遗传因素决定机体生长发育的可能性或潜力，这种可能性或潜力的充分发挥有赖于各种环境因素的影响。

（一）遗传

遗传对儿童少年生长发育的影响是肯定的。目前已知体形、躯干、四肢、骨龄、齿龄等生长发育指标受种族遗传的影响较大，例如，在同样生活条件下成长的非洲和欧洲儿童平均身高无明显差异，但前者的腿长却明显要长。美国黑人婴儿出生时骨龄比白人婴儿早，恒牙全部萌出的平均年龄也比白人早一年。中日两国儿童各年龄时的骨龄都比欧美白人儿童低，但青春期之后，骨骺愈合的平均速度通常比欧美白人更快，结果反比白人儿童更早地实现骨骺的完全融合。由于骨骼发育的时间短，中日儿童的平均身高低于欧美白人。还有，在美国洛杉矶长大的日本儿童，其生活水平与美国白人相近，但其腿长却明显短于同等身高的美国白人儿童，而与在日本本土长大的日本儿童相似。说明即使环境变化，种族遗传因素始终是存在的。因此，在良好生活环境下长大的儿童，其成年身高在很大程度上取决于遗传。

（二）营养

营养是人体生长发育的物质基础，生长发育阶段要保证同化作用超过异化作用，必须有充足的营养素做保证。这些营养素包括足量的蛋白质、一定量的脂肪和糖、各种矿物质、丰富的多种维生素和适量的微量元素等。

热量和蛋白质是生长发育的物质基础，缺乏会造成营养不良，尤其是对脑发育的影响很大。脂类物质尤其是磷脂，参与生成神经细胞和其他组织细胞。维生素是促进生长发育的重要原料，如维生素 D 促进钙磷代谢，有助于骨骼发育；维生素 C 不但能促进成骨细胞和成齿细胞的生长，维护儿童的牙齿釉质和骨髓发育，而且能促进儿童免疫系统的生成。微量元素对儿童生长的作用也很重要，如锌可参与人体内 50 多种重要代谢酶的代谢，协助合成核酸和蛋白质，锌缺乏会导致儿童血内雄激素水平下降，引起性器官和第二性征发育迟缓，严重者表现为侏儒症。

营养不良固然有害，但营养过剩同样妨碍儿童的生长发育。肥胖给儿童带来的健康问题已经日益严重。

（三）疾病

任何急慢性疾病对儿童少年生长发育都有一定的负面作用，其影响的大小取决于病理变化的部位、病程的长短与严重程度，如某些器官的器质性改变，必然影响其本身乃至全身的机能，破坏新陈代谢的正常规律，从而影响生长发育。严重的慢性病、流行病和感染性疾病，对儿童少年生长发育的影响更大，如乙型脑炎、脑膜炎、中毒性痢疾、中毒性肺炎、小儿麻痹症等，由于侵犯大脑皮层细胞，对儿童少年的智力发育常常带来不可逆的损害；再如大骨节病、重症佝偻病、1 型糖尿病、先天性心脏病、内分泌障碍性疾病等，由于抑制了下丘脑、垂体、性腺等内分泌功能的正常发挥，都会影响儿童的体格和机能发育。

（四）气候和季节

非洲人地处热带，需要比欧洲人散发更多的热量，故上、下肢较长；在北极地带生活的人群腿短胸壁厚，这样在寒冷气候中更容易保温。群体遗传学研究结果表明，不同人群的体重/身高指标与生活所在地的年平均气温的高低相关。种族之间在生长发育上的差异本身就是人类在长期进化过程中对环境（包括气候）的适应性反应。

季节对生长发育有明显的影响。一般来说，春季身高增长最快，而秋季体重增长最快。有人发现在身高增长较快的 3 ~5 月份，新的骨化中心出现要多于身高增长较慢的月份。一般认为，不同季节中的温度、光照等外界刺激通过对皮层和皮层下某些中枢起作用，影响内分泌腺体的激素分泌活动。

（五）社会环境

社会因素对儿童少年生长发育的影响是综合性的，如经济状况以及与之有关的营养、居住、医疗、体育等条件。国外早期的调查表明，富裕家庭的子女比同龄的贫寒家庭子女身高平均高出 3cm，多子女者也比独生子女者平均矮 2cm。

城乡差别也是社会因素对生长发育影响的表现。据上海市统计，城市学生青春期生长突增的开始年龄和月经初潮出现年龄都比农村学生提前一岁。国内外的调查均表明，城区儿童的发育水平高于近郊区，近郊区儿童的发育水平又高于远郊区。

心理因素也会导致儿童少年生长发育障碍。如缺乏家庭温暖或遭遇歧视会给正处于生长期的儿童造成精神创伤，表现出生长发育迟缓、身材矮小、情感障碍等。一般认为，这主要是不良环境对中枢神经系统形成的长期恶性刺激，导致下丘脑分泌生长激素和释放激素不足所引起的。一些调查证实，改变恶劣环境后的儿童生长速度大大加快，有些最终可达正常生长发育水平。

近年来，环境污染也被认为是影响儿童少年生长发育的重要社会因素。

（六）体育锻炼

体育运动和体力劳动是促进身体发育和增强体质的最有利因素之一。尽管遗传特征可以使机体自然增长，但体育锻炼作为自觉的有目的的自身改造手段，可以充分发挥机体的生长潜能，有效利用各种营养物质，促进代谢过程加强，全面提高人体形态、机能的发育水平，并且可以提高细胞免疫活性及机体免疫水平。

四、生长发育健康促进

生长发育的健康促进首先应遵循生长发育的规律，充分利用自然增长的机会和潜力，改善不利于生长发育的影响因素。这是儿童少年健康成长的重要保障。具体表现如下。

第一，优生优育已经引起人类极大的重视，保证父母拥有良好的生活习惯、无遗传性疾病和健康的体质是儿童发育的重要前提。

第二，科学合理的膳食是儿童良好发育的重要保证。

第三，适宜的体育运动可以通过调节机体的新陈代谢、改善神经内分泌系统功能等机制，对儿童少年生长发育产生有利的影响。

第四，保持儿童良好的心理状态和生长环境非常重要。

第二节 生活习惯

一、生活习惯的概念

生活习惯是构成生活方式的重要因素之一，被称为狭义的生活方式，一般包括衣、食、住、行以及闲暇时间的利用等。

养成良好的生活习惯不仅对青少年当前的健康状况产生积极影响，而且对其今后一生的健康、发展和幸福都将发挥重要作用。

二、生活习惯评价

（一）“莱斯特”健康生活习惯

美国加州大学公共健康系莱斯特·布莱斯诺博士和他的研究组经过9年的追踪研究，证实人们的日常生活方式对身体健康的影响远远超过药物的影响。据此，莱斯特博士建议要养成下列有助于健康的生活习惯。

（1）每日保持7~8小时睡眠；

（2）有规律的早餐；

（3）少吃多餐（每日可吃4~6餐）；

（4）不吸烟；

（5）不饮或饮少量低度酒；

（6）控制体重（不低于标准体重的10%，不高于20%）；

（7）有规律的锻炼（运动量适合个人的身体情况）。

此外，每年至少检查一次身体。

（二）青年人健康生活方式

有学者将有利于健康的生活方式总结为以下9点。

（1）吃得正确。保持饮食平衡和有规律，有助于现在的健美和将来的健康。

（2）喝得正确。喝干净的水，不要过量饮酒。

（3）不吸烟。如果你想健美有吸引力，请别吸烟。

（4）适当放松。运动、音乐、艺术、阅读、与其他人交谈都很有益，可帮助你成为兴趣广泛的人。

（5）积极自信。富有创造性，珍惜青春。

（6）知道节制。遇事能三思而后行，大部分事故是可以避免的。

（7）负责的性行为。了解自己的性行为并对此负责。

（8）进行科学的运动，可赢得健康。

（9）千万不要吸毒。

（三）生活方式问卷

W. E. Prentice 于 1999 年建立了生活方式自评量表可用于对青少年生活习惯的评价。该量表主要从吸烟、饮酒和药物使用、饮食习惯、体育锻炼习惯、应激控制能力、安全习惯 6 个方面进行评价。

量表由 6 个部分组成，共 24 道题，每个题目共 3 个选择（“一直”、“有时”、“从未”），每个选项中对应相应的分值，学生根据自己的情况在选项上画钩，计算出每个项目的总分值进行评价（见表 3－1）。

表 3－1　生活方式问卷

	一直	有时	从未
1. 吸烟			
（1）我避免吸烟。	□	□	□
（2）我偶尔吸烟，且仅吸低焦油和低尼古丁的香烟 。	□	□	□
2. 药物和饮酒			
（1）我避免喝酒。	□	□	□
（2）我一天喝酒不超过一次。	□	□	□
（3）当服某些药物（如安眠药、止痛药、感冒药等）时，我不喝酒。	□	□	□
（4）当我服药时，我遵循医嘱。	□	□	□
3. 饮食习惯			
（1）我每日吃各种食物。	□	□	□
（2）我少吃高脂肪食物。	□	□	□
（3）我少吃含盐量高的食物。	□	□	□
（4）我避免吃太多的甜食。	□	□	□

续表

	一直	有时	从未
4. 体育锻炼习惯			
（1）我保持理想的体重，避免过重或太轻。	□	□	□
（2）我一周至少进行3次有氧运动（如跑步、游泳、散步等），且每次15～30分钟。	□	□	□
（3）我一周至少进行3次以提高力量为主的运动（如健美操、各种力量练习等），且每次15～30分钟。	□	□	□
（4）我常利用业余时间参与个人、家庭或集体的活动（如打保龄球、球类运动等）。	□	□	□
5. 应激控制能力			
（1）我喜欢学习或其他工作。	□	□	□
（2）我发现自己容易放松和自在地表达情感。	□	□	□
（3）我常对可能有压力的事件和情景早做准备。	□	□	□
（4）我有亲密的朋友、亲戚，能与他们讨论隐私，并在需要时请求他们的帮助。	□	□	□
（5）我常参加集体活动。	□	□	□
6. 安全习惯			
（1）我睡觉前会检查门是否关好。	□	□	□
（2）我骑自行车或开车时不追求速度。	□	□	□
（3）我不乱穿马路。	□	□	□
（4）当使用有害物质或产品（如电线板开关、灭蚊子的药水等）时，我会很小心。	□	□	□
（5）我从不在床上吸烟。	□	□	□

注：（1）以上表格中列出了有些人可能会有的问题，请仔细阅读每一条，然后根据自己的实际情况，在3个方格中选择一个画钩。

（2）选择“一直”为2分，选择“有时”为1分，选择“从未”为0分。

评价：9～10分说明你意识到某一方面对你健康的重要性，并已注意保持良好的生活习惯；6～8分说明你在某一方面有良好的生活习惯，但仍有一些需要改进的地方；3～5分说明你存在健康方面的问题，需要咨询医生如何减少健康方面存在的潜在危险。需要注意的是，对于吸烟这一部分而言3～4分说明你保持着良好的生活习惯；0～2分说明你存在着健康方面的潜在危险，但你可能并没有意识到危险的存在。对于吸烟这部分来说，0~1分意味着你有健康方面的潜在危险。

三、生活习惯与健康促进

建立良好的生活习惯可以有效地促进健康。

有学者用“HELP理论”来诠释建立良好生活习惯的必要性。HELP是4个英文单词的首字母，H = Health（健康），E = Everyone（每个人），L = Lifetime（一生），P = Personal（个人）。这一理论的含义是：Health是生命的根本，人们首先应该认识到健康的重要性，而健康的生活习惯是获得健康机体的保证，养成并保持良好的生活习惯会有效地促进身心健康的发展，并使人具有良好的体质；Everyone即每个人都要认识到健康的重要性，在具有良好生活习惯的同时应该去影响周围的每一个人；Lifetime要说明的是：健康促进的效果有可能滞后显现，我们应该尽早认识不良生活方式具有累积性，从生命的早期就开始重视健康，养成健康的生活习惯，健康生活方式实施的时间越早、越长，机体的受益时间就越持久；Personal的含义是：健康的生活习惯应基于个人需求，健康促进的指导者要了解被指导者，对他们的个人不良行为作出调整，健康促进的方法应因人而异，循序渐进，达到增强身心健康、提高体质的目的。

第三节　平衡膳食

一、膳食营养概述

营养是指人体摄入、消化、吸收和利用食物中营养成分，维持生长发育、组织更新和良好健康状态的动态过程。食物中具有营养功能的物质称为营养素。它通过食物获取并能在人体内被利用。这些物质具有提供能量、构成组织及调节生理功能的作用。

目前一般把营养素分为6大类：糖、脂肪、蛋白质、维生素、矿物质和水。这些营养素参与机体组织结构的构建、能量的供给、新陈代谢及其内环境的稳定和调节等各种生理生化反应和生命活动。人体在维持生命和各种活动时均需要消耗一定的热能，所以营养是维持人类生命活动的基础。

食物一直是人类摄取营养以维持生存和繁殖的唯一途径。营养学专家认为，人类的营养应尽量从膳食中获取。

二、膳食营养评价

膳食营养评价的最常用方法是进行营养调查，其目的是早期发现营养不足、营养过剩或膳食结构不合理，按照平衡膳食的原则进行改进，以维持能量代谢平衡，确保健康。

（一）营养调查的基本方法

营养调查内容包括膳食调查、体格检查和生化检验3部分。对于健康人群而言，膳食调查简便易行，所以最为常用。

1. 膳食调查

膳食调查一般是统计被调查者一段时间内每人每日膳食摄入的具体种类和数量，利用食物成分表计算每人每日膳食中各种营养素和能量的摄取，并在此基础上，与推荐的各营养素供给量进行比较，判断这些营养素和能量的摄取是否适当，营养是否合理。

2. 体格检查

通过体质检测评价被调查者的生长发育及健康状况，通过体征观察及问诊了解有无营养缺乏病。

3. 生化检验

通过被调查者血液及尿中所含营养素及有关成分进行生化检验，了解体内营养素的储存及代谢情况。

（二）膳食调查方法

膳食调查因方法简便，在营养评价中被广泛应用。膳食调查一般为3～7天。调查方法有记账法、称重法和询问法。在青少年膳食营养评价中，一般采取询问法。

1. 询问法膳食调查

具体方法是：通过面对面询问、电话询问或填写问卷的方法填写膳食调查表（表3－2），再进行整理和计算。询问法膳食调查一般连续进行3～7天，取其平均数进行统计分析，以减少误差。

为保证调查的准确性，应在调查前对被调查者进行培训，指导他们进行正确和详尽的表述，尽量不要有疏漏。

表3－2 膳食调查表

姓名：　　　　性别：　　　　年龄：　　　　调查日期：　　年　月　日

餐别	食物名称	实际进食量	备注
早餐			
中餐			
晚餐			
加餐			

2. 膳食评价

根据已获得的平均每人每日各种食物的摄入量对照食物成分表进行计算、分析，得出下列结果，并写出评价报告。

（1）每日各营养素平均摄入量。

（2）各种营养素日平均摄入量占推荐的适宜摄入量百分比。

（3）三餐能量分配百分比的分析与评价（参见表3－3）。

（4）三大能量营养素摄入百分比及与推荐的百分比对比（参见表3－4）。

（5）动物蛋白质占蛋白质的百分比。

（6）不同种类的食物摄入量。

表3－3　某男少年三餐能量摄入

餐别	能量摄入（kcal）	百分比（%）
早餐	376.2	15.7
中餐	992.3	41.3
晚餐	1 033.1	43.0
总计	2 401.6	100
评价：早餐能量摄入过少，影响上午活动，晚餐摄入过多，容易增长体重。总热能摄入不足。		

表3－4　某男少年膳食中各产能物质占总能量百分比

产能营养素	重量（g）	能量（kcal）	占总能量（%）	评价
糖	274.4	1 097.5	45.7	偏低
蛋白质	118.9	475.5	19.8	正常
脂肪	92.1	828.6	34.5	偏高
总计	485.4	2 401.6	100	—

三、平衡膳食与健康促进

1993年颁布的我国人民膳食指南中指出：食物要多样，粗细要搭配，三餐要合理，饥饱要适当，甜食不宜多，油脂要少吃，饮酒要有节制，食盐要适量。为了引导人民正确地选择食物，中国营养学会在1998年发布了《中国居民膳食指南》，具体包括8个方面的内容。

（1）食物多样、谷类为主；

（2）多吃蔬菜、水果和薯类；

（3）每天吃奶类、豆类或其制品；

（4）经常吃适量鱼、禽、蛋、瘦肉，少吃肥肉和荤油；

（5）食量与体力活动要平衡，保持适宜体重；

（6）吃清淡少盐的膳食；

（7）饮酒应限量；

（8）吃清洁卫生、不变质的食物。

专家制定的平衡膳食的要点：

（1）学会计算每日所需热能，保证收支平衡；

（2）糖、脂肪、蛋白质摄入比例合理；

（3）三餐准时，早餐好，午餐饱，晚餐少；

（4）食物力求多样；

（5）节食时不要少水果、蔬菜；

（6）除心肾不全者，每日饮水 1.5L，每次 350mL；

（7）学会计算自己的理想体重，并为之努力；

（8）学会烹调知识，少油炸，多清蒸，低盐，清淡；

（9）饮酒适度，戒烟。

合理的膳食是人体获取合理营养以维持良好健康状态的物质基础，只有各种营养素合理地搭配才能满足人体全面生理功能的需要。平衡的膳食结构有利于青少年的生长发育和身心发展。

第四节　体育锻炼

一、体育锻炼概述

体育锻炼是指人们根据需要自我选择、运用各种体育手段，并结合自然力和卫生措施，以发展身体，增进健康，增强体质，调节精神，丰富文化生活和支配闲暇时间为目的的体育活动。体育锻炼是在劳动生产和人类思维发展到一定水平时才逐渐形成的。约在 5000 年前，人类进入父系氏族社会，原始的畜牧业、农业和手工业开始发展，逐步引起了发展身体的各种社会需要，为体育锻炼的形成创造了客观条件；同时，人类思维的进步，使人类逐渐意识到体育锻炼的意义，萌发了身体锻炼的愿望，这为体育锻炼的产生和形成创造了主观条件。

古希腊医学家希波克拉底认为“体育锻炼是实现健康生活的根本手段”。在当今经济飞速发展的社会背景下，工业生产、家庭劳动的自动化、交通方式的不断改进导致人类坐位方式过多，运动不足成为亚健康和“现代文明综合征”的最主要根源。因此，对于体育锻炼的功能，人们的观念逐渐发生变化，其政治功能被淡化，文化消遣和娱乐功能得到发展。更为重要的是，体育的健身功能已经被普遍接受，越来越多的体育观众已成为体育锻炼的实践者，体育锻炼作为最有效的绿色保健手段，已受到人们的普遍欢迎和采纳。体育锻炼已经成为现代人改善身体健康的重要方式，也必将成为生活方式的稳定内容，被每个社会成员所接受。

二、体育锻炼对青少年身体机能的影响

（一）体育锻炼对青少年生长发育的影响

适宜的体育锻炼会促进儿童、青少年身体形态的良好发育。国外学者Сомоввев曾对数百名从事体操、游泳等业余锻炼2～5年的少年与没有体育锻炼经历的同龄少年进行对比，结果发现有训练的少年的身高、体重、胸围年增长值显著高于对照组。一项对双生子的调查表明，爱好运动者的身高比少参加体力活动者平均高4cm，体重重3kg。研究证实，适宜的跳跃训练有助于下肢长骨骨骺软骨细胞的良好发育；中等强度的体育运动有助于生长激素的充分分泌，这些都会对身高的增长有一定作用，尤其是在生长发育第二次高峰时进行相应的增高锻炼会有较明显的效果。

体育锻炼会使肌肉群更多地收缩，消耗更多的葡萄糖和脂肪酸，加强新陈代谢，增加瘦体重，改善身体成分，对生长发育有重要的促进作用。

（二）体育锻炼对青少年生理机能的影响

（1）对神经、内分泌系统的影响

青少年进行适宜的体育锻炼能使大脑和神经系统得到良好的发展，对于提高神经工作过程的强度、均衡性、灵活性和神经细胞工作的耐久性都有益处。研究表明，儿童、少年运动员的视、听觉简单反应时间测试结果显著优于普通儿童少年。

(2) 对心血管系统的作用

体育锻炼可以改善青少年心肌本身的兴奋性，心脏冠状动脉血管扩张，营养心肌的血流量增加，肌球蛋白的ATP酶活性提高，使得心肌收缩力提高。还有研究者表明，早期适宜的体育锻炼可以使血管弹性增强，在运动时，平时闭合的毛细血管开放，循环血量增加，有利于代谢功能。

(3) 对呼吸功能的作用

早期体育锻炼可以使呼吸肌发达，肺活量增大，明显改善青少年的呼吸功能。瑞典学者安德森的研究结果证实，在青春期接受游泳训练的女孩较一般女孩肺总容量大12%，肺活量大13.4%，最大吸氧量大10.2%。

(4) 对运动系统的作用

对青少年进行合理的体育锻炼可促使新陈代谢旺盛，有利于骨细胞的增殖、加速钙化，促进骨的生长，使管横径增粗，骨质坚实，骨重量增加。研究者通过X片观察到，青少年运动员股骨的皮质比普通青少年厚0.5～3mm；骨松质的骨小梁排列也比普通青少年整齐，使骨能承受更大的压力。另外，运动可明显改善骨的血液供应，使其得到充分的营养物质，造骨过程加快。如前所述，跑跳等运动对骨的压力是一种机械刺激，对骨发育有促进作用。

运动时血液循环加速，可使肌肉获得更多的营养，因此肌纤维变粗，体积增大，弹性增强，整个肌肉变得更发达，活动能力和耐力相应增强。

三、体育锻炼与健康促进

体育锻炼是健康促进的重要构成，体育锻炼不仅能改善人的生理机能，对人的心理健康也有重要的促进作用。例如，体育锻炼可以激发人的活力，运动的刺激性、宣泄性能使参加运动的人得到情绪上的改善，经常参加体育锻炼的青少年能够在锻炼中体验到运动的愉悦感，缓解由学习生活带来的压力。在多人参加的运动中，增加了人与人之间互相交流、沟通的机会，培养团结、协作的精神，对身心健康均有益处。

第五节 心理健康

一、心理健康概述

广义上的心理健康指一种高效而满意的、持续的心理状态；而狭义上的心理健康指人的基本心理活动的过程内容完整、协调一致，即认识、情感、意志、行为、人格完整和协调，能适应社会，与社会保持同步。

一般认为，心理健康是指具有较好的自控能力，且能保持心理上的平衡，能自尊、自爱、自信和有自知之明。人的精神、情绪和意识方面有良好的状态，包括智力发育正常，情绪稳定乐观，意志坚强，行为规范协调，精力充沛，应变能力较强，能适应各种环境，能从容不迫地应付日常生活和工作压力，乐于承担责任，人际关系协调，心理年龄与生理年龄相一致。

心理健康和生理健康是互相联系、互相作用的，心理健康每时每刻都在影响人的生理健康。心情舒畅，精神愉快，中枢神经系统会处于最佳功能状态，会使整个机体协调，充满活力，身体自然也就健康。如果一个人较长时间处于抑郁状态，就会影响内激素分泌，使人的抵抗力下降，疾病就会乘虚而入。平和、淡泊的情绪有助于身心健康，保持良好的精神状态，心情舒畅豁达，是增进健康的良药。为了健康，现代人不论是愉快的或不愉快的情绪都应控制在适度的范围内。心理学家认为，保持良好的心理状态首先应该使自己在道德上、心理上成熟起来，才能在复杂的社会环境和激烈的竞争中保持健康的心理。

二、青少年心理健康评价

（一）马斯洛（Maslow）密特尔曼（Mittelman）心理健康判断法

（1）充分的安全感

安全感是人的基本需要之一，如果惶惶不可终日，人便会很快衰老。抑郁、焦虑等心理，会引起消化系统功能失调，甚至会导致发生病变。

（2）充分了解自己

对自己的能力作出恰如其分的判断。如果勉强去做超出自己能力的工作，就会显得力不从心，于身心大为不利。超负荷的工作甚至会给健康带来不利。

（3）生活目标切合实际

由于社会生产发展水平与物质生活条件有一定限度，如果生活目标定得太高，必然会产生挫败感，不利于身心健康。

（4）与周围环境事物保持良好的接触

因为人的精神需要是多层次的，与外界接触，一方面可以丰富精神生活，另一方面可以及时调整自己的行为，以便更好地适应环境。

（5）保持个性的完整与和谐

个性中的能力、兴趣、性格与气质等各种心理特征必须和谐而统一，方能得到最大的施展。

（6）是否具备从经验中学习的能力

具有一定的学习能力。现代社会知识更新快，为了适应新的形势，就必须不断学习新的东西，使生活和工作能得心应手，少走弯路，以取得更大的成功。

（7）保持良好的人际关系

人际关系中，有正向积极的关系，也有负向消极的关系，而人际关系的协调与否，对人的心理健康有很大的影响。

（8）能适度地表达和控制自己的情绪

人有喜怒哀乐不同的情绪体验。不愉快的情绪必须释放，以求得心理上的平衡。但不能发泄过分，否则既影响自己的生活，又加剧人际矛盾，于身心健康无益。

（9）有限度地发挥自己的才能与兴趣爱好

人的才能和兴趣爱好应该充分发挥出来，但不能妨碍他人利益，不能损害团体利益，否则会引起人际纠纷，徒增烦恼，无益于身心健康。

（10）个人的基本需求

在不违背社会道德规范的条件下，个人的基本需要应得到一定程度的满足。当然，必须合法，否则将受到良心的谴责、舆论的压力乃至法律的制裁，自然毫无心理健康可言。

（二）赫威斯特判断青年人心理成熟的10项标准

美国心理学家赫威斯特认为，保持良好的心理状态首先应该使自己在心理上成熟起来，才能在复杂的社会环境和激烈的竞争中保持健康的心理。他提出的10条标准如下。

（1）能在日常生活中与同龄人建立和谐的人际关系，这种关系应包括同性朋友和异性朋友。

（2）在行为上能够扮演适当的性别角色。

（3）接纳自己的身体和容貌。不过分炫耀自己的优点，也不过分掩饰自己的缺点。

（4）情绪表达渐趋成熟独立。凡事不再依赖父母或其他成人的支持与保护。

（5）有经济独立的信心。

（6）能够选择适合自己能力和兴趣的职业，而且肯努力奋发。

（7）认真考虑选择婚姻对象，并准备成家过独立的家庭生活。

（8）在知识、观念等各个方面，都能达到作为一个现代公民所需要的标准。

（9）乐于参与社会活动，也能在社会活动中对自己的行为负责。

（10）在个人的行为导向上，能建立起自己的价值道德标准。

第四章　青少年体质健康评价

第一节　学生体质健康评价方法

一、学生体质健康评价概述

《学生体质健康标准》（以下简称《标准》）是由教育部、国家体育总局共同组织研制，于2002年7月正式颁布实施的。《标准》适用于普通学校的在校学生（全日制小学、初级中学、普通高中在校学生）；《标准》测试是"促进学生体质健康发展、激励学生积极进行身体锻炼的教育手段，是学生体质健康的个体评价标准，也是学生毕业的基本条件之一"。

（一）评定指标

《标准》根据学生的生长发育规律，可划分为以下组别：小学一、二年级组，小学三、四年级组，小学五、六年级组；初中、高中各年级组，组别不同，测试项目也不同。

（1）小学一、二年级组

测试指标共9项，其中必测项目为身高、体重，选测项目为2项，分别从不同的测试种类中进行选取，见表4－1。

表4－1　小学一、二年级学生体质健康标准评价指标与权重

组别	评价指标（测试项目）	权重	备注
小学一、二年级	身高标准体重	0.2	必测
	坐位体前屈、投沙包	0.4	选测一项
	50m跑（25m×2往返跑）、立定跳远、跳绳、踢毽子	0.4	选测一项

资料来源：国家体育总局编：《国家学生体质健康标准解读》，人民教育出版社2007年版。

（2）小学三、四年级组

测试指标共9项，其中必测项目为身高、体重，选测项目为2项，分别从不同的测试种类中进行选取，见表4－2。

表4－2　小学三、四年级学生体质健康标准评价指标与权重

组别	评价指标（测试项目）	权重	备注
小学三、四年级	身高标准体重	0.2	必测
	坐位体前屈、掷实心球、仰卧起坐	0.4	选测一项
	50m跑（25m×2往返跑）、立定跳远、跳绳	0.4	选测一项

资料来源：国家体育总局编：《国家学生体质健康标准解读》，人民教育出版社2007年版。

（3）小学五、六年级组

测试指标共17项，其中必测项目为身高、体重、肺活量，选测项目为3项，分别从不同的测试种类中进行选取，见表4－3。

表4－3　小学五、六年级学生体质健康标准评价指标与权重

组别	评价指标（测试项目）	权重	备注
小学五、六年级	身高标准体重	0.1	必测
	肺活量体重指数	0.2	必测
	400m跑（50m×8往返跑）、台阶试验	0.3	选测一项
	坐位体前屈、掷实心球、仰卧起坐、握力体重指数	0.2	选测一项
	50m跑（25m×2往返跑）、立定跳远、跳绳、篮球运球、足球颠球、排球垫球	0.2	选测一项

资料来源：国家体育总局编：《国家学生体质健康标准解读》，人民教育出版社2007年版。

（4）初中、高中各年级组

测试指标共17项，其中必测项目为身高、体重、肺活量，选测项目为3项，分别从不同的测试种类中进行选取，见表4－4。

表4-4　初中、高中各年级学生体质健康标准评价指标与权重

组别	评价指标（测试项目）	权重	备注
初中、高中各年级	身高标准体重	0.1	必测
	肺活量体重指数	0.2	必测
	1 000m跑（男）、800m跑（女）、台阶试验	0.3	选测一项
	坐位体前屈、掷实心球、仰卧起坐（女）、引体向上（男）、握力体重指数	0.2	选测一项
	50m跑、立定跳远、跳绳、篮球运球、足球运球、排球垫球	0.2	选测一项

资料来源：国家体育总局编：《国家学生体质健康标准解读》，人民教育出版社2007年版。

（二）等级评定方法

《学生体质健康标准》采用单项评分和综合评级的方法进行等级评定。

综合评级是根据受试者各单项得分之和确定，共分4个等级：优秀：90分以上；良好：75～89分；及格：60～74分；不及格：59分以下（见表4-5）。任意一项指标无分者，不进行综合评级。

表4-5　综合评级标准

等级	得分
优秀	>90
良好	75～89分
及格	60～74分
不及格	59分及以下

资料来源：国家体育总局编：《国家学生体质健康标准解读》，人民教育出版社2007年版。

二、学生体质健康评价标准

（一）各指标测试方法

体质健康测试应使用由教育部权威部门认定的电子测试仪器，包括身高体重计、台阶试验仪、肺活量仪、立定跳远仪、握力计、坐位体前屈仪等。

（1）身高、体重

受试者赤足，以立正姿势站在身高计的底板上，上肢自然垂直，两足跟并拢，足尖分开成60度角。足跟、骶骨部及两肩胛区与立柱相接触，躯干自然挺直，头部正直，耳屏上缘与眼眶下源呈水平位。身高体重计记录下受试者成绩（见图4－1）。

（2）肺活量

受试者面对仪器站立，手持吹气口嘴，深吸气，将口嘴堵住嘴部，屏住气向口嘴处慢慢呼出至不能再呼出为止。肺活量仪记录下受试者的成绩（见图4－2）。

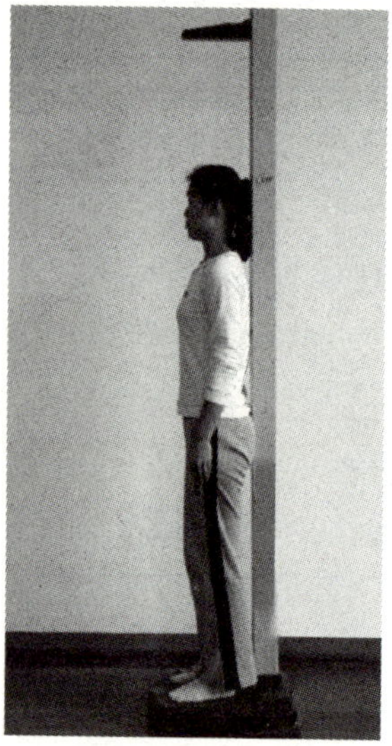

图4－1　身高体重测试

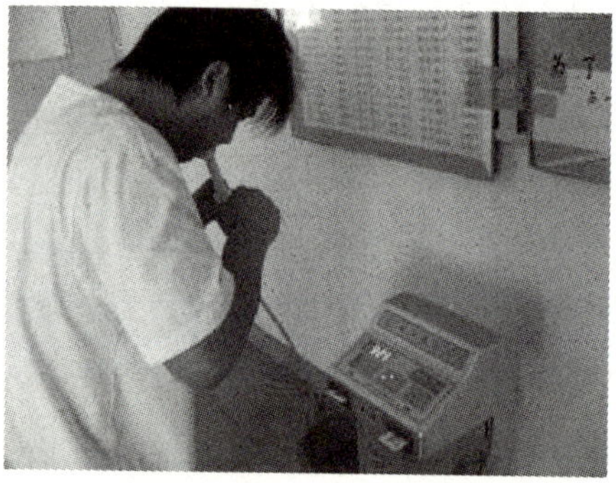

图4－2　肺活量测试

（3）台阶试验

受试者从预备姿势开始，按照节拍器（2秒上下一次）的节律上下台阶，连续3分钟，直至完成。踏台动作分4步：① 受试者一只脚踏在台阶上；② 踏台腿伸直成台上站立；③ 先踏台的脚先下地；④ 还原成准备姿势。测试完成后，立即佩戴指脉夹，台阶试验仪将记录下：1～1.5分钟、2～2.5分钟、3～3.5分钟时的3次脉搏（图4－3）。

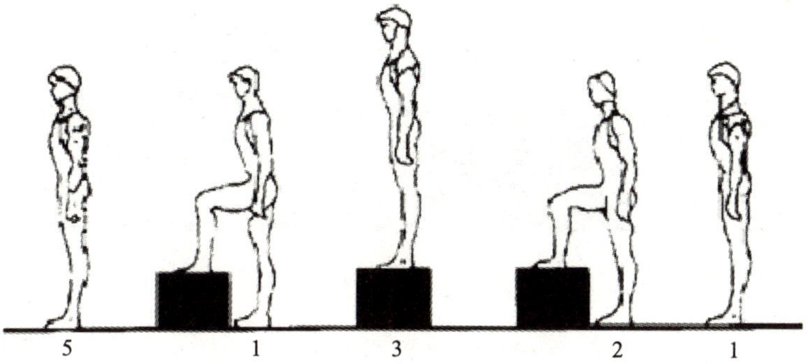

图 4-3 台阶试验测试

（4）握力

受试者两脚自然分开成直立姿势，两臂自然下垂。一手手心向内持握力计全力紧握，握力计不能接触受试者的衣服和身体，握力计记录下受试者的成绩（见图 4-4）。

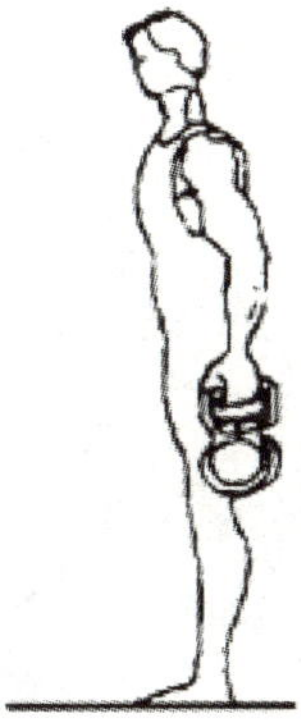

图 4-4 坐位体前屈测试

（5）坐位体前屈

受试者两腿伸直，两脚平蹬测试纵板坐在垫子上，两脚分开约 10～15cm，身体前屈，用两手中指尖逐渐向前推动游标，两臂不得突然发力，推游标时两腿不能弯曲，直到不能前腿为止，坐位体前屈仪记录下受试者成绩（见图 4-5）。

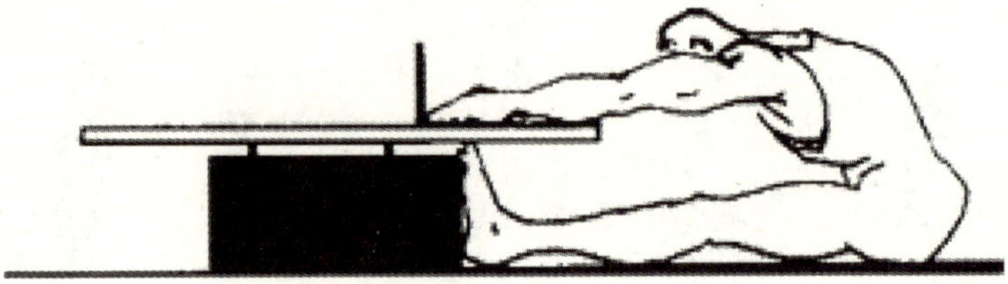

图4-5　坐位体前屈

（6）立定跳远

受试者两脚自然分开站立，站在起跳线后，脚尖不得踩线。两脚同时原地起跳，不得有垫步或连跳动作。立定跳远仪记录下受试者成绩（见图4-6）。

（7）仰卧起坐

受试者测试前用测试仪前端的带子将脚固定，屈腿仰卧在平板下，两手抱头。听到“请准备开始”提示音后快速完成仰卧起坐，要求下去时后背接触平板，上去时头部贴近大腿（见图4-7）。

图4-6　立定跳远测试

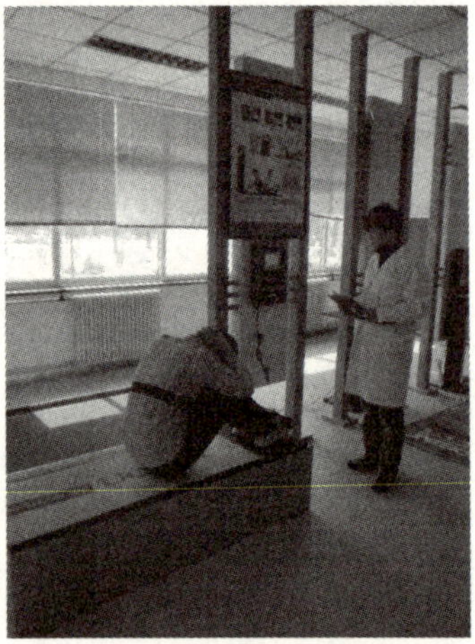

图4-7　仰卧起坐测试

（8）引体向上

受试者跳起双手正握杠，两手与肩同宽成直臂悬垂。静止后，两臂同时用力引体（身体不能有附加动作），上拉到下颌超过横杠上缘为完成一次。记录引体次数。

（9）掷实心球

受试者站在起掷线后，两脚前后或左右开立，身体面对投掷方向，双手举球至头上方稍后仰，原地用力把球投向前方掷出。如两脚前后开立投掷，当球出手时后脚可向前迈出一步，但不得踩线。每人投掷3次，记录其中成绩最好的一次。测试以米为单位，取一位小数。

（10）投沙包

受试者站在起掷线后原地投掷，要求沙包必须从肩的上方投出。丈量起掷线后缘至沙包着地点后缘之间的直线距离。为了准确丈量成绩，应有专人负责观察沙包着地点。每人投掷3次，记录其中成绩最好的一次。测试以米为单位，取一位小数。

（11）跳绳

受试者两人一组，一人测试，一人计数。受试者将绳的长短调至适宜长度，听到开始信号后开始跳绳，动作规格为正摇或双脚跳绳，每跳跃一次且摇绳一回环（一周圈），记为一次。听到结束信号后停止。

（12）踢毽子

受试者听到开始信号后开始踢毽子，动作规格为单脚或双脚交换踢毽子。听到结束信号后停止，测试员报数并记录受试者在30秒内的踢毽子次数。测试单位为次。

（13）50m跑

受试者至少两人一组测试。站立起跑，受试者听到“跑”的口令后开始起跑。发令员在发出口令时要摆动发令旗。计时员视旗动开表计时，受试者躯干部到达终点线的垂直面停表。以秒为单位记录测试成绩。

（14）400m跑

测试分组进行，每组至少两人。受试者站在起跑线后准备，用站立式起跑，当听到口令或哨音后开始起跑。发令员发出“跑”口令的同时开表计时，当受试者的躯干部到达终点线垂直面时停表。以分、秒为单位记录测试成绩，不记小数。

（15）800m 或 1 000m

受试者至少两人一组进行测试，站立式起跑。当听到“跑”的口令后开始起跑。计时员看到旗动开表计时，当受试者的躯干部到达终点线垂直面时停表。以分、秒为单位记录测试成绩。

（16）25m ×2 往返跑

测试分组进行，每组至少两人。每条跑道由一人记录。受试者站在起跑线后准备，听到“跑”的口令后开始起跑。折返时，受试者按逆时针方向绕过标杆，不得碰扶标杆，不得串道。测试人员在发出口令的同时开表计时。当受试者胸部到达终点线的垂直面时停表。以秒为单位记录测试成绩。

（17）50m ×8 往返跑

受试者至少两人一组进行测试。用站立式起跑。当听到“跑”口令后开始起跑，往返 4 次，往返跑时就逆时针方向绕过标杆，不得碰扶标杆，不得串道。测试人员发出“跑”口令的同时开表计时。当受试者胸部到达终点线的垂直面时停表。以分、秒为单位记录测试成绩，不记小数。

（18）篮球运球

受试者在起点线后持球站立，听到“出发”口令后，按方向单手运球依次过杆，高中生和大学生每次过杆时需换手运球。发令员发令后开表计时，受试者与球均返回起终点线时停表。每名受试者测两次，记录其中成绩最好的一次。以秒为单位记录测试成绩。

（19）足球运球

受试者站在起点线后准备，听到“出发”口令后开始向前运球依次过杆，不得碰杆。受试者和球均越过终点线即为结束。发令员发令后开始计时，受试者与球均返回终点线时停表。每人跑两次，记录其中成绩最好的一次。以秒为单位记录测试成绩。

（20）足球颠球

受试者在原地将球抛起，用脚背正面连续颠球，球落地则测试结束，按次计数。其他部位触球可作为调整，不计次数。每名受试者测两次，记录其中成绩最好的一次。测试单位为次。

（21）排球垫球

受试者在规定的测试区域内原地将球抛起，个人连续正面双手垫球，要求手形正确、击球部位准确、达到规定的高度，球落地即为测试结束，按次计数。

（二）评价标准

（1）单项评分

单项评分包括身高标准体重评分（见表4－6～表4－15）和其他单项指标评分（见表4－16～表4－33），采用百分制进行评价。

（2）综合评级

综合评级得分是根据受试者各单项得分与该项权重乘积之和确定（见表4－1～表4－4），共分4个等级：优秀、良好、及格、不及格（见表4－5）。

表4－6　小学一、二年级男生身高标准体重（kg）

身高段（cm）	营养不良	较低体重	正常体重	超重	肥胖
	50分	60分	100分	60分	50分
106.0～106.9	<14.8	14.8～16.8	16.9～19.1	19.2～19.8	≥19.9
107.0～107.9	<15.1	15.1～17.1	17.2～19.5	19.6～20.3	≥20.4
108.0～108.9	<15.3	15.3～17.5	17.6～19.9	20.0～20.7	≥20.8
109.0～109.9	<15.6	15.6～17.9	18.0～20.3	20.4～21.1	≥21.2
110.0～110.9	<15.8	15.8～18.3	18.4～20.7	20.8～21.5	≥21.6
111.0～111.9	<16.1	16.1～18.6	18.7～21.1	21.2～21.9	≥22.0
112.0～112.9	<16.4	16.4～18.9	19.0～21.5	21.6～22.3	≥22.4
113.0～113.9	<16.7	16.7～19.2	19.3～22.0	22.1～22.8	≥22.9
114.0～114.9	<17.0	17.0～19.6	19.7～22.4	22.5～23.2	≥23.3
115.0～115.9	<17.3	17.3～19.9	20.0～22.8	22.9～23.6	≥23.7
116.0～116.9	<17.6	17.6～20.3	20.4～23.2	23.3～24.1	≥24.2
117.0～117.9	<18.0	18.0～20.6	20.7～23.6	23.7～24.6	≥24.7
118.0～118.9	<18.3	18.3～21.0	21.1～24.1	24.2～25.0	≥25.1

续表

身高段	营养不良	较低体重	正常体重	超重	肥胖
(cm)	50 分	60 分	100 分	60 分	50 分
119.0 ~ 119.9	<18.6	18.6 ~ 21.4	21.5 ~ 24.6	24.7 ~ 25.5	≥25.6
120.0 ~ 120.9	<19.0	19.0 ~ 21.8	21.9 ~ 25.1	25.2 ~ 26.2	≥26.3
121.0 ~ 121.9	<19.4	19.4 ~ 22.2	22.3 ~ 25.6	25.7 ~ 26.8	≥26.9
122.0 ~ 122.9	<19.7	19.7 ~ 22.6	22.7 ~ 26.2	26.3 ~ 27.4	≥27.5
123.0 ~ 123.9	<20.1	20.1 ~ 23.0	23.1 ~ 26.8	26.9 ~ 28.0	≥28.1
124.0 ~ 124.9	<20.5	20.5 ~ 23.4	23.5 ~ 27.3	27.4 ~ 28.6	≥28.7
125.0 ~ 125.9	<20.9	20.9 ~ 23.8	23.9 ~ 27.8	27.9 ~ 29.2	≥29.3
126.0 ~ 126.9	<21.3	21.3 ~ 24.3	24.4 ~ 28.5	28.6 ~ 29.8	≥29.9
127.0 ~ 127.9	<21.7	21.7 ~ 24.7	24.8 ~ 29.0	29.1 ~ 30.4	≥30.5
128.0 ~ 128.9	<22.1	22.1 ~ 25.1	25.2 ~ 29.5	29.6 ~ 31.0	≥31.1
129.0 ~ 129.9	<22.6	22.6 ~ 25.6	25.7 ~ 30.1	30.2 ~ 31.6	≥31.7
130.0 ~ 130.9	<23.0	23.0 ~ 26.1	26.2 ~ 30.9	31.0 ~ 32.3	≥32.4
131.0 ~ 131.9	<23.5	23.5 ~ 26.6	26.7 ~ 31.6	31.7 ~ 33.2	≥33.3
132.0 ~ 132.9	<23.9	23.9 ~ 27.1	27.2 ~ 32.3	32.4 ~ 34.0	≥34.1
133.0 ~ 133.9	<24.4	24.4 ~ 27.7	27.8 ~ 32.9	33.0 ~ 34.7	≥34.8
134.0 ~ 134.9	<24.9	24.9 ~ 28.3	28.4 ~ 33.6	33.7 ~ 35.3	≥35.4
135.0 ~ 135.9	<25.3	25.3 ~ 28.9	29.0 ~ 34.2	34.3 ~ 36.0	≥36.1
136.0 ~ 136.9	<25.8	25.8 ~ 29.5	29.6 ~ 34.9	35.0 ~ 36.7	≥36.8
137.0 ~ 137.9	<26.4	26.4 ~ 30.1	30.2 ~ 35.6	35.7 ~ 37.4	≥37.5
138.0 ~ 138.9	<27.0	27.0 ~ 30.8	30.9 ~ 36.3	36.4 ~ 38.2	≥38.3
139.0 ~ 139.9	<27.6	27.6 ~ 31.5	31.6 ~ 37.1	37.2 ~ 39.1	≥39.2
140.0 ~ 140.9	<28.1	28.1 ~ 32.2	32.3 ~ 38.0	38.1 ~ 40.0	≥40.1
141.0 ~ 141.9	<28.6	28.6 ~ 32.9	33.0 ~ 38.9	39.0 ~ 40.9	≥41.0
142.0 ~ 142.9	<29.1	29.1 ~ 33.7	33.8 ~ 39.8	39.9 ~ 41.8	≥41.9
143.0 ~ 143.9	<29.7	29.7 ~ 34.5	34.6 ~ 40.7	40.8 ~ 42.7	≥42.8
144.0 ~ 144.9	<30.3	30.3 ~ 35.2	35.3 ~ 41.7	41.8 ~ 43.6	≥43.7
145.0 ~ 145.9	<30.9	30.9 ~ 35.9	36.0 ~ 42.3	42.4 ~ 44.5	≥44.6
146.0 ~ 146.9	<31.5	31.5 ~ 36.6	36.7 ~ 43.2	43.3 ~ 45.4	≥45.5
147.0 ~ 147.9	<32.1	32.1 ~ 37.4	37.5 ~ 44.2	44.3 ~ 46.4	≥46.5

续表

身高段 (cm)	营养不良 50分	较低体重 60分	正常体重 100分	超重 60分	肥胖 50分
148.0～148.9	<32.7	32.7～38.1	38.2～45.0	45.1～47.3	≥47.4
149.0～149.9	<33.3	33.3～38.8	38.9～45.9	46.0～48.2	≥48.3
150.0～150.9	<34.0	34.0～39.5	39.6～46.7	46.8～49.1	≥49.2
151.0～151.9	<34.6	34.6～40.1	40.2～47.5	47.6～49.9	≥50.0
152.0～152.9	<35.2	35.2～40.9	41.0～48.4	48.5～50.7	≥50.8
153.0～153.9	<35.9	35.9～41.6	41.7～49.1	49.2～51.5	≥51.6
154.0～154.9	<36.5	36.5～42.4	42.5～49.9	50.0～52.4	≥52.5
155.0～155.9	<37.1	37.1～43.3	43.4～51.1	51.2～53.4	≥53.5

注：身高低于表中所列出的最低身高段的下限值时，身高每低1cm，实测体重需加上0.5kg，实测身高需加上1cm，再查表确定分值。身高高于表中所列出的最高身高段时，身高每高1cm，其实测体重需减去0.9kg，实测身高需减去1cm，再查表确定分值。

资料来源：国家体育总局编：《国家学生体质健康标准解读》，人民教育出版社2007年版。

表4－7　小学一、二年级女生身高标准体重（kg）

身高段 (cm)	营养不良 50分	较低体重 60分	正常体重 100分	超重 60分	肥胖 50分
106.0～106.9	<14.8	14.8～16.9	17.0～19.4	19.5～20.3	≥20.4
107.0～107.9	<14.9	14.9～17.0	17.1～19.6	19.7～20.4	≥20.5
108.0～108.9	<15.0	15.0～17.2	17.3～19.8	19.9～20.6	≥20.7
109.0～109.9	<15.2	15.2～17.5	17.6～20.0	20.1～20.8	≥20.9
110.0～110.9	<15.5	15.5～17.8	17.9～20.3	20.4～21.1	≥21.2
111.0～111.9	<15.7	15.7～18.1	18.2～20.6	20.7～21.5	≥21.6
112.0～112.9	<16.0	16.0～18.5	18.6～21.1	21.2～21.9	≥22.0
113.0～113.9	<16.2	16.2～18.8	18.9～21.5	21.6～22.3	≥22.4
114.0～114.9	<16.5	16.5～19.1	19.2～21.8	21.9～22.7	≥22.8
115.0～115.9	<16.8	16.8～19.4	19.5～22.3	22.4～23.2	≥23.3
116.0～116.9	<17.2	17.2～19.8	19.9～22.6	22.7～23.7	≥23.8
117.0～117.9	<17.5	17.5～20.2	20.3～23.0	23.1～24.2	≥24.3
118.0～118.9	<17.9	17.9～20.6	20.7～23.4	23.5～24.7	≥24.8

续表

身高段 (cm)	营养不良	较低体重	正常体重	超重	肥胖
	50分	60分	100分	60分	50分
119.0～119.9	<18.2	18.2～20.9	21.0～24.0	24.1～25.2	≥25.3
120.0～120.9	<18.4	18.4～21.3	21.4～24.5	24.6～25.7	≥25.8
121.0～121.9	<18.8	18.8～21.7	21.8～25.0	25.1～26.1	≥26.2
122.0～122.9	<19.2	19.2～22.1	22.2～25.4	25.5～26.6	≥26.7
123.0～123.9	<19.6	19.6～22.6	22.7～25.9	26.0～27.1	≥27.2
124.0～124.9	<20.0	20.0～23.1	23.2～26.5	26.6～27.6	≥27.7
125.0～125.9	<20.4	20.4～23.6	23.7～27.0	27.1～28.2	≥28.3
126.0～126.9	<20.9	20.9～24.0	24.1～27.5	27.6～28.8	≥28.9
127.0～127.9	<21.4	21.4～24.6	24.7～28.1	28.2～29.4	≥29.5
128.0～128.9	<21.8	21.8～25.0	25.1～28.8	28.9～30.1	≥30.2
129.0～129.9	<22.3	22.3～25.6	25.7～29.6	29.7～31.0	≥31.1
130.0～130.9	<22.7	22.7～26.2	26.3～30.5	30.6～31.8	≥31.9
131.0～131.9	<23.2	23.2～26.7	26.8～31.1	31.2～32.5	≥32.6
132.0～132.9	<23.7	23.7～27.3	27.4～31.8	31.9～33.3	≥33.4
133.0～133.9	<24.1	24.1～27.7	27.8～32.6	32.7～34.1	≥34.2
134.0～134.9	<24.7	24.7～28.5	28.6～33.3	33.4～34.9	≥35.0
135.0～135.9	<25.1	25.1～29.2	29.3～34.3	34.4～36.0	≥36.1
136.0～136.9	<25.7	25.7～29.9	30.0～35.2	35.3～36.9	≥37.0
137.0～137.9	<26.3	26.3～30.7	30.8～36.0	36.1～37.7	≥37.8
138.0～138.9	<27.0	27.0～31.5	31.6～36.9	37.0～38.7	≥38.8
139.0～139.9	<27.4	27.4～32.1	32.2～37.8	37.9～39.7	≥39.8
140.0～140.9	<27.8	27.8～32.8	32.9～38.7	38.8～40.6	≥40.7
141.0～141.9	<28.5	28.5～33.5	33.6～39.7	39.8～41.7	≥41.8
142.0～142.9	<29.1	29.1～34.2	34.3～40.7	40.8～42.8	≥42.9

续表

身高段（cm）	营养不良	较低体重	正常体重	超重	肥胖
	50 分	60 分	100 分	60 分	50 分
143.0 ~ 143.9	<29.7	29.7 ~ 35.0	35.1 ~ 41.6	41.7 ~ 43.8	≥43.9
144.0 ~ 144.9	<30.3	30.3 ~ 35.7	35.8 ~ 42.6	42.7 ~ 44.9	≥45.0
145.0 ~ 145.9	<30.8	30.8 ~ 36.4	36.5 ~ 43.6	43.7 ~ 46.0	≥46.1
146.0 ~ 146.9	<31.4	31.4 ~ 37.1	37.2 ~ 44.5	44.6 ~ 46.9	≥47.0
147.0 ~ 147.9	<32.1	32.1 ~ 37.8	37.9 ~ 45.3	45.4 ~ 47.8	≥47.9
148.0 ~ 148.9	<32.6	32.6 ~ 38.5	38.6 ~ 46.2	46.3 ~ 48.7	≥48.8
149.0 ~ 149.9	<33.2	33.2 ~ 39.1	39.2 ~ 46.9	47.0 ~ 49.5	≥49.6
150.0 ~ 150.9	<33.7	33.7 ~ 39.7	39.8 ~ 47.7	47.8 ~ 50.5	≥50.6
151.0 ~ 151.9	<34.4	34.4 ~ 40.4	40.5 ~ 48.7	48.8 ~ 51.4	≥51.5
152.0 ~ 152.9	<34.9	34.9 ~ 41.1	41.2 ~ 49.5	49.6 ~ 52.3	≥52.4
153.0 ~ 153.9	<35.6	35.6 ~ 41.8	41.9 ~ 50.4	50.5 ~ 53.2	≥53.3
154.0 ~ 154.9	<36.2	36.2 ~ 42.5	42.6 ~ 51.1	51.2 ~ 54.0	≥54.1
155.0 ~ 155.9	<36.9	36.9 ~ 43.2	43.3 ~ 52.0	52.1 ~ 54.8	≥54.9

注：身高低于表中所列出的最低身高段的下限值时，身高每低 1cm，实测体重需加上 0.5kg，实测身高需加上 1cm，再查表确定分值。身高高于表中所列出的最高身高段时，身高每高 1cm，其实测体重需减去 0.9kg，实测身高需减去 1cm，再查表确定分值。

资料来源：国家体育总局编：《国家学生体质健康标准解读》，人民教育出版社 2007 年版。

表 4-8 小学三、四年级男生身高标准体重（kg）

身高段（cm）	营养不良	较低体重	正常体重	超重	肥胖
	50 分	60 分	100 分	60 分	50 分
106.0 ~ 106.9	<14.8	14.8 ~ 16.8	16.9 ~ 19.1	19.2 ~ 19.8	≥19.9
107.0 ~ 107.9	<15.1	15.1 ~ 17.1	17.2 ~ 19.5	19.6 ~ 20.3	≥20.4
108.0 ~ 108.9	<15.3	15.3 ~ 17.5	17.6 ~ 19.9	20.0 ~ 20.7	≥20.8
109.0 ~ 109.9	<15.6	15.6 ~ 17.9	18.0 ~ 20.3	20.4 ~ 21.1	≥21.2
110.0 ~ 110.9	<15.8	15.8 ~ 18.3	18.4 ~ 20.7	20.8 ~ 21.5	≥21.6

续表

身高段（cm）	营养不良	较低体重	正常体重	超重	肥胖
	50 分	60 分	100 分	60 分	50 分
111. 0 ~ 111. 9	<16. 1	16. 1 ~ 18. 6	18. 7 ~ 21. 1	21. 2 ~ 21. 9	≥22. 0
112. 0 ~ 112. 9	<16. 4	16. 4 ~ 18. 9	19. 0 ~ 21. 5	21. 6 ~ 22. 3	≥22. 4
113. 0 ~ 113. 9	<16. 7	16. 7 ~ 19. 2	19. 3 ~ 22. 0	22. 1 ~ 22. 8	≥22. 9
114. 0 ~ 114. 9	<17. 0	17. 0 ~ 19. 6	19. 7 ~ 22. 4	22. 5 ~ 23. 2	≥23. 3
115. 0 ~ 115. 9	<17. 3	17. 3 ~ 19. 9	20. 0 ~ 22. 8	22. 9 ~ 23. 6	≥23. 7
116. 0 ~ 116. 9	<17. 6	17. 6 ~ 20. 3	20. 4 ~ 23. 2	23. 3 ~ 24. 1	≥24. 2
117. 0 ~ 117. 9	<18. 0	18. 0 ~ 20. 6	20. 7 ~ 23. 6	23. 7 ~ 24. 6	≥24. 7
118. 0 ~ 118. 9	<18. 3	18. 3 ~ 21. 0	21. 1 ~ 24. 1	24. 2 ~ 25. 0	≥25. 1
119. 0 ~ 119. 9	<18. 6	18. 6 ~ 21. 4	21. 5 ~ 24. 6	24. 7 ~ 25. 5	≥25. 6
120. 0 ~ 120. 9	<19. 0	19. 0 ~ 21. 8	21. 9 ~ 25. 1	25. 2 ~ 26. 2	≥26. 3
121. 0 ~ 121. 9	<19. 4	19. 4 ~ 22. 2	22. 3 ~ 25. 6	25. 7 ~ 26. 8	≥26. 9
122. 0 ~ 122. 9	<19. 7	19. 7 ~ 22. 6	22. 7 ~ 26. 2	26. 3 ~ 27. 4	≥27. 5
123. 0 ~ 123. 9	<20. 1	20. 1 ~ 23. 0	23. 1 ~ 26. 8	26. 9 ~ 28. 0	≥28. 1
124. 0 ~ 124. 9	<20. 5	20. 5 ~ 23. 4	23. 5 ~ 27. 3	27. 4 ~ 28. 6	≥28. 7
125. 0 ~ 125. 9	<20. 9	20. 9 ~ 23. 8	23. 9 ~ 27. 8	27. 9 ~ 29. 2	≥29. 3
126. 0 ~ 126. 9	<21. 3	21. 3 ~ 24. 3	24. 4 ~ 28. 5	28. 6 ~ 29. 8	≥29. 9
127. 0 ~ 127. 9	<21. 7	21. 7 ~ 24. 7	24. 8 ~ 29. 0	29. 1 ~ 30. 4	≥30. 5
128. 0 ~ 128. 9	<22. 1	22. 1 ~ 25. 1	25. 2 ~ 29. 5	29. 6 ~ 31. 0	≥31. 1
129. 0 ~ 129. 9	<22. 6	22. 6 ~ 25. 6	25. 7 ~ 30. 1	30. 2 ~ 31. 6	≥31. 7
130. 0 ~ 130. 9	<23. 0	23. 0 ~ 26. 1	26. 2 ~ 30. 9	31. 0 ~ 32. 3	≥32. 4
131. 0 ~ 131. 9	<23. 5	23. 5 ~ 26. 6	26. 7 ~ 31. 6	31. 7 ~ 33. 2	≥33. 3
132. 0 ~ 132. 9	<23. 9	23. 9 ~ 27. 1	27. 2 ~ 32. 3	32. 4 ~ 34. 0	≥34. 1
133. 0 ~ 133. 9	<24. 4	24. 4 ~ 27. 7	27. 8 ~ 32. 9	33. 0 ~ 34. 7	≥34. 8
134. 0 ~ 134. 9	<24. 9	24. 9 ~ 28. 3	28. 4 ~ 33. 6	33. 7 ~ 35. 3	≥35. 4

续表

身高段 (cm)	营养不良	较低体重	正常体重	超重	肥胖
	50 分	60 分	100 分	60 分	50 分
135.0～135.9	<25.3	25.3～28.9	29.0～34.2	34.3～36.0	≥36.1
136.0～136.9	<25.8	25.8～29.5	29.6～34.9	35.0～36.7	≥36.8
137.0～137.9	<26.4	26.4～30.1	30.2～35.6	35.7～37.4	≥37.5
138.0～138.9	<27.0	27.0～30.8	30.9～36.3	36.4～38.2	≥38.3
139.0～139.9	<27.6	27.6～31.5	31.6～37.1	37.2～39.1	≥39.2
140.0～140.9	<28.1	28.1～32.2	32.3～38.0	38.1～40.0	≥40.1
141.0～141.9	<28.6	28.6～32.9	33.0～38.9	39.0～40.9	≥41.0
142.0～142.9	<29.1	29.1～33.7	33.8～39.8	39.9～41.8	≥41.9
143.0～143.9	<29.7	29.7～34.5	34.6～40.7	40.8～42.7	≥42.8
144.0～144.9	<30.3	30.3～35.2	35.3～41.7	41.8～43.6	≥43.7
145.0～145.9	<30.9	30.9～35.9	36.0～42.3	42.4～44.5	≥44.6
146.0～146.9	<31.5	31.5～36.6	36.7～43.2	43.3～45.4	≥45.5
147.0～147.9	<32.1	32.1～37.4	37.5～44.2	44.3～46.4	≥46.5
148.0～148.9	<32.7	32.7～38.1	38.2～45.0	45.1～47.3	≥47.4
149.0～149.9	<33.3	33.3～38.8	38.9～45.9	46.0～48.2	≥48.3
150.0～150.9	<34.0	34.0～39.5	39.6～46.7	46.8～49.1	≥49.2
151.0～151.9	<34.6	34.6～40.1	40.2～47.5	47.6～49.9	≥50.0
152.0～152.9	<35.2	35.2～40.9	41.0～48.4	48.5～50.7	≥50.8
153.0～153.9	<35.9	35.9～41.6	41.7～49.1	49.2～51.5	≥51.6
154.0～154.9	<36.5	36.5～42.4	42.5～49.9	50.0～52.4	≥52.5
155.0～155.9	<37.1	37.1～43.3	43.4～51.1	51.2～53.4	≥53.5

注：身高低于表中所列出的最低身高段的下限值时，身高每低 1cm，实测体重需加上 0.5kg，实测身高需加上 1cm，再查表确定分值。身高高于表中所列出的最高身高段时，身高每高 1cm，其实测体重需减去 0.9kg，实测身高需减去 1cm，再查表确定分值。

资料来源：国家体育总局编：《国家学生体质健康标准解读》，人民教育出版社 2007 年版 。

表4-9 小学三、四年级女生身高标准体重（kg）

身高段（cm）	营养不良	较低体重	正常体重	超重	肥胖
	50分	60分	100分	60分	50分
106.0~106.9	<14.8	14.8~16.9	17.0~19.4	19.5~20.3	≥20.4
107.0~107.9	<14.9	14.9~17.0	17.1~19.6	19.7~20.4	≥20.5
108.0~108.9	<15.0	15.0~17.2	17.3~19.8	19.9~20.6	≥20.7
109.0~109.9	<15.2	15.2~17.5	17.6~20.0	20.1~20.8	≥20.9
110.0~110.9	<15.5	15.5~17.8	17.9~20.3	20.4~21.1	≥21.2
111.0~111.9	<15.7	15.7~18.1	18.2~20.6	20.7~21.5	≥21.6
112.0~112.9	<16.0	16.0~18.5	18.6~21.1	21.2~21.9	≥22.0
113.0~113.9	<16.2	16.2~18.8	18.9~21.5	21.6~22.3	≥22.4
114.0~114.9	<16.5	16.5~19.1	19.2~21.8	21.9~22.7	≥22.8
115.0~115.9	<16.8	16.8~19.4	19.5~22.3	22.4~23.2	≥23.3
116.0~116.9	<17.2	17.2~19.8	19.9~22.6	22.7~23.7	≥23.8
117.0~117.9	<17.5	17.5~20.2	20.3~23.0	23.1~24.2	≥24.3
118.0~118.9	<17.9	17.9~20.6	20.7~23.4	23.5~24.7	≥24.8
119.0~119.9	<18.2	18.2~20.9	21.0~24.0	24.1~25.2	≥25.3
120.0~120.9	<18.4	18.4~21.3	21.4~24.5	24.6~25.7	≥25.8
121.0~121.9	<18.8	18.8~21.7	21.8~25.0	25.1~26.1	≥26.2
122.0~122.9	<19.2	19.2~22.1	22.2~25.4	25.5~26.6	≥26.7
123.0~123.9	<19.6	19.6~22.6	22.7~25.9	26.0~27.1	≥27.2
124.0~124.9	<20.0	20.0~23.1	23.2~26.5	26.6~27.6	≥27.7
125.0~125.9	<20.4	20.4~23.6	23.7~27.0	27.1~28.2	≥28.3
126.0~126.9	<20.9	20.9~24.0	24.1~27.5	27.6~28.8	≥28.9
127.0~127.9	<21.4	21.4~24.6	24.7~28.1	28.2~29.4	≥29.5
128.0~128.9	<21.8	21.8~25.0	25.1~28.8	28.9~30.1	≥30.2
129.0~129.9	<22.3	22.3~25.6	25.7~29.6	29.7~31.0	≥31.1
130.0~130.9	<22.7	22.7~26.2	26.3~30.5	30.6~31.8	≥31.9
131.0~131.9	<23.2	23.2~26.7	26.8~31.1	31.2~32.5	≥32.6
132.0~132.9	<23.7	23.7~27.3	27.4~31.8	31.9~33.3	≥33.4
133.0~133.9	<24.1	24.1~27.7	27.8~32.6	32.7~34.1	≥34.2
134.0~134.9	<24.7	24.7~28.5	28.6~33.3	33.4~34.9	≥35.0

续表

身高段（cm）	营养不良	较低体重	正常体重	超重	肥胖
	50 分	60 分	100 分	60 分	50 分
135.0～135.9	<25.1	25.1～29.2	29.3～34.3	34.4～36.0	≥36.1
136.0～136.9	<25.7	25.7～29.9	30.0～35.2	35.3～36.9	≥37.0
137.0～137.9	<26.3	26.3～30.7	30.8～36.0	36.1～37.7	≥37.8
138.0～138.9	<27.0	27.0～31.5	31.6～36.9	37.0～38.7	≥38.8
139.0～139.9	<27.4	27.4～32.1	32.2～37.8	37.9～39.7	≥39.8
140.0～140.9	<27.8	27.8～32.8	32.9～38.7	38.8～40.6	≥40.7
141.0～141.9	<28.5	28.5～33.5	33.6～39.7	39.8～41.7	≥41.8
142.0～142.9	<29.1	29.1～34.2	34.3～40.7	40.8～42.8	≥42.9
143.0～143.9	<29.7	29.7～35.0	35.1～41.6	41.7～43.8	≥43.9
144.0～144.9	<30.3	30.3～35.7	35.8～42.6	42.7～44.9	≥45.0
145.0～145.9	<30.8	30.8～36.4	36.5～43.6	43.7～46.0	≥46.1
146.0～146.9	<31.4	31.4～37.1	37.2～44.5	44.6～46.9	≥47.0
147.0～147.9	<32.1	32.1～37.8	37.9～45.3	45.4～47.8	≥47.9
148.0～148.9	<32.6	32.6～38.5	38.6～46.2	46.3～48.7	≥48.8
149.0～149.9	<33.2	33.2～39.1	39.2～46.9	47.0～49.5	≥49.6
150.0～150.9	<33.7	33.7～39.7	39.8～47.7	47.8～50.5	≥50.6
151.0～151.9	<34.4	34.4～40.4	40.5～48.7	48.8～51.4	≥51.5
152.0～152.9	<34.9	34.9～41.1	41.2～49.5	49.6～52.3	≥52.4
153.0～153.9	<35.6	35.6～41.8	41.9～50.4	50.5～53.2	≥53.3
154.0～154.9	<36.2	36.2～42.5	42.6～51.1	51.2～54.0	≥54.1
155.0～155.9	<36.9	36.9～43.2	43.3～52.0	52.1～54.8	≥54.9

注：身高低于表中所列出的最低身高段的下限值时，身高每低 1cm，实测体重需加上 0.5kg，实测身高需加上 1cm，再查表确定分值。身高高于表中所列出的最高身高段时，身高每高 1cm，其实测体重需减去 0.9kg，实测身高需减去 1cm，再查表确定分值。

资料来源：国家体育总局编：《国家学生体质健康标准解读》，人民教育出版社 2007 年版。

表4－10 小学五、六年级男生身高标准体重（kg）

身高段（cm）	营养不良 50分	较低体重 60分	正常体重 100分	超重 60分	肥胖 50分
106.0～106.9	<14.8	14.8～16.8	16.9～19.1	19.2～19.8	≥19.9
107.0～107.9	<15.1	15.1～17.1	17.2～19.5	19.6～20.3	≥20.4
108.0～108.9	<15.3	15.3～17.5	17.6～19.9	20.0～20.7	≥20.8
109.0～109.9	<15.6	15.6～17.9	18.0～20.3	20.4～21.1	≥21.2
110.0～110.9	<15.8	15.8～18.3	18.4～20.7	20.8～21.5	≥21.6
111.0～111.9	<16.1	16.1～18.6	18.7～21.1	21.2～21.9	≥22.0
112.0～112.9	<16.4	16.4～18.9	19.0～21.5	21.6～22.3	≥22.4
113.0～113.9	<16.7	16.7～19.2	19.3～22.0	22.1～22.8	≥22.9
114.0～114.9	<17.0	17.0～19.6	19.7～22.4	22.5～23.2	≥23.3
115.0～115.9	<17.3	17.3～19.9	20.0～22.8	22.9～23.6	≥23.7
116.0～116.9	<17.6	17.6～20.3	20.4～23.2	23.3～24.1	≥24.2
117.0～117.9	<18.0	18.0～20.6	20.7～23.6	23.7～24.6	≥24.7
118.0～118.9	<18.3	18.3～21.0	21.1～24.1	24.2～25.0	≥25.1
119.0～119.9	<18.6	18.6～21.4	21.5～24.6	24.7～25.5	≥25.6
120.0～120.9	<19.0	19.0～21.8	21.9～25.1	25.2～26.2	≥26.3
121.0～121.9	<19.4	19.4～22.2	22.3～25.6	25.7～26.8	≥26.9
122.0～122.9	<19.7	19.7～22.6	22.7～26.2	26.3～27.4	≥27.5
123.0～123.9	<20.1	20.1～23.0	23.1～26.8	26.9～28.0	≥28.1
124.0～124.9	<20.5	20.5～23.4	23.5～27.3	27.4～28.6	≥28.7
125.0～125.9	<20.9	20.9～23.8	23.9～27.8	27.9～29.2	≥29.3
126.0～126.9	<21.3	21.3～24.3	24.4～28.5	28.6～29.8	≥29.9
127.0～127.9	<21.7	21.7～24.7	24.8～29.0	29.1～30.4	≥30.5
128.0～128.9	<22.1	22.1～25.1	25.2～29.5	29.6～31.0	≥31.1
129.0～129.9	<22.6	22.6～25.6	25.7～30.1	30.2～31.6	≥31.7
130.0～130.9	<23.0	23.0～26.1	26.2～30.9	31.0～32.3	≥32.4
131.0～131.9	<23.5	23.5～26.6	26.7～31.6	31.7～33.2	≥33.3
132.0～132.9	<23.9	23.9～27.1	27.2～32.3	32.4～34.0	≥34.1
133.0～133.9	<24.4	24.4～27.7	27.8～32.9	33.0～34.7	≥34.8
134.0～134.9	<24.9	24.9～28.3	28.4～33.6	33.7～35.3	≥35.4

续表

身高段 (cm)	营养不良	较低体重	正常体重	超重	肥胖
	50 分	60 分	100 分	60 分	50 分
135.0 ~ 135.9	<25.3	25.3 ~ 28.9	29.0 ~ 34.2	34.3 ~ 36.0	≥36.1
136.0 ~ 136.9	<25.8	25.8 ~ 29.5	29.6 ~ 34.9	35.0 ~ 36.7	≥36.8
137.0 ~ 137.9	<26.4	26.4 ~ 30.1	30.2 ~ 35.6	35.7 ~ 37.4	≥37.5
138.0 ~ 138.9	<27.0	27.0 ~ 30.8	30.9 ~ 36.3	36.4 ~ 38.2	≥38.3
139.0 ~ 139.9	<27.6	27.6 ~ 31.5	31.6 ~ 37.1	37.2 ~ 39.1	≥39.2
140.0 ~ 140.9	<28.1	28.1 ~ 32.2	32.3 ~ 38.0	38.1 ~ 40.0	≥40.1
141.0 ~ 141.9	<28.6	28.6 ~ 32.9	33.0 ~ 38.9	39.0 ~ 40.9	≥41.0
142.0 ~ 142.9	<29.1	29.1 ~ 33.7	33.8 ~ 39.8	39.9 ~ 41.8	≥41.9
143.0 ~ 143.9	<29.7	29.7 ~ 34.5	34.6 ~ 40.7	40.8 ~ 42.7	≥42.8
144.0 ~ 144.9	<30.3	30.3 ~ 35.2	35.3 ~ 41.7	41.8 ~ 43.6	≥43.7
145.0 ~ 145.9	<30.9	30.9 ~ 35.9	36.0 ~ 42.3	42.4 ~ 44.5	≥44.6
146.0 ~ 146.9	<31.5	31.5 ~ 36.6	36.7 ~ 43.2	43.3 ~ 45.4	≥45.5
147.0 ~ 147.9	<32.1	32.1 ~ 37.4	37.5 ~ 44.2	44.3 ~ 46.4	≥46.5
148.0 ~ 148.9	<32.7	32.7 ~ 38.1	38.2 ~ 45.0	45.1 ~ 47.3	≥47.4
149.0 ~ 149.9	<33.3	33.3 ~ 38.8	38.9 ~ 45.9	46.0 ~ 48.2	≥48.3
150.0 ~ 150.9	<34.0	34.0 ~ 39.5	39.6 ~ 46.7	46.8 ~ 49.1	≥49.2
151.0 ~ 151.9	<34.6	34.6 ~ 40.1	40.2 ~ 47.5	47.6 ~ 49.9	≥50.0
152.0 ~ 152.9	<35.2	35.2 ~ 40.9	41.0 ~ 48.4	48.5 ~ 50.7	≥50.8
153.0 ~ 153.9	<35.9	35.9 ~ 41.6	41.7 ~ 49.1	49.2 ~ 51.5	≥51.6
154.0 ~ 154.9	<36.5	36.5 ~ 42.4	42.5 ~ 49.9	50.0 ~ 52.4	≥52.5
155.0 ~ 155.9	<37.1	37.1 ~ 43.3	43.4 ~ 51.1	51.2 ~ 53.4	≥53.5

注：身高低于表中所列出的最低身高段的下限值时，身高每低 1cm，实测体重需加上 0.5kg，实测身高需加上 1cm，再查表确定分值。身高高于表中所列出的最高身高段时，身高每高 1cm，其实测体重需减去 0.9kg，实测身高需减去 1cm，再查表确定分值。

资料来源：国家体育总局编：《国家学生体质健康标准解读》，人民教育出版社 2007 年版。

表 4－11　小学五、六年级女生身高标准体重（kg）

身高段 （cm）	营养不良 50 分	较低体重 60 分	正常体重 100 分	超重 60 分	肥胖 50 分
115.0～115.9	<17.1	17.1～19.4	19.5～24.1	24.2～25.6	≥25.7
116.0～116.9	<17.4	17.4～19.7	19.8～24.5	24.6～26.1	≥26.2
117.0～117.9	<17.7	17.7～20.3	20.4～25.1	25.2～26.7	≥26.8
118.0～118.9	<18.1	18.1～20.7	20.8～25.7	25.8～27.3	≥27.4
119.0～119.9	<18.3	18.3～21.1	21.2～26.2	26.3～27.9	≥28.0
120.0～120.9	<18.4	18.4～21.3	21.4～26.6	26.7～28.3	≥28.4
121.0～121.9	<18.9	18.9～21.8	21.9～27.2	27.3～29.0	≥29.1
122.0～122.9	<19.2	19.2～22.1	22.2～27.8	27.9～29.7	≥29.8
123.0～123.9	<19.6	19.6～22.5	22.6～28.1	28.2～30.5	≥30.6
124.0～124.9	<19.8	19.8～22.7	22.8～28.7	28.8～30.7	≥30.8
125.0～125.9	<20.3	20.3～23.3	23.4～29.3	29.4～31.3	≥31.4
126.0～126.9	<20.7	20.7～23.7	23.8～29.7	29.8～31.7	≥31.8
127.0～127.9	<21.1	21.1～24.2	24.3～30.4	30.5～32.4	≥32.5
128.0～128.9	<21.4	21.4～24.6	24.7～30.8	30.9～32.8	≥32.9
129.0～129.9	<21.9	21.9～25.1	25.2～31.4	31.5～33.5	≥33.6
130.0～130.9	<22.4	22.4～25.6	25.7～31.9	32.0～34.0	≥34.1
131.0～131.9	<22.8	22.8～26.1	26.2～32.6	32.7～34.7	≥34.8
132.0～132.9	<23.3	23.3～26.6	26.7～33.2	33.3～35.4	≥35.5
133.0～133.9	<23.8	23.8～27.1	27.2～33.9	34.0～36.1	≥36.2
134.0～134.9	<24.2	24.2～27.6	27.7～34.5	34.6～36.8	≥36.9
135.0～135.9	<24.7	24.7～28.2	28.3～35.3	35.4～37.6	≥37.7
136.0～136.9	<25.2	25.2～28.7	28.8～35.8	35.9～38.1	≥38.2
137.0～137.9	<25.7	25.7～29.3	29.4～36.7	36.8～38.9	≥39.0
138.0～138.9	<26.3	26.3～30.0	30.1～37.2	37.3～39.6	≥39.7
139.0～139.9	<26.9	26.9～30.6	30.7～38.0	38.1～40.4	≥40.5
140.0～140.9	<27.3	27.3～31.1	31.2～38.5	38.6～40.9	≥41.0
141.0～141.9	<27.8	27.8～31.6	31.7～39.0	39.1～41.4	≥41.5
142.0～142.9	<28.3	28.3～32.2	32.3～39.7	39.8～42.2	≥42.3
143.0～143.9	<28.9	28.9～32.7	32.8～40.2	40.3～42.7	≥42.8

续表

身高段（cm）	营养不良	较低体重	正常体重	超重	肥胖
	50分	60分	100分	60分	50分
144.0～144.9	<29.2	29.2～33.3	33.4～41.0	41.1～43.5	≥43.6
145.0～145.9	<29.8	29.8～33.9	34.0～41.7	41.8～44.1	≥44.2
146.0～146.9	<30.4	30.4～34.6	34.7～42.6	42.7～45.2	≥45.3
147.0～147.9	<30.8	30.8～35.2	35.3～43.3	43.4～46.0	≥46.1
148.0～148.9	<31.5	31.5～35.9	36.0～44.0	44.1～46.7	≥46.8
149.0～149.9	<32.3	32.3～36.6	36.7～44.9	45.0～47.6	≥47.7
150.0～150.9	<32.8	32.8～37.3	37.4～45.6	45.7～48.3	≥48.4
151.0～151.9	<33.2	33.2～37.9	38.0～46.2	46.3～48.9	≥49.0
152.0～152.9	<33.8	33.8～38.5	38.6～46.8	46.9～49.5	≥49.6
153.0～153.9	<34.5	34.5～39.2	39.3～47.6	47.7～50.4	≥50.5
154.0～154.9	<35.0	35.0～39.9	40.0～48.3	48.4～51.1	≥51.2
155.0～155.9	<35.6	35.6～40.6	40.7～49.0	49.1～51.8	≥51.9
156.0～156.9	<36.2	36.2～41.2	41.3～49.8	49.9～52.6	≥52.7
157.0～157.9	<36.8	36.8～41.9	42.0～50.6	50.7～53.5	≥53.6
158.0～158.9	<37.2	37.2～42.5	42.6～51.4	51.5～54.3	≥54.4
159.0～159.9	<37.8	37.8～43.2	43.3～52.1	52.2～55.1	≥55.2
160.0～160.9	<38.3	38.3～43.9	44.0～52.9	53.0～55.9	≥56.0
161.0～161.9	<38.9	38.9～44.5	44.6～53.5	53.6～56.5	≥56.6
162.0～162.9	<39.4	39.4～45.1	45.2～54.1	54.2～57.1	≥57.2
163.0～163.9	<40.1	40.1～45.8	45.9～54.8	54.9～57.8	≥57.9
164.0～164.9	<40.6	40.6～46.5	46.6～55.7	55.8～58.7	≥58.8
165.0～165.9	<41.2	41.2～47.1	47.2～56.4	56.5～59.5	≥59.6
166.0～166.9	<41.8	41.8～47.7	47.8～57.0	57.1～60.1	≥60.2
167.0～167.9	<42.4	42.4～48.4	48.5～58.0	58.1～61.2	≥61.3
168.0～168.9	<42.8	42.8～49.1	49.2～58.9	59.0～62.1	≥62.2

注：身高低于表中所列出的最低身高段的下限值时，身高每低1cm，实测体重需加上0.5kg，实测身高需加上1cm，再查表确定分值。身高高于表中所列出的最高身高段时，身高每高1cm，其实测体重需减去0.9kg，实测身高需减去1cm，再查表确定分值。

资料来源：国家体育总局编：《国家学生体质健康标准解读》，人民教育出版社2007年版。

表4－12 初中男生身高标准体重（kg）

身高段（cm）	营养不良 50分	较低体重 60分	正常体重 100分	超重 60分	肥胖 50分
123～123.9	<21.4	21.4～28.5	28.6～34.2	34.3～36.2	≥36.3
124～124.9	<21.6	21.6～29.0	29.1～34.8	34.9～36.9	≥37.0
125～125.9	<22.2	22.2～29.6	29.7～35.4	35.5～37.5	≥37.6
126～126.9	<22.6	22.6～30.4	30.5～36.2	36.3～38.4	≥38.5
127～127.9	<22.8	22.8～30.9	31.0～36.9	37.0～39.1	≥39.2
128～128.9	<23.4	23.4～31.5	31.6～37.6	37.7～39.8	≥39.9
129～129.9	<24.1	24.1～32.2	32.3～38.2	38.3～40.4	≥40.5
130～130.9	<24.6	24.6～32.8	32.9～39.1	39.2～41.3	≥41.4
131～131.9	<25.1	25.1～33.4	33.5～39.7	39.8～41.9	≥42.0
132～132.9	<25.7	25.7～34.0	34.1～40.3	40.4～42.5	≥42.6
133～133.9	<26.3	26.3～34.6	34.7～41.3	41.4～43.2	≥43.3
134～134.9	<26.8	26.8～35.2	35.3～41.6	41.7～43.9	≥44.0
135～135.9	<27.2	27.2～35.8	35.9～42.2	42.3～44.5	≥44.6
136～136.9	<27.8	27.8～36.4	36.5～42.8	42.9～45.1	≥45.2
137～137.9	<28.2	28.2～37.0	37.1～43.4	43.5～45.7	≥45.8
138～138.9	<28.7	28.7～37.6	37.7～44.1	44.2～46.4	≥46.5
139～139.9	<29.4	29.4～38.3	38.4～44.7	44.8～47.0	≥47.1
140～140.9	<30.1	30.1～39.0	39.1～45.6	45.7～47.9	≥48.0
141～141.9	<30.8	30.8～39.7	39.8～46.3	46.4～48.6	≥48.7
142～142.9	<31.5	31.5～40.4	40.5～47.0	47.1～49.3	≥49.4
143～143.9	<32.2	32.2～41.1	41.2～47.7	47.8～50.0	≥50.1
144～144.9	<32.8	32.8～41.8	41.9～48.4	48.5～50.7	≥50.8
145～145.9	<33.5	33.5～42.5	42.6～49.2	49.3～51.6	≥51.7
146～146.9	<34.1	34.1～43.1	43.2～49.8	49.9～52.2	≥52.3
147～147.9	<34.6	34.6～43.8	43.9～50.5	50.6～52.9	≥53.0
148～148.9	<35.3	35.3～44.5	44.6～51.4	51.5～53.8	≥53.9
149～149.9	<35.8	35.8～45.1	45.2～52.0	52.1～54.4	≥54.5
150～150.9	<36.5	36.5～45.8	45.9～52.7	52.8～55.1	≥55.2
151～151.9	<37.0	37.0～46.5	46.6～53.5	53.6～56.0	≥56.1

续表

身高段（cm）	营养不良	较低体重	正常体重	超重	肥胖
	50分	60分	100分	60分	50分
152～152.9	<37.6	37.6～47.1	47.2～54.1	54.2～56.6	≥56.7
153～153.9	<38.3	38.3～47.8	47.9～54.8	54.9～57.3	≥57.4
154～154.9	<39.0	39.0～48.5	48.6～55.5	55.6～58.0	≥58.1
155～155.9	<39.6	39.6～49.1	49.2～56.1	56.2～58.6	≥58.7
156～156.9	<40.3	40.3～49.8	49.9～56.8	56.9～59.3	≥59.4
157～157.9	<40.9	40.9～50.5	50.6～57.7	57.8～60.2	≥60.3
158～158.9	<41.4	41.4～51.2	51.3～58.4	58.5～60.9	≥61.0
159～159.9	<42.2	42.2～51.9	52.0～59.1	59.2～61.6	≥61.7
160～160.9	<42.9	42.9～52.7	52.8～59.9	60.0～62.4	≥62.5
161～161.9	<43.6	43.6～53.4	53.5～60.6	60.7～63.1	≥63.2
162～162.9	<44.3	44.3～54.1	54.2～61.4	61.5～64	≥64.1
163～163.9	<44.8	44.8～54.7	54.8～62.0	62.1～64.6	≥64.7
164～164.9	<45.4	45.4～55.4	55.5～62.7	62.8～65.1	≥65.2
165～165.9	<46.2	46.2～56.1	56.2～63.4	63.5～66.0	≥66.1
166～166.9	<46.8	46.8～56.7	56.8～64.0	64.1～66.6	≥66.7
167～167.9	<47.4	47.4～57.4	57.5～64.9	65.0～67.5	≥67.6
168～168.9	<48.0	48.0～58.1	58.2～65.6	65.7～68.2	≥68.3
169～169.9	<48.7	48.7～58.8	58.9～66.4	66.5～69.1	≥69.2
170～170.9	<49.4	49.4～59.5	59.6～67.1	67.2～69.8	≥69.9
171～171.9	<50.0	50.0～60.2	60.3～68.0	68.1～70.7	≥70.8
172～172.9	<50.6	50.6～60.8	60.9～69.0	69.1～71.8	≥71.9
173～173.9	<51.2	51.2～61.5	61.6～69.9	70.0～72.8	≥72.9
174～174.9	<51.9	51.9～62.3	62.4～70.9	71.0～73.9	≥74.0
175～175.9	<52.7	52.7～63.1	63.2～71.8	71.9～74.8	≥74.9
176～176.9	<53.3	53.3～63.8	63.9～72.8	72.9～75.9	≥76.0
177～177.9	<54.0	54.0～64.6	64.7～73.9	74.0～77.1	≥77.2
178～178.9	<54.7	54.7～65.4	65.5～74.8	74.9～78.1	≥78.2
179～179.9	<55.8	55.8～66.2	66.3～75.8	75.9～79.1	≥79.2
180～180.9	<56.3	56.3～66.9	67.0～76.7	76.8～80.1	≥80.2

续表

身高段 (cm)	营养不良	较低体重	正常体重	超重	肥胖
	50分	60分	100分	60分	50分
181~181.9	<56.9	56.9~67.7	67.8~77.7	77.8~81.2	≥81.3
182~182.9	<57.5	57.5~68.4	68.5~78.6	78.7~82.1	≥82.2
183~183.9	<58.1	58.1~69.1	69.2~79.4	79.5~83.0	≥83.1
184~184.9	<58.7	58.7~69.8	69.9~80.4	80.5~84.1	≥84.2
185~185.9	<59.5	59.5~70.5	70.6~81.3	81.4~85.0	≥85.1
186~186.9	<60.3	60.3~71.3	71.4~82.3	82.4~86.1	≥86.2

注：身高低于表中所列出的最低身高段的下限值时，身高每低1cm，实测体重需加上0.5kg，实测身高需加上1cm，再查表确定分值。身高高于表中所列出的最高身高段时，身高每高1cm，其实测体重需减去0.9kg，实测身高需减去1cm，再查表确定分值。

资料来源：国家体育总局编：《国家学生体质健康标准解读》，人民教育出版社2007年版。

表4-13　初中女生身高标准体重（kg）

身高段 (cm)	营养不良	较低体重	正常体重	超重	肥胖
	50分	60分	100分	60分	50分
121~121.9	<19.8	19.8~25.4	25.5~30.9	31.0~32.6	≥32.7
122~122.9	<20.3	20.3~25.9	26.0~31.7	31.8~33.7	≥33.8
123~123.9	<20.6	20.6~26.5	26.6~32.5	32.6~34.5	≥34.6
124~124.9	<21.1	21.1~27.0	27.1~33.1	33.2~35.2	≥35.3
125~125.9	<21.6	21.6~27.5	27.6~33.6	33.7~35.7	≥35.8
126~126.9	<22.1	22.1~28.0	28.1~34.4	34.5~36.4	≥36.5
127~127.9	<22.6	22.6~28.5	28.6~35.0	35.1~37.1	≥37.2
128~128.9	<23.0	23.0~29.0	29.1~35.4	35.5~37.6	≥37.7
129~129.9	<23.5	23.5~29.6	29.7~36.2	36.3~38.4	≥38.5
130~130.9	<23.9	23.9~30.1	30.2~36.8	36.9~39.1	≥39.2
131~131.9	<24.4	24.4~30.6	30.7~37.5	37.6~39.8	≥39.9
132~132.9	<24.9	24.9~31.1	31.2~38.1	38.2~40.3	≥40.4
133~133.9	<25.3	25.3~31.6	31.7~38.7	38.8~41.0	≥41.1
134~134.9	<25.6	25.6~32.1	32.2~39.2	39.3~41.5	≥41.6
135~135.9	<26.2	26.2~32.7	32.8~39.7	39.8~42.1	≥42.2

续表

身高段（cm）	营养不良	较低体重	正常体重	超重	肥胖
	50分	60分	100分	60分	50分
136～136.9	<27.3	27.3～33.2	33.3～40.4	40.5～42.8	≥42.9
137～137.9	<27.4	27.4～33.6	33.7～40.7	40.8～43.2	≥43.3
138～138.9	<27.7	27.7～34.1	34.2～41.5	41.6～43.7	≥43.8
139～139.9	<28.1	28.1～34.6	34.7～41.9	42.0～44.4	≥44.5
140～140.9	<28.6	28.6～35.2	35.3～42.5	42.6～45.0	≥45.1
141～141.9	<29.1	29.1～35.8	35.9～43.1	43.2～45.6	≥45.7
142～142.9	<29.6	29.6～36.4	36.5～43.9	44.0～46.4	≥46.5
143～143.9	<30.2	30.2～37.0	37.1～44.4	44.5～46.8	≥46.9
144～144.9	<30.8	30.8～37.7	37.8～45.0	45.1～47.5	≥47.6
145～145.9	<31.5	31.5～38.3	38.4～45.7	45.8～48.1	≥48.2
146～146.9	<32.1	32.1～38.9	39.0～46.2	46.3～48.7	≥48.8
147～147.9	<32.7	32.7～39.6	39.7～47.1	47.2～49.6	≥49.7
148～148.9	<33.3	33.3～40.3	40.4～47.9	48.0～50.3	≥50.4
149～149.9	<33.8	33.8～40.9	41.0～48.5	48.6～50.9	≥51.0
150～150.9	<34.3	34.3～41.4	41.5～49.0	49.1～51.6	≥51.7
151～151.9	<34.9	34.9～42.0	42.1～49.6	49.7～52.2	≥52.3
152～152.9	<35.5	35.5～42.6	42.7～50.3	50.4～52.8	≥52.9
153～153.9	<36.1	36.1～43.2	43.3～51.0	51.1～53.6	≥53.7
154～154.9	<36.6	36.6～43.7	43.8～51.6	51.7～54.1	≥54.2
155～155.9	<37.3	37.3～44.5	44.6～52.3	52.4～54.9	≥55.0
156～156.9	<37.8	37.8～45.0	45.1～52.9	53.0～55.4	≥55.5
157～157.9	<38.3	38.3～45.5	45.6～53.5	53.6～56.1	≥56.2
158～158.9	<38.7	38.7～46.1	46.2～54.2	54.3～56.9	≥57.0
159～159.9	<39.3	39.3～46.7	46.8～54.9	55.0～57.5	≥57.6
160～160.9	<39.8	39.8～47.2	47.3～55.7	55.8～58.2	≥58.3
161～161.9	<40.4	40.4～47.9	48.0～56.2	56.3～58.9	≥59.0
162～162.9	<41.0	41.0～48.5	48.6～56.9	57.0～59.7	≥59.8
163～163.9	<41.7	41.7～49.2	49.3～57.7	57.8～60.6	≥60.7
164～164.9	<42.2	42.2～49.8	49.9～58.6	58.7～61.6	≥61.7

续表

身高段（cm）	营养不良	较低体重	正常体重	超重	肥胖
	50分	60分	100分	60分	50分
165~165.9	<42.7	42.7~50.4	50.5~59.2	59.3~62.2	≥62.3
166~166.9	<43.3	43.3~51.0	51.1~59.8	59.9~62.8	≥62.9
167~167.9	<43.8	43.8~51.5	51.6~60.4	60.5~63.3	≥63.4
168~168.9	<44.5	44.5~52.2	52.3~61.1	61.2~64.0	≥64.1
169~169.9	<45.1	45.1~52.9	53.0~61.7	61.8~64.7	≥64.8
170~170.9	<45.6	45.6~53.5	53.6~62.3	62.4~65.3	≥65.4
171~171.9	<46.1	46.1~54.0	54.1~63.0	63.1~66.0	≥66.1
172~172.9	<46.5	46.5~54.5	54.6~63.6	63.7~66.5	≥66.6
173~173.9	<47.0	47.0~55.0	55.1~64.2	64.3~67.2	≥67.3
174~174.9	<47.6	47.6~55.6	55.7~64.8	64.9~67.8	≥67.9
175~175.9	<48.2	48.2~56.3	56.4~65.7	65.8~68.7	≥68.8
176~176.9	<48.7	48.7~57.0	57.1~66.5	66.6~69.6	≥69.7
177~177.9	<49.2	49.2~57.8	57.9~67.4	67.5~70.6	≥70.7

注：身高低于表中所列出的最低身高段的下限值时，身高每低1cm，实测体重需加上0.5kg，实测身高需加上1cm，再查表确定分值。身高高于表中所列出的最高身高段时，身高每高1cm，其实测体重需减去0.9kg，实测身高需减去1cm，再查表确定分值。

资料来源：国家体育总局编：《国家学生体质健康标准解读》，人民教育出版社2007年版。

表4-14　高中男生身高标准体重（kg）

身高段（cm）	营养不良	较低体重	正常体重	超重	肥胖
	50分	60分	100分	60分	50分
140~140.9	<32.1	32.1~40.3	40.4~46.3	46.4~48.3	≥48.4
141~141.9	<32.4	32.4~40.7	40.8~47.0	47.1~49.1	≥49.2
142~142.9	<32.8	32.8~41.2	41.3~47.7	47.8~49.8	≥49.9
143~143.9	<33.3	33.3~41.7	41.8~48.2	48.3~50.3	≥50.4
144~144.9	<33.6	33.6~42.2	42.3~48.8	48.9~51.0	≥51.1
145~145.9	<34.0	34.0~42.7	42.8~49.5	49.6~51.7	≥51.8
146~146.9	<34.4	34.4~43.3	43.4~50.1	50.2~52.3	≥52.4
147~147.9	<35.0	35.0~43.9	44.0~50.8	50.9~53.1	≥53.2

续表

身高段（cm）	营养不良	较低体重	正常体重	超重	肥胖
	50 分	60 分	100 分	60 分	50 分
148 ~ 148.9	<35.6	35.6 ~ 44.5	44.6 ~ 51.4	51.5 ~ 53.7	≥53.8
149 ~ 149.9	<36.2	36.2 ~ 45.1	45.2 ~ 52.2	52.3 ~ 54.5	≥54.6
150 ~ 150.9	<36.7	36.7 ~ 45.7	45.8 ~ 52.8	52.9 ~ 55.1	≥55.2
151 ~ 151.9	<37.3	37.3 ~ 46.2	46.3 ~ 53.4	53.5 ~ 55.8	≥55.9
152 ~ 152.9	<37.7	37.7 ~ 46.8	46.9 ~ 54.0	54.1 ~ 56.4	≥56.5
153 ~ 153.9	<38.2	38.2 ~ 47.4	47.5 ~ 54.6	54.7 ~ 57.0	≥57.1
154 ~ 154.9	<38.9	38.9 ~ 48.1	48.2 ~ 55.3	55.4 ~ 57.7	≥57.8
155 ~ 155.9	<39.6	39.6 ~ 48.8	48.9 ~ 56.0	56.1 ~ 58.4	≥58.5
156 ~ 156.9	<40.4	40.4 ~ 49.6	49.7 ~ 57.0	57.1 ~ 59.4	≥59.5
157 ~ 157.9	<41.0	41.0 ~ 50.3	50.4 ~ 57.7	57.8 ~ 60.1	≥60.2
158 ~ 158.9	<41.7	41.7 ~ 51.0	51.1 ~ 58.5	58.6 ~ 61.0	≥61.1
159 ~ 159.9	<42.4	42.4 ~ 51.7	51.8 ~ 59.2	59.3 ~ 61.7	≥61.8
160 ~ 160.9	<43.1	43.1 ~ 52.5	52.6 ~ 60.0	60.1 ~ 62.5	≥62.6
161 ~ 161.9	<43.8	43.8 ~ 53.3	53.4 ~ 60.8	60.9 ~ 63.3	≥63.4
162 ~ 162.9	<44.5	44.5 ~ 54.0	54.1 ~ 61.5	61.6 ~ 64.0	≥64.1
163 ~ 163.9	<45.3	45.3 ~ 54.8	54.9 ~ 62.5	62.6 ~ 65.0	≥65.1
164 ~ 164.9	<45.9	45.9 ~ 55.5	55.6 ~ 63.2	63.3 ~ 65.7	≥65.8
165 ~ 165.9	<46.5	46.5 ~ 56.3	56.4 ~ 64.0	64.1 ~ 66.5	≥66.6
166 ~ 166.9	<47.1	47.1 ~ 57.0	57.1 ~ 64.7	64.8 ~ 67.2	≥67.3
167 ~ 167.9	<48.0	48.0 ~ 57.8	57.9 ~ 65.6	65.7 ~ 68.2	≥68.3
168 ~ 168.9	<48.7	48.7 ~ 58.5	58.6 ~ 66.3	66.4 ~ 68.9	≥69.0
169 ~ 169.9	<49.3	49.3 ~ 59.2	59.3 ~ 67.0	67.1 ~ 69.6	≥69.7
170 ~ 170.9	<50.1	50.1 ~ 60.0	60.1 ~ 67.8	67.9 ~ 70.4	≥70.5
171 ~ 171.9	<50.7	50.7 ~ 60.6	60.7 ~ 68.8	68.9 ~ 71.2	≥71.3
172 ~ 172.9	<51.4	51.4 ~ 61.5	61.6 ~ 69.5	69.6 ~ 72.1	≥72.2
173 ~ 173.9	<52.1	52.1 ~ 62.2	62.3 ~ 70.3	70.4 ~ 73.0	≥73.1
174 ~ 174.9	<52.9	52.9 ~ 63.0	63.1 ~ 71.3	71.4 ~ 74.0	≥74.1
175 ~ 175.9	<53.7	53.7 ~ 63.8	63.9 ~ 72.2	72.3 ~ 75.0	≥75.1
176 ~ 176.9	<54.4	54.4 ~ 64.5	64.6 ~ 73.1	73.2 ~ 75.9	≥76.0

续表

身高段（cm）	营养不良 50分	较低体重 60分	正常体重 100分	超重 60分	肥胖 50分
177～177.9	<55.2	55.2～65.2	65.3～73.9	74.0～76.8	≥76.9
178～178.9	<55.7	55.7～66.0	66.1～74.9	75.0～77.8	≥77.9
179～179.9	<56.4	56.4～66.7	66.8～75.7	75.8～78.7	≥78.8
180～180.9	<57.1	57.1～67.4	67.5～76.4	76.5～79.4	≥79.5
181～181.9	<57.7	57.7～68.1	68.2～77.4	77.5～80.6	≥80.7
182～182.9	<58.5	58.5～68.9	69.0～78.5	78.6～81.7	≥81.8
183～183.9	<59.2	59.2～69.6	69.7～79.4	79.5～82.6	≥82.7
184～184.9	<60.0	60.0～70.4	70.5～80.3	80.4～83.6	≥83.7
185～185.9	<60.8	60.8～71.2	71.3～81.3	81.4～84.6	≥84.7
186～186.9	<61.5	61.5～72.0	72.1～82.2	82.3～85.6	≥85.7
187～187.9	<62.3	62.3～72.9	73.0～83.3	83.4～86.7	≥86.8
188～188.9	<63.0	63.0～73.7	73.8～84.2	84.3～87.7	≥87.8
189～189.9	<63.9	63.9～74.5	74.6～85.0	85.1～88.5	≥88.6
190～190.9	<64.6	64.6～75.4	75.5～86.2	86.3～89.8	≥89.9

注：身高低于表中所列出的最低身高段的下限值时，身高每低1cm，实测体重需加上0.5kg，实测身高需加上1cm，再查表确定分值。身高高于表中所列出的最高身高段时，身高每高1cm，其实测体重需减去0.9kg，实测身高需减去1cm，再查表确定分值。

资料来源：国家体育总局编：《国家学生体质健康标准解读》，人民教育出版社2007年版。

表4-15 高中女生身高标准体重（kg）

身高段（cm）	营养不良 50分	较低体重 60分	正常体重 100分	超重 60分	肥胖 50分
140～140.9	<33.8	33.8～40.3	40.4～48.0	48.1～50.5	≥50.6
141～141.9	<34.3	34.3～40.9	41.0～48.7	48.8～51.3	≥51.4
142～142.9	<34.6	34.6～41.4	41.5～49.2	49.3～51.8	≥51.9
143～143.9	<35.0	35.0～41.8	41.9～49.9	50.0～52.6	≥52.7
144～144.9	<35.3	35.3～42.2	42.3～50.3	50.4～53.0	≥53.1
145～145.9	<35.6	35.6～42.7	42.8～51.0	51.1～53.7	≥53.8
146～146.9	<36.1	36.1～43.2	43.3～51.6	51.7～54.4	≥54.5

续表

身高段（cm）	营养不良	较低体重	正常体重	超重	肥胖
	50 分	60 分	100 分	60 分	50 分
147～147.9	<36.7	36.7～43.8	43.9～52.4	52.5～55.2	≥55.3
148～148.9	<37.0	37.0～44.3	44.4～52.9	53.0～55.7	≥55.8
149～149.9	<37.4	37.4～44.8	44.9～53.4	53.5～56.2	≥56.3
150～150.9	<37.9	37.9～45.3	45.4～54.0	54.1～56.9	≥57.0
151～151.9	<38.4	38.4～45.8	45.9～54.5	54.6～57.4	≥57.5
152～152.9	<38.9	38.9～46.3	46.4～55.2	55.3～57.9	≥58.0
153～153.9	<39.4	39.4～46.8	46.9～55.7	55.8～58.6	≥58.7
154～154.9	<40.0	40.0～47.4	47.5～56.4	56.5～59.4	≥59.5
155～155.9	<40.5	40.5～47.9	48.0～56.9	57.0～59.9	≥60.0
156～156.9	<41.1	41.1～48.5	48.6～57.5	57.6～60.5	≥60.6
157～157.9	<41.6	41.6～49.1	49.2～58.1	58.2～61.1	≥61.2
158～158.9	<42.0	42.0～49.6	49.7～58.8	58.9～61.8	≥61.9
159～159.9	<42.5	42.5～50.2	50.3～59.5	59.6～62.6	≥62.7
160～160.9	<43.0	43.0～50.7	50.8～60.0	60.1～63.1	≥63.2
161～161.9	<43.5	43.5～51.2	51.3～60.7	60.8～63.8	≥63.9
162～162.9	<44.0	44.0～51.7	51.8～61.2	61.3～64.3	≥64.4
163～163.9	<44.4	44.4～52.2	52.3～61.8	61.9～65.0	≥65.1
164～164.9	<44.8	44.8～52.7	52.8～62.3	62.4～65.5	≥65.6
165～165.9	<45.2	45.2～53.1	53.2～62.7	62.8～65.9	≥66.0
166～166.9	<45.6	45.6～53.6	53.7～63.4	63.5～66.6	≥66.7
167～167.9	<46.1	46.1～54.1	54.2～64.1	64.2～67.1	≥67.2
168～168.9	<46.6	46.6～54.6	54.7～64.9	65.0～67.6	≥67.7
169～169.9	<47.1	47.1～55.2	55.3～65.3	65.4～68.4	≥68.5
170～170.9	<47.6	47.6～55.7	55.8～65.8	65.9～68.9	≥69.0
171～171.9	<48.1	48.1～56.4	56.5～66.3	66.4～69.6	≥69.7
172～172.9	<48.7	48.7～57.0	57.1～67.1	67.2～70.4	≥70.5
173～173.9	<49.3	49.3～57.6	57.7～67.7	67.8～71.0	≥71.1
174～174.9	<49.9	49.9～58.2	58.3～68.3	68.4～71.6	≥71.7
175～175.9	<50.5	50.5～58.9	59.0～69.1	69.2～72.5	≥72.6

续表

身高段（cm）	营养不良	较低体重	正常体重	超重	肥胖
	50分	60分	100分	60分	50分
176～176.9	<50.9	50.9～59.5	59.6～69.9	70.0～73.3	≥73.4
177～177.9	<51.6	51.6～60.2	60.3～70.6	70.7～74.0	≥74.1
178～178.9	<52.1	52.1～60.9	61.0～71.4	71.5～74.9	≥75.0
179～179.9	<52.6	52.6～61.5	61.6～72.0	72.1～75.5	≥75.6
180～180.9	<53.3	53.3～62.2	62.3～72.7	72.8～76.2	≥76.3
181～181.9	<53.8	53.8～62.8	62.9～73.3	73.4～76.8	≥76.9
182～182.9	<54.4	54.4～63.4	63.5～73.9	74.0～77.4	≥77.5
183～183.9	<55.0	55.0～64.0	64.1～74.7	74.8～78.2	≥78.3
184～184.9	<55.4	55.4～64.6	64.7～75.3	75.4～78.8	≥78.9
185～185.9	<55.8	55.8～65.3	65.4～76.1	76.2～79.7	≥79.8

注：身高低于表中所列出的最低身高段的下限值时，身高每低1cm，实测体重需加上0.5kg，实测身高需加上1cm，再查表确定分值。身高高于表中所列出的最高身高段时，身高每高1cm，其实测体重需减去0.9kg，实测身高需减去1cm，再查表确定分值。

资料来源：国家体育总局编：《国家学生体质健康标准解读》，人民教育出版社2007年版。

表4－16　小学一、二年级男生各测试项目评分标准

等级	单项得分	50m跑（秒）	25m×2往返跑（秒）	立定跳远（m）	投沙包（m）	坐位体前屈（cm）	跳绳（次/分）	踢毽子（次/30秒）
优秀	100	9.4	9.8	1.56	23.6	12.4	140	45
	98	9.5	10.0	1.55	22.3	12.1	134	43
	96	9.6	10.3	1.54	20.5	11.6	124	40
	94	9.7	10.6	1.53	18.6	11.2	115	38
	92	9.8	11.0	1.51	16.0	10.6	103	34
	90	9.9	11.4	1.49	13.5	10.0	90	30
良好	87	10.1	11.5	1.47	12.9	9.4	86	29
	84	10.5	11.8	1.43	11.9	8.5	81	28
	81	10.8	12.0	1.39	10.9	7.6	75	26
	78	11.3	12.3	1.35	9.6	6.4	68	24
	75	11.8	12.5	1.30	8.4	5.3	60	22

续表

等级	单项得分	50m跑（秒）	25m×2往返跑（秒）	立定跳远（m）	投沙包（m）	坐位体前屈（cm）	跳绳（次/分）	踢毽子（次/30秒）
及格	72	11.9	12.8	1.27	7.9	4.6	56	21
	69	12.1	13.2	1.23	7.3	3.5	51	20
	66	12.2	13.6	1.19	6.7	2.5	45	19
	63	12.4	14.1	1.13	5.9	1.1	38	17
	60	12.6	14.6	1.07	5.0	-0.3	30	15
不及格	50	12.7	15.0	1.06	4.8	-0.9	28	14
	40	12.9	15.7	1.03	4.5	-1.7	24	12
	30	13.0	16.4	1.00	4.1	-2.5	20	10
	20	13.2	17.3	0.97	3.7	-3.7	15	8
	10	13.4	18.2	0.93	3.2	-4.8	10	5

资料来源：国家体育总局编：《国家学生体质健康标准解读》，人民教育出版社 2007 年版。

表 4-17　小学一、二年级女生各测试项目评分标准

等级	单项得分	50m跑（秒）	25m×2往返跑（秒）	立定跳远（m）	投沙包（m）	坐位体前屈（cm）	跳绳（次/分）	踢毽子（次/30秒）
优秀	100	9.9	10.1	1.47	21.6	15.1	145	40
	98	10.0	10.3	1.46	20.1	14.9	138	38
	96	10.1	10.6	1.44	17.9	14.5	128	35
	94	10.2	11.0	1.43	15.7	14.1	118	33
	92	10.3	11.4	1.40	12.8	13.5	104	29
	90	10.5	11.9	1.38	9.9	13.0	90	25
良好	87	10.7	12.0	1.36	9.4	12.3	86	24
	84	11.1	12.3	1.32	8.6	11.3	81	22
	81	11.5	12.5	1.29	7.8	10.2	75	20
	78	12.0	12.7	1.25	6.8	8.9	68	18
	75	12.5	13.0	1.20	5.7	7.5	60	15

续表

等级	单项得分	50m 跑（秒）	25m×2 往返跑（秒）	立定跳远（m）	投沙包（m）	坐位体前屈（cm）	跳绳（次/分）	踢毽子（次/30 秒）
及格	72	12.6	13.3	1.18	5.4	6.7	56	14
	69	12.7	13.7	1.14	5.0	5.5	51	13
	66	12.9	14.1	1.10	4.6	4.4	45	12
	63	13.0	14.6	1.05	4.0	2.8	38	11
	60	13.2	15.1	0.99	3.5	1.2	30	9
不及格	50	13.3	15.3	0.98	3.3	0.8	28	8
	40	13.5	15.7	0.95	3.1	0.1	24	7
	30	13.7	16.0	0.92	2.9	-0.5	20	6
	20	13.9	16.5	0.89	2.6	-1.4	15	5
	10	14.1	17.0	0.86	2.4	-2.3	10	3

资料来源：国家体育总局编：《国家学生体质健康标准解读》，人民教育出版社 2007 年版。

表 4-18　小学三、四年级男生各测试项目评分标准

等级	单项得分	50m 跑（秒）	25m×2 往返跑（秒）	立定跳远（m）	掷实心球（m）	坐位体前屈（cm）	跳绳（次/分）	仰卧起坐（次/分）
优秀	100	8.6	9.4	1.78	9.5	12.9	160	48
	98	8.7	9.5	1.77	9.2	12.6	154	47
	96	8.8	9.7	1.75	8.7	12.1	144	46
	94	8.9	9.8	1.74	8.3	11.7	135	44
	92	9.0	10.1	1.72	7.6	11.1	123	42
	90	9.1	10.3	1.70	7.0	10.5	110	40
良好	87	9.3	10.5	1.68	6.9	9.9	106	39
	84	9.6	10.9	1.65	6.7	8.9	101	38
	81	9.8	11.3	1.61	6.5	8.0	95	37
	78	10.2	11.7	1.57	6.3	6.7	88	35
	75	10.5	12.2	1.53	6.0	5.5	80	34

续表

等级	单项得分	50m 跑（秒）	25m×2 往返跑（秒）	立定跳远（m）	掷实心球（m）	坐位体前屈（cm）	跳绳（次/分）	仰卧起坐（次/分）
及格	72	10.6	12.3	1.50	5.9	4.7	75	32
	69	10.8	12.5	1.45	5.7	3.5	68	30
	66	10.9	12.6	1.41	5.5	2.4	60	27
	63	11.1	12.8	1.35	5.3	0.8	50	24
	60	11.2	13.0	1.29	5.0	-0.8	40	21
不及格	50	11.3	13.2	1.28	4.6	-1.4	37	20
	40	11.4	13.5	1.26	4.1	-2.2	32	18
	30	11.6	13.8	1.23	3.5	-3.1	28	17
	20	11.7	14.1	1.20	2.8	-4.2	21	15
	10	11.9	14.5	1.17	2.0	-5.3	15	13

资料来源：国家体育总局编：《国家学生体质健康标准解读》，人民教育出版社 2007 年版。

表 4-19　小学三、四年级女生各测试项目评分标准

等级	单项得分	50m 跑（秒）	25m×2 往返跑（秒）	立定跳远（m）	掷实心球（m）	坐位体前屈（cm）	跳绳（次/分）	仰卧起坐（次/分）
优秀	100	9.0	9.8	1.67	8.2	15.4	165	48
	98	9.1	9.9	1.66	7.8	15.1	159	47
	96	9.2	10	1.65	7.3	14.6	149	46
	94	9.3	10.1	1.64	6.7	14.2	140	44
	92	9.4	10.2	1.62	6.0	13.6	128	42
	90	9.5	10.3	1.60	5.2	13.0	115	40
良好	87	9.7	10.5	1.58	5.0	12.3	111	39
	84	10.0	10.9	1.54	4.8	11.3	106	38
	81	10.3	11.2	1.51	4.6	10.2	100	37
	78	10.7	11.7	1.46	4.2	8.8	93	35
	75	11.1	12.2	1.41	3.9	7.4	85	34

续表

等级	单项得分	50m 跑（秒）	25m×2 往返跑（秒）	立定跳远（m）	掷实心球（m）	坐位体前屈（cm）	跳绳（次/分）	仰卧起坐（次/分）
及格	72	11. 2	12. 3	1. 38	3. 8	6. 6	80	32
	69	11. 4	12. 4	1. 34	3. 5	5. 4	73	30
	66	11. 5	12. 6	1. 30	3. 2	4. 1	65	27
	63	11. 7	12. 8	1. 25	2. 9	2. 5	55	24
	60	11. 8	13. 0	1. 19	2. 5	0. 9	45	21
不及格	50	11. 9	13. 1	1. 18	2. 4	0. 4	42	20
	40	12. 0	13. 4	1. 16	2. 2	－0. 2	37	18
	30	12. 2	13. 7	1. 13	2. 0	－0. 9	32	17
	20	12. 3	14. 1	1. 10	1. 7	－1. 7	25	15
	10	12. 5	14. 5	1. 07	1. 5	－2. 6	18	13

资料来源：国家体育总局编：《国家学生体质健康标准解读》，人民教育出版社 2007 年版。

表 4－20　小学五、六年级男生各测试项目评分标准

等级	单项得分	肺活量体重指数	400m 跑（m·s）	50m×8 往返跑（m·s）	台阶试验	50m 跑（秒）	25m×2 往返跑（秒）	立定跳远（m）	掷实心球（m）	握力体重指数	坐位体前屈（cm）	仰卧起坐（次/分）	跳绳（次/分）	篮球运球（秒）	足球颠球（次）	排球垫球（次）
优秀	100	80	1′12″	1′24″	67	8. 0	8. 8	1. 98	12. 0	70	13. 3	50	160	11. 8	40	30
	98	79	1′14″	1′26″	66	8. 1	8. 9	1. 97	11. 6	69	13. 0	49	155	12. 3	38	29
	96	78	1′18″	1′28″	65	8. 2	9. 1	1. 95	11. 1	68	12. 5	48	148	13. 0	35	28
	94	76	1′20″	1′30″	64	8. 3	9. 3	1. 93	10. 5	67	12. 1	47	140	13. 6	33	26
	92	74	1′24″	1′33″	63	8. 4	9. 5	1. 91	9. 8	65	11. 4	45	130	14. 5	29	24
	90	73	1′28″	1′36″	62	8. 5	9. 8	1. 89	9. 0	64	10. 8	43	120	15. 4	25	22
良好	87	71	1′31″	1′39″	60	8. 7	9. 9	1. 87	8. 9	62	10. 1	42	116	15. 8	24	21
	84	69	1′33″	1′43″	59	8. 9	10. 1	1. 83	8. 7	60	9. 1	40	111	16. 5	22	20
	81	66	1′37″	1′47″	57	9. 2	10. 4	1. 79	8. 5	57	8. 1	39	105	17. 2	21	19
	78	63	1′41″	1′51″	55	9. 6	10. 6	1. 74	8. 3	54	6. 8	37	98	18. 1	18	18
	75	60	1′45″	1′55″	53	9. 9	10. 9	1. 70	8. 0	51	5. 4	35	90	19. 0	16	16

续表

等级	单项得分	肺活量体重指数	400m跑（m·s）	50m×8往返跑（m·s）	台阶试验	50m跑（秒）	25m×2往返跑（秒）	立定跳远（m）	掷实心球（m）	握力体重指数	坐位体前屈（cm）	仰卧起坐（次/分）	跳绳（次/分）	篮球运球（秒）	足球颠球（次）	排球垫球（次）
及格	72	58	1′47″	1′58″	52	10.0	11.1	1.67	7.8	49	4.6	33	84	19.9	15	15
	69	55	1′49″	2′02″	50	10.1	11.4	1.62	7.4	47	3.3	31	76	21.2	14	14
	66	53	1′51″	2′06″	49	10.2	11.7	1.58	7.0	44	2.1	28	68	22.5	13	13
	63	49	1′53″	2′10″	47	10.4	12.1	1.52	6.5	40	0.4	25	56	24.2	12	11
	60	45	1′55″	2′15″	45	10.5	12.4	1.46	6.0	37	−1.3	22	45	26.0	10	9
不及格	50	44	2′05″	2′25″	44	10.6	12.6	1.45	5.7	36	−1.9	21	41	27.1	9	8
	40	42	2′15″	2′35″	43	10.7	12.9	1.42	5.2	35	−2.8	19	36	28.8	8	7
	30	40	2′25″	2′45″	42	10.8	13.2	1.39	4.7	34	−3.8	18	30	30.5	7	6
	20	37	2′35″	2′55″	41	11.0	13.6	1.36	4.1	32	−5.0	16	22	32.7	5	5
	10	35	2′45″	3′05″	40	11.1	14.0	1.32	3.4	30	−6.2	14	15	35.0	3	3

资料来源：国家体育总局编：《国家学生体质健康标准解读》，人民教育出版社2007年版。

表4－21　小学五、六年级女生各测试项目评分标准

等级	单项得分	肺活量体重指数	400m跑（m·s）	50m×8往返跑（m·s）	台阶试验	50m跑（秒）	25m×2往返跑（秒）	立定跳远（m）	掷实心球（m）	握力体重指数	坐位体前屈（cm）	仰卧起坐（次/分）	跳绳（次/分）	篮球运球（秒）	足球颠球（次）	排球垫球（次）
优秀	100	73	1′12″	1′24″	64	8.4	9.7	1.86	12.4	64	15.9	50	165	12.9	40	27
	98	72	1′14″	1′26″	63	8.5	9.8	1.85	11.7	63	15.6	49	160	13.5	38	26
	96	71	1′18″	1′28″	62	8.6	9.9	1.83	10.7	62	15.1	48	153	14.5	35	25
	94	70	1′20″	1′30″	61	8.7	10	1.81	9.7	61	14.6	47	145	15.4	33	24
	92	68	1′24″	1′33″	60	8.8	10.1	1.79	8.3	60	13.9	45	135	16.7	29	23
	90	67	1′28″	1′36″	59	8.9	10.2	1.77	6.9	59	13.3	43	125	18.0	25	21
良好	87	65	1′31″	1′39″	58	9.1	10.3	1.74	6.7	57	12.6	42	121	18.8	24	20
	84	63	1′33″	1′43″	56	9.4	10.5	1.71	6.4	55	11.5	40	116	19.9	22	19
	81	61	1′37″	1′47″	54	9.6	10.7	1.67	6.2	53	10.4	39	110	21.0	21	18
	78	58	1′41″	1′51″	52	10.0	11.0	1.62	5.8	50	8.9	37	103	22.5	18	17
	75	55	1′45″	1′55″	49	10.3	11.2	1.57	5.4	48	7.4	35	95	24.0	16	15

续表

等级	单项得分	肺活量体重指数	400m跑（m·s）	50m×8往返跑（m·s）	台阶试验	50m跑（秒）	25m×2往返跑（秒）	立定跳远（m）	掷实心球（m）	握力体重指数	坐位体前屈（cm）	仰卧起坐（次/分）	跳绳（次/分）	篮球运球（秒）	足球颠球（次）	排球垫球（次）
及格	72	53	1′47″	1′58″	48	10.4	11.4	1.54	5.2	46	6.6	33	89	24.9	15	14
	69	50	1′49″	2′02″	47	10.6	11.8	1.50	4.9	44	5.3	31	81	26.2	14	13
	66	47	1′51″	2′06″	45	10.7	12.1	1.46	4.6	42	4.1	28	73	27.5	13	12
	63	44	1′53″	2′10″	43	10.9	12.5	1.40	4.2	38	2.4	25	61	29.3	12	11
	60	40	1′55″	2′15″	41	11.0	13.0	1.34	3.8	35	0.7	22	50	31.0	10	9
不及格	50	39	2′05″	2′25″	40	11.1	13.5	1.33	3.7	34	0.2	21	46	32.1	9	8
	40	37	2′15″	2′35″	39	11.2	14.4	1.31	3.4	33	-0.6	19	41	33.8	8	7
	30	36	2′25″	2′45″	38	11.3	15.2	1.28	3.2	32	-1.4	18	35	35.5	7	6
	20	34	2′35″	2′55″	37	11.5	16.3	1.25	2.9	30	-2.4	16	28	37.8	5	5
	10	32	2′45″	3′05″	35	11.6	17.5	1.22	2.6	28	-3.4	14	20	40.0	3	3

资料来源：国家体育总局编：《国家学生体质健康标准解读》，人民教育出版社2007年版。

表4-22　初中一年级男生评分标准

等级	单项得分	肺活量体重指数	1 000m（m·s）	台阶试验	50m跑（秒）	立定跳远（m）	掷实心球（m）	握力体重指数	引体向上（次）	坐位体前屈（cm）	跳绳（次/分）	篮球运球（秒）	足球运球（秒）	排球垫球（次）
优秀	100	80	3′48″	67	7.2	2.29	10.8	80	20	15.2	170	9.8	8.1	35
	98	79	3′50″	66	7.3	2.28	10.3	79	19	14.9	165	10.2	8.3	34
	96	78	3′52″	65	7.4	2.26	9.6	78	18	14.4	158	10.8	8.7	33
	94	76	3′54	64	7.5	2.25	8.9	77	17	13.9	150	11.5	9.1	32
	92	75	3′57	63	7.6	2.22	8.0	75	16	13.2	140	12.3	9.5	30
	90	73	4′00″	62	7.7	2.20	7.1	73	15	12.5	130	13.2	10.0	28
良好	87	71	4′06″	61	7.9	2.17	6.9	72	14	11.8	126	13.6	10.3	27
	84	69	4′12″	59	8.1	2.12	6.5	69	13	10.7	121	14.1	10.7	25
	81	67	4′18″	58	8.4	2.08	6.2	67	12	9.6	115	14.7	11.1	24
	78	64	4′24″	55	8.8	2.02	5.8	63	11	8.1	108	15.5	11.7	21
	75	61	4′30″	53	9.1	1.95	5.3	60	10	6.6	100	16.2	12.2	19

续表

等级	单项得分	肺活量体重指数	1 000m (m·s)	台阶试验	50m 跑（秒）	立定跳远（m）	掷实心球（m）	握力体重指数	引体向上（次）	坐位体前屈（cm）	跳绳（次/分）	篮球运球（秒）	足球运球（秒）	排球垫球（次）
及格	72	59	4′34″	52	9.2	1.92	5.1	58	9	5.7	94	16.8	12.5	18
	69	57	4′38″	51	9.3	1.87	4.8	55	8	4.4	86	17.8	13.0	16
	66	54	4′42″	50	9.4	1.81	4.5	52	7	3.1	78	18.7	13.5	14
	63	50	4′46″	48	9.5	1.74	4.1	48	6	1.3	66	20.0	14.1	12
	60	47	4′50″	46	9.6	1.67	3.7	44	5	-0.5	55	21.2	14.7	9
不及格	50	46	5′00″	45	9.7	1.65	3.6	43	3	-1.1	51	22.0	15.0	8
	40	44	5′10″	44	9.8	1.63	3.4	41	2	-2.1	44	23.3	15.5	7
	30	43	5′20″	43	9.9	1.60	3.2	40	1	-3.1	38	24.5	16.0	6
	20	41	5′30″	42	10.0	1.56	3.0	38	—	-4.4	29	26.2	16.7	5
	10	38	5′40″	40	10.1	1.52	2.8	36	—	-5.7	20	27.8	17.3	3

资料来源：国家体育总局编：《国家学生体质健康标准解读》，人民教育出版社 2007 年版。

表 4-23　初中一年级女生评分标准

等级	单项得分	肺活量体重指数	800m (m·s)	台阶试验	50m 跑（秒）	立定跳远（m）	掷实心球（m）	握力体重指数	仰卧起坐（次/分）	坐位体前屈（cm）	跳绳（次/分）	篮球运球（秒）	足球运球（秒）	排球垫球（次）
优秀	100	71	3′25″	66	8.1	1.95	7.0	67	50	17.5	168	12.4	8.5	30
	98	70	3′28″	65	8.2	1.94	6.9	66	49	17.2	163	12.7	9.0	29
	96	69	3′31″	64	8.3	1.92	6.7	65	48	16.7	156	13.2	9.8	28
	94	68	3′34″	63	8.4	1.91	6.5	64	47	16.3	148	13.8	10.6	27
	92	66	3′37″	62	8.5	1.88	6.3	62	45	15.6	138	14.5	11.7	25
	90	65	3′40″	60	8.6	1.86	6.0	61	43	15.0	128	15.2	12.7	23
良好	87	64	3′43″	59	8.7	1.84	5.9	60	42	14.2	124	15.9	13.1	22
	84	61	3′46″	57	8.8	1.80	5.8	58	41	13.0	117	17.0	13.7	21
	81	59	3′49″	55	8.9	1.77	5.6	55	39	11.9	111	18.1	14.4	19
	78	56	3′52″	52	9.1	1.72	5.4	53	37	10.3	103	19.6	15.2	17
	75	54	3′55″	49	9.2	1.67	5.2	50	35	8.7	94	21.0	16.1	15

续表

等级	单项得分	肺活量体重指数	800m（m·s）	台阶试验	50m 跑（秒）	立定跳远（m）	掷实心球（m）	握力体重指数	仰卧起坐（次/分）	坐位体前屈（cm）	跳绳（次/分）	篮球运球（秒）	足球运球（秒）	排球垫球（次）
及格	72	52	4′00″	48	9.3	1.64	5.1	48	34	7.8	89	21.8	16.8	14
	69	49	4′05″	47	9.4	1.59	4.9	46	32	6.4	81	23.0	17.9	13
	66	47	4′10″	46	9.5	1.55	4.7	44	29	5.0	74	24.3	19.0	12
	63	43	4′15″	44	9.7	1.48	4.5	41	27	3.1	63	25.9	20.5	11
	60	40	4′20″	42	9.8	1.42	4.2	37	24	1.2	53	27.5	22.0	9
不及格	50	39	4′30″	41	9.9	1.40	4.0	36	23	0.6	49	28.2	22.4	8
	40	37	4′45″	40	10.1	1.38	3.6	35	21	−0.2	43	29.2	23.1	7
	30	36	5′00″	38	10.3	1.35	3.3	34	20	−1.0	38	30.3	23.7	6
	20	34	5′15″	37	10.6	1.32	2.9	32	18	−2.2	30	31.6	24.6	5
	10	32	5′30″	35	10.8	1.28	2.4	30	16	−3.3	22	33.0	25.5	3

资料来源：国家体育总局编：《国家学生体质健康标准解读》，人民教育出版社 2007 年版。

表 4－24　初中二年级男生评分标准

等级	单项得分	肺活量体重指数	1 000m（m·s）	台阶试验	50m 跑（秒）	立定跳远（m）	掷实心球（m）	握力体重指数	引体向上（次）	坐位体前屈（cm）	跳绳（次/分）	篮球运球（秒）	足球运球（秒）	排球垫球（次）
优秀	100	80	3′48″	68	7.0	2.41	11.3	86	21	17.3	175	9.6	7.8	40
	98	79	3′50″	67	7.1	2.40	10.9	85	20	16.9	170	10.0	8.0	39
	96	78	3′52″	66	7.2	2.38	10.4	84	19	16.4	163	10.6	8.4	37
	94	77	3′54″	65	7.3	2.36	9.8	83	18	15.9	155	11.3	8.8	35
	92	75	3′57″	64	7.4	2.34	9.0	81	17	15.1	145	12.1	9.2	33
	90	74	4′00″	62	7.5	2.31	8.3	79	16	14.4	135	13.0	9.7	30
良好	87	72	4′06″	61	7.6	2.28	8.0	77	15	13.6	131	13.4	10.0	29
	84	70	4′12″	59	7.9	2.24	7.7	75	14	12.4	126	13.9	10.4	27
	81	68	4′18″	57	8.1	2.20	7.3	72	13	11.3	120	14.5	10.8	25
	78	65	4′24″	54	8.3	2.14	6.8	68	12	9.7	113	15.3	11.4	23
	75	63	4′30″	52	8.6	2.08	6.4	65	11	8.1	105	16.0	11.9	20

续表

等级	单项得分	肺活量体重指数	1 000m（m·s）	台阶试验	50m 跑（秒）	立定跳远（m）	掷实心球（m）	握力体重指数	引体向上（次）	坐位体前屈（cm）	跳绳（次/分）	篮球运球（秒）	足球运球（秒）	排球垫球（次）
及格	72	61	4′34″	51	8.7	2.05	6.1	63	10	7.1	99	16.6	12.2	19
	69	58	4′38″	50	8.8	1.99	5.7	60	9	5.6	91	17.6	12.7	17
	66	55	4′42″	49	8.9	1.94	5.3	56	8	4.1	83	18.5	13.2	15
	63	52	4′46″	47	9.1	1.86	4.8	52	7	2.1	71	19.8	13.8	12
	60	48	4′50″	46	9.2	1.79	4.2	48	6	0.1	60	21.0	14.4	9
不及格	50	47	5′00″	45	9.3	1.77	4.1	47	4	-0.6	56	21.8	14.7	8
	40	45	5′10″	44	9.4	1.74	3.8	45	3	-1.7	49	23.1	15.2	7
	30	44	5′20″	43	9.5	1.71	3.6	44	2	-2.8	43	24.3	15.7	6
	20	42	5′30″	42	9.6	1.66	3.2	42	1	-4.3	34	26.0	16.4	5
	10	40	5′40″	40	9.7	1.62	2.9	39	—	-5.8	25	27.6	17.0	3

资料来源：国家体育总局编：《国家学生体质健康标准解读》，人民教育出版社 2007 年版。

表 4-25　初中二年级女生评分标准

等级	单项得分	肺活量体重指数	800m（m·s）	台阶试验	50m 跑（秒）	立定跳远（m）	掷实心球（m）	握力体重指数	仰卧起坐（次/分）	坐位体前屈（cm）	跳绳（次/分）	篮球运球（秒）	足球运球（秒）	排球垫球（次）
优秀	100	69	3′25″	66	8.0	1.98	7.6	70	50	18.6	170	12.2	8.3	35
	98	68	3′29″	65	8.1	1.97	7.5	69	49	18.2	165	12.5	8.8	34
	96	67	3′31″	64	8.2	1.95	7.4	68	48	17.7	158	13.0	9.6	32
	94	66	3′34″	63	8.3	1.93	7.3	66	47	17.2	150	13.6	10.4	30
	92	65	3′37″	62	8.4	1.91	7.2	64	45	16.6	140	14.3	11.5	28
	90	63	3′40″	60	8.5	1.89	7.0	62	43	15.9	130	15.0	12.5	25
良好	87	62	3′44″	59	8.6	1.87	6.9	61	42	15.1	126	15.7	12.9	24
	84	60	3′48″	57	8.7	1.83	6.6	59	41	13.9	120	16.8	13.5	22
	81	59	3′52″	54	8.8	1.79	6.4	57	40	12.7	115	17.9	14.2	21
	78	56	3′56″	52	8.9	1.74	6.1	54	38	11.1	107	19.4	15.0	18
	75	54	4′00″	49	9.0	1.70	5.8	51	36	9.4	99	20.8	15.9	16

续表

等级	单项得分	肺活量体重指数	800m（m·s）	台阶试验	50m跑（秒）	立定跳远（m）	掷实心球（m）	握力体重指数	仰卧起坐（次/分）	坐位体前屈（cm）	跳绳（次/分）	篮球运球（秒）	足球运球（秒）	排球垫球（次）
及格	72	52	4′08″	48	9.1	1.67	5.7	49	35	8.5	94	21.6	16.6	15
	69	50	4′16″	47	9.2	1.62	5.4	47	33	7.0	85	22.8	17.7	14
	66	47	4′22″	45	9.3	1.58	5.2	44	30	5.5	77	24.1	18.8	13
	63	43	4′28″	44	9.5	1.52	4.9	41	28	3.6	66	25.7	20.3	11
	60	40	4′34″	42	9.6	1.46	4.6	38	25	1.6	55	27.3	21.8	9
不及格	50	39	4′40″	41	9.7	1.45	4.4	37	24	1.0	51	28.0	22.2	8
	40	37	4′46″	40	9.9	1.42	4.2	36	22	0.1	45	29.0	22.9	7
	30	36	4′52″	39	10.1	1.39	3.9	35	21	−0.8	39	30.1	23.5	6
	20	34	4′58″	37	10.4	1.36	3.6	33	19	−2.0	31	31.4	24.4	5
	10	32	5′04″	36	10.6	1.32	3.2	31	17	−3.2	23	32.8	25.3	3

资料来源：国家体育总局编：《国家学生体质健康标准解读》，人民教育出版社2007年版。

表4－26　初中三年级男生评分标准

等级	单项得分	肺活量体重指数	1 000m（m·s）	台阶试验	50m跑（秒）	立定跳远（m）	掷实心球（m）	握力体重指数	引体向上（次）	坐位体前屈（cm）	跳绳（次/分）	篮球运球（秒）	足球运球（秒）	排球垫球（次）
优秀	100	81	3′30″	68	6.8	2.50	12.4	90	22	19.2	180	9.4	7.5	40
	98	80	3′36″	67	6.9	2.49	12.1	89	21	18.8	175	9.8	7.7	39
	96	79	3′38″	66	7.0	2.47	11.5	87	20	18.2	168	10.4	8.1	37
	94	78	3′42″	65	7.1	2.46	11.0	86	19	17.6	160	11.1	8.5	35
	92	77	3′46″	64	7.2	2.43	10.3	84	18	16.9	150	11.9	8.9	33
	90	76	3′50″	62	7.3	2.41	9.6	83	17	16.1	140	12.8	9.4	30
良好	87	74	3′54″	61	7.4	2.38	9.4	81	16	15.3	136	13.2	9.7	29
	84	72	3′58″	59	7.6	2.35	9.0	78	15	14.1	130	13.7	10.1	27
	81	70	4′02″	58	7.8	2.31	8.6	76	14	12.8	124	14.3	10.5	25
	78	67	4′06″	55	8.0	2.26	8.2	72	13	11.2	116	15.1	11.1	23
	75	65	4′10″	53	8.2	2.21	7.7	69	12	9.5	108	15.8	11.6	20

续表

等级	单项得分	肺活量体重指数	1 000m（m·s）	台阶试验	50m 跑（秒）	立定跳远（m）	掷实心球（m）	握力体重指数	引体向上（次）	坐位体前屈（cm）	跳绳（次/分）	篮球运球（秒）	足球运球（秒）	排球垫球（次）
及格	72	63	4′15″	52	8. 3	2. 17	7. 4	66	11	8. 5	103	16. 4	11. 9	19
	69	60	4′20″	51	8. 4	2. 12	6. 9	63	10	6. 9	94	17. 4	12. 4	17
	66	57	4′25″	50	8. 5	2. 07	6. 5	60	9	5. 4	86	18. 3	12. 9	15
	63	54	4′30″	48	8. 7	2. 00	5. 9	56	8	3. 3	75	19. 6	13. 5	12
	60	50	4′35″	46	8. 8	1. 93	5. 3	52	7	1. 2	64	20. 8	14. 1	9
不及格	50	49	4′45″	45	8. 9	1. 91	5. 0	51	5	0. 5	60	21. 6	14. 5	8
	40	48	4′55″	44	9. 0	1. 87	4. 6	49	4	−0. 5	53	22. 9	15. 0	7
	30	46	5′05″	43	9. 1	1. 83	4. 2	48	3	−1. 5	46	24. 1	15. 5	6
	20	44	5′15″	42	9. 2	1. 78	3. 6	46	2	−2. 8	37	25. 8	16. 2	5
	10	42	5′25″	40	9. 3	1. 73	3. 0	43	1	−4. 1	28	27. 4	16. 9	3

资料来源：国家体育总局编：《国家学生体质健康标准解读》，人民教育出版社 2007 年版。

表 4 – 27　初中三年级女生评分标准

等级	单项得分	肺活量体重指数	800m（m·s）	台阶试验	50m 跑（秒）	立定跳远（m）	掷实心球（m）	握力体重指数	仰卧起坐（次/分）	坐位体前屈（cm）	跳绳（次/分）	篮球运球（秒）	足球运球（秒）	排球垫球（次）
优秀	100	68	3′24″	66	7. 9	1. 99	7. 8	69	50	19. 3	172	12. 0	8. 1	35
	98	67	3′27″	65	8. 0	1. 98	7. 7	68	49	19. 0	167	12. 3	8. 6	34
	96	66	3′29″	64	8. 1	1. 96	7. 6	67	48	18. 5	160	12. 8	9. 4	32
	94	65	3′32″	63	8. 2	1. 95	7. 5	66	47	18. 0	153	13. 4	10. 2	30
	92	64	3′35″	62	8. 3	1. 93	7. 4	65	46	17. 3	143	14. 1	11. 3	28
	90	63	3′38″	60	8. 4	1. 91	7. 2	63	44	16. 7	133	14. 8	12. 3	25
良好	87	62	3′42″	59	8. 5	1. 89	7. 1	62	43	15. 9	129	15. 5	12. 7	24
	84	60	3′46″	57	8. 6	1. 85	7. 0	59	42	14. 7	123	16. 6	13. 3	22
	81	58	3′50″	54	8. 7	1. 82	6. 9	57	40	13. 5	117	17. 7	14. 0	21
	78	56	3′54″	52	8. 8	1. 77	6. 8	54	38	11. 8	109	19. 2	14. 8	18
	75	54	3′58″	49	8. 9	1. 73	6. 6	52	36	10. 2	101	20. 6	15. 7	16

续表

等级	单项得分	肺活量体重指数	800m（m·s）	台阶试验	50m跑（秒）	立定跳远（m）	掷实心球（m）	握力体重指数	仰卧起坐（次/分）	坐位体前屈（cm）	跳绳（次/分）	篮球运球（秒）	足球运球（秒）	排球垫球（次）
及格	72	52	4′03″	48	9.0	1.70	6.5	50	35	9.2	96	21.4	16.4	15
	69	50	4′08″	47	9.1	1.65	6.4	48	33	7.7	88	22.6	17.5	14
	66	47	4′13″	45	9.2	1.61	6.3	45	30	6.2	80	23.9	18.6	13
	63	43	4′18″	44	9.4	1.55	6.2	42	28	4.2	69	25.5	20.1	11
	60	40	4′23″	42	9.5	1.49	6.0	39	25	2.2	58	27.1	21.6	9
不及格	50	39	4′30″	41	9.6	1.47	5.8	38	24	1.6	54	27.8	22.0	8
	40	38	4′37″	40	9.8	1.44	5.4	37	23	0.8	48	28.8	22.7	7
	30	36	4′44″	39	10.0	1.41	5.0	36	21	-0.1	42	29.9	23.3	6
	20	34	4′51″	38	10.3	1.37	4.5	34	20	-1.3	33	31.2	24.2	5
	10	33	5′00″	37	10.5	1.33	4.0	33	18	-2.4	25	32.6	25.1	3

资料来源：国家体育总局编：《国家学生体质健康标准解读》，人民教育出版社2007年版。

表4-28　高中一年级男生评分标准

等级	单项得分	肺活量体重指数	1 000m（m·s）	台阶试验	50m跑（秒）	立定跳远（m）	掷实心球（m）	握力体重指数	引体向上（次）	坐位体前屈（cm）	跳绳（次/分）	篮球运球（秒）	足球运球（秒）	排球垫球（次）
优秀	100	82	3′28″	68	6.6	2.58	13.6	92	23	20.8	185	9.2	7.2	40
	98	81	3′31″	67	6.7	2.57	13.2	91	22	20.4	180	9.6	7.4	39
	96	80	3′34″	66	6.8	2.55	12.6	90	21	19.9	173	10.2	7.8	37
	94	79	3′37″	65	6.9	2.54	12.0	88	20	19.4	165	10.9	8.2	35
	92	78	3′40″	64	7.0	2.52	11.2	87	19	18.7	155	11.7	8.6	33
	90	76	3′43″	62	7.1	2.50	10.4	85	18	18.0	145	12.6	9.1	30
良好	87	75	3′47″	61	7.2	2.47	10.2	83	17	17.1	141	13.0	9.4	29
	84	73	3′51″	59	7.4	2.44	9.8	81	16	15.8	134	13.5	9.8	27
	81	71	3′56″	58	7.5	2.40	9.4	78	15	14.4	128	14.1	10.2	25
	78	68	4′01″	55	7.7	2.34	8.9	75	14	12.6	119	14.9	10.8	23
	75	66	4′06″	53	7.9	2.29	8.5	71	13	10.8	110	15.6	11.3	20

续表

等级	单项得分	肺活量体重指数	1 000m（m·s）	台阶试验	50m跑（秒）	立定跳远（m）	掷实心球（m）	握力体重指数	引体向上（次）	坐位体前屈（cm）	跳绳（次/分）	篮球运球（秒）	足球运球（秒）	排球垫球（次）
及格	72	64	4′11″	52	8.0	2.26	8.2	69	12	9.7	105	16.2	11.6	19
	69	61	4′16″	51	8.1	2.21	7.7	66	11	8.0	96	17.2	12.1	17
	66	59	4′21″	50	8.2	2.17	7.2	63	10	6.3	88	18.1	12.6	15
	63	55	4′26″	48	8.3	2.10	6.6	59	9	4.0	77	19.4	13.2	12
	60	52	4′31″	46	8.4	2.04	6.0	55	8	1.7	66	20.6	13.8	9
不及格	50	51	4′40″	45	8.5	2.02	5.8	54	6	1.0	62	21.4	14.2	8
	40	49	4′50″	44	8.6	1.99	5.5	52	5	−0.1	55	22.7	14.7	7
	30	48	5′00″	43	8.7	1.96	5.2	50	4	−1.1	48	23.9	15.2	6
	20	45	5′10″	42	8.9	1.92	4.8	48	3	−2.5	39	25.6	15.9	5
	10	43	5′20″	40	9.0	1.89	4.4	46	2	−3.8	30	27.2	16.6	3

资料来源：国家体育总局编：《国家学生体质健康标准解读》，人民教育出版社 2007 年版。

表 4－29　高中一年级女生评分标准

等级	单项得分	肺活量体重指数	800m（m·s）	台阶试验	50m跑（秒）	立定跳远（m）	掷实心球（m）	握力体重指数	仰卧起坐（次/分）	坐位体前屈（cm）	跳绳（次/分）	篮球运球（秒）	足球运球（秒）	排球垫球（次）
优秀	100	68	3′24″	68	7.8	2.01	8.0	70	51	20.3	175	11.8	7.9	35
	98	67	3′27″	67	7.9	2.00	7.9	69	50	20.0	170	12.1	8.4	34
	96	66	3′29″	66	8.0	1.98	7.8	68	49	19.5	163	12.6	9.2	32
	94	65	3′32″	64	8.1	1.97	7.7	67	48	19.1	155	13.2	10.0	30
	92	64	3′35″	62	8.3	1.95	7.6	65	47	18.4	145	13.9	11.1	28
	90	63	3′38″	60	8.4	1.93	7.4	63	45	17.8	135	14.6	12.1	25
良好	87	62	3′42″	59	8.5	1.91	7.3	62	44	17.0	131	15.3	12.5	24
	84	60	3′46″	57	8.6	1.87	7.2	60	43	15.7	125	16.4	13.1	22
	81	59	3′50″	54	8.7	1.84	7.1	58	41	14.4	119	17.5	13.8	21
	78	56	3′54″	52	8.8	1.79	7.0	55	39	12.7	110	19.0	14.6	18
	75	54	3′58″	49	8.9	1.75	6.8	52	37	11.0	102	20.4	15.5	16

续表

等级	单项得分	肺活量体重指数	800m（m·s）	台阶试验	50m跑（秒）	立定跳远（m）	掷实心球（m）	握力体重指数	仰卧起坐（次/分）	坐位体前屈（cm）	跳绳（次/分）	篮球运球（秒）	足球运球（秒）	排球垫球（次）
及格	72	52	4′03″	48	9.0	1.72	6.7	51	36	10.0	97	21.2	16.2	15
	69	50	4′08″	47	9.1	1.67	6.6	48	33	8.3	90	22.3	17.3	14
	66	47	4′13″	45	9.2	1.63	6.4	46	31	6.7	82	23.4	18.4	13
	63	44	4′18″	44	9.3	1.57	6.2	43	28	4.5	72	24.9	19.9	11
	60	41	4′23″	42	9.4	1.51	6.0	40	25	2.3	62	26.4	21.4	9
不及格	50	40	4′30″	41	9.5	1.50	5.8	39	24	1.9	58	27.2	21.8	8
	40	38	4′37″	40	9.7	1.47	5.4	38	23	1.2	51	28.3	22.5	7
	30	37	4′44″	39	9.9	1.45	5.0	36	21	0.5	45	29.4	23.1	6
	20	35	4′51″	37	10.2	1.41	4.5	35	20	-0.4	37	30.9	24.0	5
	10	34	5′00″	36	10.4	1.38	4.0	33	18	-1.4	28	32.4	24.9	3
							与小学用球重量不同							

资料来源：国家体育总局编：《国家学生体质健康标准解读》，人民教育出版社2007年版。

表4－30　高中二年级男生评分标准

等级	单项得分	肺活量体重指数	1 000m（m·s）	台阶试验	50m跑（秒）	立定跳远（m）	掷实心球（m）	握力体重指数	引体向上（次）	坐位体前屈（cm）	跳绳（次/分）	篮球运球（秒）	足球运球（秒）	排球垫球（次）
优秀	100	83	3′28″	68	6.4	2.61	13.8	93	24	1.5	190	9.0	6.9	45
	98	82	3′31″	67	6.5	2.60	13.4	92	23	21.1	185	9.4	7.1	44
	96	81	3′33″	66	6.6	2.58	12.8	91	22	20.6	178	10.0	7.5	41
	94	80	3′35″	65	6.7	2.57	12.2	90	21	20.1	170	10.7	7.9	39
	92	79	3′38″	64	6.8	2.55	11.4	88	20	19.5	160	11.5	8.3	36
	90	77	3′41″	62	6.9	2.53	10.6	86	19	18.8	150	12.4	8.8	33
良好	87	76	3′45″	61	7.0	2.51	10.4	84	18	17.9	145	12.8	9.1	32
	84	74	3′49″	59	7.2	2.47	10.0	82	17	16.6	138	13.3	9.5	30
	81	72	4′03″	58	7.3	2.44	9.7	79	16	15.3	131	13.9	9.9	28
	78	69	4′08″	55	7.5	2.39	9.2	76	15	13.5	122	14.7	10.5	25
	75	66	4′13″	53	7.7	2.34	8.7	72	14	11.8	112	15.4	11.0	22

续表

等级	单项得分	肺活量体重指数	1 000m (m·s)	台阶试验	50m 跑（秒）	立定跳远（m）	掷实心球（m）	握力体重指数	引体向上（次）	坐位体前屈（cm）	跳绳（次/分）	篮球运球（秒）	足球运球（秒）	排球垫球（次）
及格	72	65	4′18″	52	7.8	2.31	8.5	70	13	10.6	107	16.0	11.3	21
	69	62	4′23″	51	7.9	2.26	8.1	67	12	8.8	98	17.0	11.8	19
	66	59	4′28″	50	8.0	2.22	7.7	64	11	7.0	90	17.9	12.3	17
	63	56	4′33″	48	8.1	2.15	7.2	60	10	4.6	79	19.2	12.9	15
	60	53	4′38″	46	8.2	2.09	6.8	56	9	2.2	68	20.4	13.5	12
不及格	50	51	4′45″	45	8.3	2.07	6.6	55	7	1.5	64	21.2	13.9	11
	40	50	4′51″	44	8.5	2.04	6.3	53	6	0.4	58	22.5	14.4	10
	30	48	4′58″	43	8.6	2.01	6.1	51	5	−0.7	52	23.7	14.9	8
	20	46	5′05″	42	8.8	1.97	5.7	49	4	−2.1	43	25.4	15.6	6
	10	44	5′12″	40	9.0	1.93	5.4	47	3	−3.5	35	27.0	16.3	4

资料来源：国家体育总局编：《国家学生体质健康标准解读》，人民教育出版社 2007 年版。

表 4－31　高中二年级女生评分标准

等级	单项得分	肺活量体重指数	800m (m·s)	台阶试验	50m 跑（秒）	立定跳远（m）	掷实心球（m）	握力体重指数	仰卧起坐（次/分）	坐位体前屈（cm）	跳绳（次/分）	篮球运球（秒）	足球运球（秒）	排球垫球（次）
优秀	100	70	3′24″	66	7.6	2.03	8.1	70	52	20.7	178	11.6	7.7	40
	98	69	3′27″	65	7.7	2.02	8.0	69	51	20.4	173	11.9	8.2	39
	96	68	3′29″	64	7.8	2.00	7.9	68	50	19.9	166	12.4	9.0	36
	94	67	3′32″	63	7.9	1.99	7.8	67	49	19.4	158	13.0	9.8	34
	92	66	3′35″	62	8.1	1.97	7.7	66	47	18.7	148	13.7	10.9	31
	90	64	3′38″	60	8.2	1.95	7.5	64	45	18.0	138	14.4	11.9	28
良好	87	63	3′42″	59	8.3	1.93	7.4	63	44	17.2	134	15.1	12.3	27
	84	61	3′46″	57	8.4	1.89	7.3	60	43	16.0	127	16.2	12.9	25
	81	59	3′50″	54	8.5	1.85	7.2	58	41	14.8	120	17.3	13.6	23
	78	57	3′54″	52	8.6	1.80	7.1	55	39	13.2	111	18.8	14.4	21
	75	54	3′58″	49	8.7	1.75	6.9	52	37	11.6	102	20.2	15.3	18

续表

等级	单项得分	肺活量体重指数	800m（m·s）	台阶试验	50m跑（秒）	立定跳远（m）	掷实心球（m）	握力体重指数	仰卧起坐（次/分）	坐位体前屈（cm）	跳绳（次/分）	篮球运球（秒）	足球运球（秒）	排球垫球（次）
及格	72	52	4′03″	48	8.8	1.73	6.8	51	36	10.5	98	21.0	16.0	17
	69	50	4′08″	47	8.9	1.69	6.7	48	34	8.8	91	22.1	17.1	16
	66	47	4′13″	46	9.0	1.65	6.5	46	32	7.2	84	23.2	18.2	14
	63	44	4′18″	44	9.1	1.60	6.3	43	29	4.9	75	24.7	19.7	12
	60	41	4′23″	42	9.2	1.54	6.1	40	27	2.7	66	26.2	21.2	10
不及格	50	40	4′30″	41	9.3	1.53	5.9	39	26	2.2	62	27.0	21.6	9
	40	38	4′37″	40	9.5	1.50	5.6	38	24	1.3	55	28.1	22.3	8
	30	37	4′44″	39	9.7	1.47	5.4	37	23	0.5	49	29.2	22.9	7
	20	36	4′51″	38	10.0	1.44	5.0	35	21	−0.6	40	30.7	23.8	6
	10	34	5′00″	36	10.2	1.41	4.6	33	19	−1.7	31	32.2	24.7	4

资料来源：国家体育总局编：《国家学生体质健康标准解读》，人民教育出版社2007年版。

表4－32　高中三年级男生评分标准

等级	单项得分	肺活量体重指数	1 000m（m·s）	台阶试验	50m跑（秒）	立定跳远（m）	掷实心球（m）	握力体重指数	引体向上（次）	坐位体前屈（cm）	跳绳（次/分）	篮球运球（秒）	足球运球（秒）	排球垫球（次）
优秀	100	83	3′27″	74	6.2	2.63	14.2	94	25	22.5	195	8.8	6.6	45
	98	82	3′28″	72	6.3	2.62	13.8	93	24	22.1	190	9.2	6.8	44
	96	81	3′31″	71	6.4	2.60	13.2	92	23	21.6	182	9.8	7.2	41
	94	80	3′33″	69	6.5	2.59	12.6	90	22	21.0	174	10.5	7.6	39
	92	79	3′35″	66	6.6	2.57	11.8	88	21	20.2	164	11.3	8.0	36
	90	78	3′39″	64	6.7	2.55	11.0	87	20	19.5	153	12.2	8.5	33
良好	87	76	3′42″	62	6.8	2.53	10.8	85	19	18.6	148	12.6	8.8	32
	84	74	3′45″	60	7.0	2.49	10.4	82	18	17.2	140	13.1	9.2	30
	81	72	3′49″	58	7.2	2.45	10.1	80	17	15.8	133	13.7	9.6	28
	78	70	3′53″	56	7.5	2.40	9.6	76	16	13.9	122	14.5	10.2	25
	75	67	3′58″	53	7.7	2.35	9.1	73	15	12.1	112	15.2	10.7	22

续表

等级	单项得分	肺活量体重指数	1 000m（m·s）	台阶试验	50m跑（秒）	立定跳远（m）	掷实心球（m）	握力体重指数	引体向上（次）	坐位体前屈（cm）	跳绳（次/分）	篮球运球（秒）	足球运球（秒）	排球垫球（次）
及格	72	65	4′05″	52	7.8	2.32	8.9	71	14	10.9	107	15.8	11.0	21
	69	63	4′12″	51	7.9	2.28	8.4	67	13	9.2	99	16.8	11.5	19
	66	60	4′19″	50	8.0	2.23	8.0	64	12	7.4	91	17.7	12.0	17
	63	57	4′26″	48	8.2	2.17	7.5	60	11	5.0	81	19.0	12.6	15
	60	53	4′33″	46	8.3	2.11	6.9	55	10	2.7	70	20.2	13.2	12
不及格	50	52	4′40″	45	8.4	2.10	6.7	54	8	2.1	66	21.0	13.6	11
	40	51	4′47″	44	8.5	2.07	6.4	52	7	1.2	60	22.3	14.1	10
	30	49	4′54″	43	8.7	2.04	6.1	50	6	0.3	54	23.5	14.6	8
	20	47	5′01″	42	8.8	2.01	5.7	48	5	−1.0	45	25.2	15.3	6
	10	45	5′08″	40	9.0	1.97	5.4	46	4	−2.2	37	26.8	16.0	4

资料来源：国家体育总局编：《国家学生体质健康标准解读》，人民教育出版社2007年版。

表4－33　高中三年级女生评分标准

等级	单项得分	肺活量体重指数	800m（m·s）	台阶试验	50m跑（秒）	立定跳远（m）	掷实心球（m）	握力体重指数	仰卧起坐（次/分）	坐位体前屈（cm）	跳绳（次/分）	篮球运球（秒）	足球运球（秒）	排球垫球（次）
优秀	100	68	3′24″	70	7.4	2.05	8.2	72	52	21.0	185	11.4	7.5	40
	98	67	3′27″	69	7.5	2.04	8.1	71	51	20.7	179	11.7	8.0	39
	96	66	3′29″	67	7.6	2.03	8.0	70	50	20.1	170	12.2	8.8	36
	94	65	3′32″	65	7.7	2.01	7.9	68	49	19.6	161	12.8	9.6	34
	92	64	3′35″	62	7.9	1.99	7.8	67	47	18.9	148	13.5	10.7	31
	90	63	3′38″	59	8.0	1.97	7.6	65	45	18.2	136	14.2	11.7	28
良好	87	62	3′42″	58	8.1	1.95	7.5	63	44	17.4	132	14.9	12.1	27
	84	60	3′46″	56	8.2	1.91	7.4	61	43	16.2	125	16.0	12.7	25
	81	58	3′50″	54	8.3	1.87	7.3	59	41	14.9	119	17.1	13.4	23
	78	56	3′54″	52	8.4	1.82	7.2	56	39	13.3	111	18.6	14.2	21
	75	54	3′58″	49	8.5	1.77	7.0	53	38	11.7	102	20.0	15.1	18

续表

等级	单项得分	肺活量体重指数	800m (m·s)	台阶试验	50m跑（秒）	立定跳远（m）	掷实心球（m）	握力体重指数	仰卧起坐（次/分）	坐位体前屈（cm）	跳绳（次/分）	篮球运球（秒）	足球运球（秒）	排球垫球（次）
及格	72	52	4′03″	48	8.6	1.74	6.9	51	36	10.6	98	20.8	15.8	17
	69	50	4′08″	47	8.7	1.70	6.8	48	35	8.9	92	21.9	16.9	16
	66	48	4′13″	46	8.8	1.67	6.6	46	33	7.2	86	23.0	18.0	14
	63	44	4′18″	44	8.9	1.61	6.4	42	30	5.0	78	24.5	19.5	12
	60	41	4′23″	42	9.0	1.56	6.2	39	28	2.7	71	26.0	21.0	10
不及格	50	40	4′30″	41	9.2	1.54	6.0	38	27	2.2	66	26.8	21.4	9
	40	39	4′37″	40	9.4	1.52	5.7	37	26	1.5	59	27.9	22.1	8
	30	38	4′44″	39	9.6	1.49	5.5	35	24	0.8	52	29.0	22.7	7
	20	36	4′51″	38	9.9	1.45	5.1	33	23	-0.2	42	30.5	23.6	6
	10	35	5′00″	36	10.2	1.42	4.7	31	21	-1.2	33	32.0	24.5	4

资料来源：国家体育总局编：《国家学生体质健康标准解读》，人民教育出版社2007年版。

第二节　青少年体适能评价方法

一、青少年健康适能概述

如前所述，健康体适能包括身体成分、心肺适能、肌肉适能和柔韧性4个方面。

二、青少年健康适能评价方法

（一）身体成分

身体成分是指组成人体各组织器官的总成分，总重量为体重，含脂肪成分和非脂肪成分。体脂重量占体重的百分比称为体脂百分比，余下的骨、水分、肌肉等称为去脂体重。

体重被认为是评价肥胖度的重要指标，但更准确的评价应该进一步测量和区分体重中脂肪所占的比例。从健康学角度出发，肥胖不仅是指体重超标，也包括体脂百分比超过正常水平。

体内含有合理的脂肪储备可为机体提供丰富的能源，也能起到保护内脏器官、缓冲机械撞击、促进脂溶性维生素吸收等重要的生理功能。但大量流行病学调查显示，目前由于膳食结构不合理、运动不足导致脂肪堆积过多的肥胖症倾向不仅增加了机体负担，还易引发高血压、冠状动脉硬化等疾病，已经成为人类健康的最大威胁之一。因此，身体成分的测量与评价是医生和体质专家评价健康的重要依据。

1. 身体成分测量方法

在对身体成分进行测量与评价时，主要采用测量体脂百分比，然后推算体脂肪重量和去脂体重的方法。在人体实验中，体脂百分比的测量和评价方法目前主要采用间接测量法，最常用的是：水下称重法、皮脂厚度测量法、生物电阻抗法、双能量 X 光吸收法（DEXA）等。在青少年体质健康评价中，以皮脂厚度测量法、生物电阻抗法应用最为普遍。

（1）皮脂厚度测量方法

① 测量仪器及方法。一般使用我国产的“仿荣研式皮脂计”（见图4－8），测量方法如下。

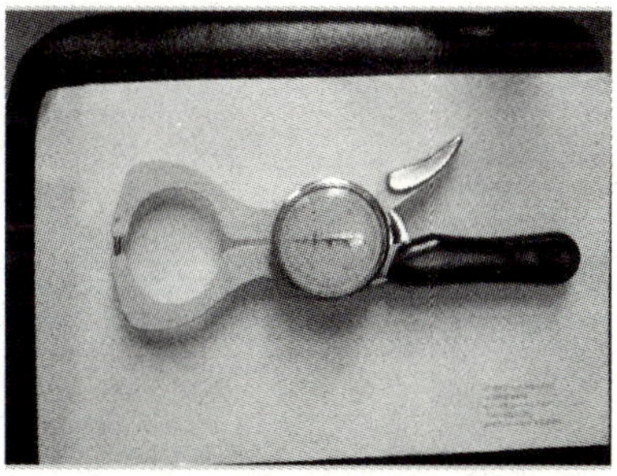

图4－8　仿荣研式皮脂计图示

受试者取站位，放松肢体，裸露被测部位，测量者用拇指和食指将测量部位的皮褶（两层皮肤与皮下脂肪）捏起，然后使皮脂计的两接点在距离指端1cm处钳住皮肤，以防止手指压力对皮褶厚度的影响（见图4－9），待皮脂计停止后，立刻读数，取至0.5单位。

可连续测量3次，取平均值记录，3次测量的误差不应超过5%。

皮褶厚度的准确测量需要反复地实践，测试人员应能感觉出皮下脂肪层，对皮下脂肪层的“感觉”会因受试者或测量部位的不同而发生变化。因为皮下脂肪层与其下肌肉分离的难易程度因人而异。此外皮肤或脂肪组织可压缩性的不同也会影响到上述的“感觉”。年轻人由于组织中含水较多、可压缩性较大，因此为了防止液体从组织中渗出，对他们进行测试时皮褶钳卡压皮褶的时间不应超过4秒。

② 皮脂厚度测量法推算体脂百分比。在青少年体质测评中，最常用和认可度较高的是“日本长岭—铃木法”。

测量部位及方法：

肱三头肌部皮褶厚度：受试者右臂屈肘90°于身体侧部，测试人员于受试者背后用软尺在其上臂的侧面测量肩峰顶和鹰嘴突之间的距离，并标出两点的中点。受试者前臂自然下垂，测试人员左手拇指、食指朝下，于受试者上臂后部高于标记点1cm处垂直捏起皮褶，测试人员将皮褶钳嘴置于标记点水平处测量皮褶厚度（见图4－9）。

肩胛骨下角部皮褶厚度测量：测试人员触摸受试者的肩胛骨下角并在其下做标记，在高于标记点1cm处（肩胛下角1～2cm）与脊柱成45°角捏起皮褶测量皮褶厚度（见图4－10）。

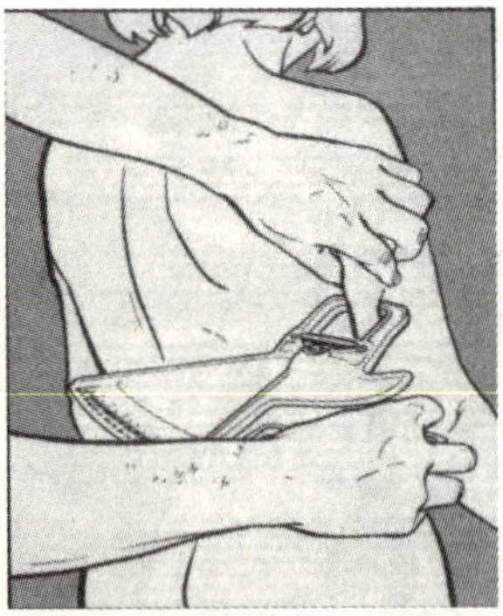

图4－9　肱三头肌部皮褶厚度测量

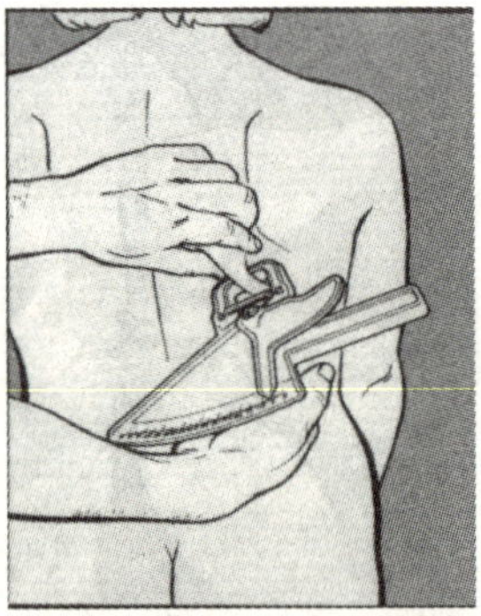

图4－10　肩胛骨下角部皮褶厚度测量

资料来源：Donoghue WC. How To Measure Your % Bodyfat, 1987.

日本长岭—铃木体脂百分比计算：表4－34是人体密度（Db）推算公式。

表4－34　日本长岭—铃木身体密度推算计算公式

年龄	男	女
9～11岁	1.087 9－0.001 51×S	1.079 4－0.001 42×S
12～14岁	1.086 8－0.001 33×S	1.088 8－0.001 53×S
15～18岁	1.097 7－0.001 46×S	1.093 1－0.001 60×S
19岁以上	1.091 3－0.001 16×S	1.089 7－0.001 33×S

注：S指肱三头肌部、肩胛骨下角部皮褶之和。

资料来源：陈明达，于道中：《实用体质学》，北京医科大学、中国协和医科大学联合出版社1993年版。

体脂百分比计算法：体脂百分比＝（4.201/Db－3.813）×100

（2）生物电阻抗法（BIA）

BIA法近年也较普遍地应用于青少年身体成分评价。它的测量原理是测查电流通过身体的脂肪和非脂肪组织的差别来计算身体成分，一般非脂肪组织比脂肪组织有更高的电荷容量，因此更易导电。BIA测量时在腕部和踝部放置体表电极并使用无痛电流，这样就可以测到身体各部位对电流的抵抗。

测量仪器：电阻抗身体成分测试仪（见图4－11）。

测量方法（以InBody520人体成分分析仪为例）。

① 打开电脑及人体成分分析仪，新建个人档案，输入受试者信息，包括姓名、年龄、性别、出生年月及身高等基本信息。

② 受试者赤足以正确的姿势站立在仪器上：后脚跟踏到环形的脚步电极上，整个脚掌与椭圆的脚步电极紧密接触，大拇指轻轻接触在拇指电极上，其余4个手指应充分接触电极表面；上肢与身体躯干的夹角保持在15°左右，不要贴近身体。在整个测试过程中，受试者站立时应保持放松，切勿紧张，不能随便动脚的位置或用指甲按压电极。

③ 测试人员按开始按钮。

④ 仪器自动给出结果。

测量注意事项：

① 受试者应在进餐1小时后进行测试，运动后不宜立即进行测试。

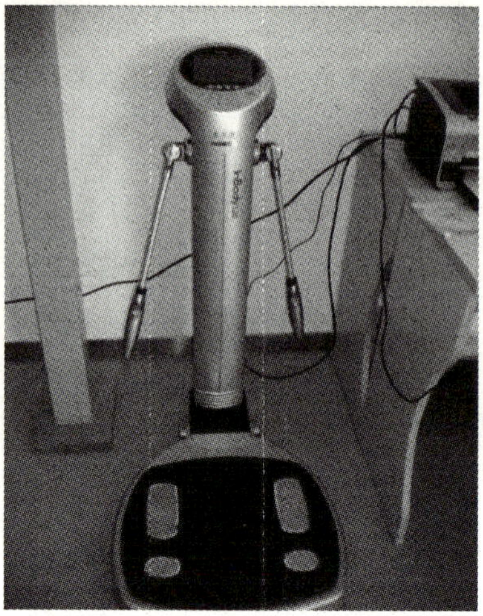

图 4-11　InBody520 人体成分分析仪图示

② 测试环境应保持 20℃ ~30℃的温度。

③ 受试者测试时，应尽可能穿着轻便服装，取出口袋内物品，不要佩戴金属物品。

2. 身体成分评价方法

（1）身高标准体重

正常是一个人健康状况的重要标志之一，过胖和过瘦都不利于健康，也不会给人以健美感。身高标准体重是反映正常体重较理想和简单的指标，标准体重正负 10% 为正常体重；标准体重正负 10% ~20% 为体重过重或过轻；标准体重正负 20% 以上为肥胖或体重不足，具体评价参考值见表 4-6 ~ 表 4-15。

（2）体脂百分比

理想的体脂百分比为男性 6% ~15%，女性 10% ~20%，如果男性 > 25%，女性 >30% 就可以初步判定为肥胖。

（二）心肺适能

心肺功能对运动的适应能力是健康的重要标志，是健康适能最重要的指标之一。一般认为最大摄氧量间接测定与心功能指数测定的方法是应用于大众健康评价的理想指标。

最大摄氧量指人体在进行有大量肌肉群参加的长时间剧烈运动中，当心肺功能和肌肉利用氧的能力达到本人极限水平时，单位时间内（通常以分钟为计算单位）所能摄取的氧量称为最大摄氧量（maximal oxygen uptake, Vo_2max）。它反映了机体吸入氧、运输氧和利用氧的能力，是评定人体有氧工作能力的重要指标之一。

最大摄氧量的测定有直接测定法和间接测定法。直接测定法通常在实验室条件下，让受试者在一定的运动器械上进行逐级递增负荷运动试验测定其摄氧量，数据可靠，重复性好，能准确客观地评定人的有氧能力。但因为需要动用昂贵的仪器而难以在大众中推广，因而间接法推算 Vo_2max 成为国内外大众健康评价中使用较为普遍的方法。

目前，国内外大众健康评价中 Vo_2max 的测定是根据受试者进行亚极量运动时的心率、做功量等数值间接推算出，主要有 12 分钟跑推算最大摄氧量。

美国运动生理学家库珀（Kenneth H Cooper）提出的"12 分钟测验"既是一种身体有氧耐力的锻炼方法，也是一种测定有氧运动能力的指标。研究证明，在单位时间内跑一定距离的能力与人的有氧能力密切相关，用 12 分钟可以测出耐力性活动的能力，因而库珀把单位时间确定为 12 分钟，并经过大量实验证实 12 分钟跑与摄氧量呈高度相关（$r=0.87$）。为了应用的方便，研究者设计了 12 分钟跑与最大摄氧量的换算表（见表 4－35）。

表 4－35 12 分钟跑与最大摄氧量的换算（相关度 $r=0.87$）

12 分钟跑成绩（m）	最大摄氧量（mL/kg/min）	12 分钟跑成绩（m）	最大摄氧量（mL/kg/min）	12 分钟跑成绩（m）	最大摄氧量（mL/kg/min）
1 000	14.0	2 000	35.3	3 000	56.5
1 100	16.1	2 100	37.4	3 100	58.6
1 200	18.3	2 200	39.5	3 200	60.8
1 300	20.4	2 300	41.6	3 300	62.9
1 400	22.5	2 400	43.8	3 400	65.0
1 500	24.6	2 500	45.9	3 500	67.1

续表

12分钟跑成绩（m）	最大摄氧量（mL/kg/min）	12分钟跑成绩（m）	最大摄氧量（mL/kg/min）	12分钟跑成绩（m）	最大摄氧量（mL/kg/min）
1 600	26.8	2 600	48.0	3 600	69.3
1 700	28.9	2 700	50.1	3 700	71.4
1 800	31.0	2 800	52.3	3 800	73.5
1 900	33.1	2 900	54.4	3 900	75.6

资料来源：刘纪清，李国兰：《实用运动处方》，黑龙江科学技术出版社1993年版。

12分钟跑推算最大摄氧量的方法是测试受试者在12分钟内能跑完多少米。对于没有运动经历的人，测验时往往对自己的体力不能正确评估，也不会合理地控制强度和分配体力。如果跑得过快，强度很大，对于没有经过训练的人是很危险的。那么，为保证测试的准确性和安全性，在测试之前，应让受试者有足够的时间参加先走步、后跑步的准备性练习，才能进行12分钟跑测验。准备性练习可以这样安排：

① 完成12分钟快走，两周；

② 完成12分钟走、跑交替，两周；

③ 完成12分钟慢跑，两周；

④ 正式测验。

（三）肌肉适能

肌肉适能包括肌肉力量与肌肉耐力，是健康体适能评价的重要组成部分。

1. 最大力量测试

最大力量测试，即1RM测试。一次重复的最大力量测试适合有一定锻炼基础的人，被测者应在经过一段时间的适应性练习，掌握了力量测试的动作要领和学会基本技术后再参加测试，这样会避免因为最大用力导致的肌肉损伤。需要进行1～2周的力量练习才可以参加1RM测试。

健康评价的1RM测试可以选择简便的动作手段，如负杠铃卧推、负重曲肘、全蹲起、肩上举、背肌力、腿力、握力等。

2. 肌肉耐力测试

肌肉耐力一般指肌肉群重复工作的能力。日常生活中，许多动作的完成都需要肌肉的重复收缩，所以肌肉耐力的评定也是健康体适能的重要组成部分。

（1）男子俯卧撑（30 次/分）

仪器：节拍器。

测试方法：将节拍器调至 60 次/分，受试者两手按地，手指向前，两手间距与肩同宽，两腿向后伸直，身体挺直，按照俯卧撑要领听节拍连续做俯卧撑。每分钟完成 30 次至力竭。

注意事项：受试者要根据节拍连续完成动作，整个动作过程中不得弓身和塌腰，要保持身体的直线性；胸部未触及地或头部未低于肘，动作无效。

（2）女子跪卧撑（30 次/分）

仪器：节拍器。

测试方法：受试者跪于垫子上，抬头，脚尖膝盖着地，两臂支撑于垫子上与肩同宽，指尖向前，躯干与大腿成直角。听节拍连续做跪卧撑，每分钟完成 30 次至力竭。

注意事项：受试者要根据节拍连续完成动作，整个动作过程中不得弓身和塌腰，要保持身体的直线性；胸部未触及地或头部未低于肘，动作无效。

（3）仰卧举腿

仪器：瑜伽垫。

测试方法：

① 仰卧举腿要求身体仰卧于体操垫上，双手放于脑后，两腿并拢伸直，垫侧放置一个双柱标杆，位于髋关节两侧，标杆高 50cm，用一皮筋连于两侧。

② 受试者做收腹、直抬腿动作，两腿必须碰到皮筋，然后两腿慢慢放下，两脚尽量放低，不能落地，再次抬起为一次。经受试者最大努力，两腿与躯干角度仍小于 90°为测试结束（见图 4 – 12），记录测试次数。

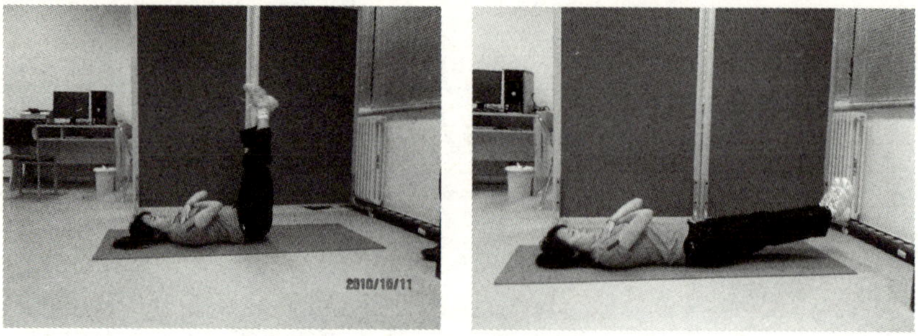

图 4－12　仰卧举腿图示

注意事项：受试者要尽力完成动作，整个动作过程中不得屈腿，两脚不得触地，保持腿部的直线性，两腿未碰到皮筋或脚触地，动作无效。

（4）屈臂支撑（核心力量测试）

仪器：瑜伽垫、秒表。

测试方法：俯卧，握拳屈肘，大小臂成 90°夹角，小臂在地面做支撑。两腿伸直，用脚前掌撑地。身体抬离地面，让肩、臀、脚后跟在一条直线上（见图4－13）。躯干部位着垫停止测试。记录持续时间。

图 4－13　核心力量测试图示

注意事项：测试过程中受试者保持身体水平，无歪斜，无多余动作，受试者坚持不了或经过测试人员调整身体不能保持规定动作为测试完成。

（5）1 分钟连续蹲起

测试方法：受试者保持直立，双手交叉抱于背部，两脚与肩同宽；双腿屈膝至大腿与地面平行，上身尽量保持直立，然后站直身体，重复此动作。记录1分钟完成次数。

注意事项：测试过程中受试者保持上身直立，不得塌腰，屈膝时尽最大可能使大腿与地面平行，身体较胖者视最大能力而定。受试者中间不得休息，未到1分钟者成绩视为无效。

（四）柔韧性

柔韧性反映人体各关节的活动幅度，是人们完成日常工作必要的能力。保持良好的柔韧性对于维护健康非常重要。一般来说，年龄越小，柔韧性越好，随着年龄的增大，如果不注意锻炼，会造成关节周围软组织弹性和肌肉伸展性明显下降，结果使人的活动效率大大降低和带来相应的不适感。

1. 肩部柔韧性测试

肩部柔韧性测试评价的是肩关节的活动范围。

测试方法：身体正常站立，举起右手，前臂向体后下方弯曲，并尽量向下伸展，同时，左手在体后去触及右手，尽可能地使两手手指重叠（见图4－14）。完成右手在上的测试后，以相反的方向进行测试（即左手在上）。肩关节柔韧性评价参考标准见表4－36。

图4－14　肩柔韧性测试

表 4－36　肩关节柔韧性评价参考标准

右手在上得分	左手在上得分	柔韧性等级
<0	<0	很差
0	0	较差
+2.5	+2.5	一般
+5	+5	较好
+7.5	+7.5	好
+10	+10	优秀

资料来源：Powers，S. K. Total Fitness，1999.

2. 下肢柔韧性测试

测试及评价方法同第四章第一节。

第五章　运动健康促进方法

第一节　青少年体力活动

一、体力活动概述

目前关于体力活动的概念（Physical Activity，PA）很广，被普遍接受的是 Caspersen 等人的定义：“任何由骨骼肌收缩引起的导致能量消耗的身体运动。”包括职业性、休闲性及其他日常活动。因此，体力活动也指在基础代谢（BMR）的水平上，使身体能量消耗增加的活动。

我们应该区分体育锻炼与体力活动的概念，Caspersen 将锻炼定义为有最终和阶段目标的，有计划的，有组织的，重复的，以保持和（或）提高体适能（Physical Fitness）为目的的体力活动，它包含在体力活动之中。

体力活动有 4 个特征：频率、时间、强度和种类。频率指在指定的时间内体力活动的次数；时间指一次体力活动持续的时间；强度指参加体力活动的生理努力程度；种类指体力活动类型等。

二、体力活动评价

精确的测量和评价体力活动是一件很困难的事情。专家认为，理想的测量方法应该具备准确、客观、简便易行、低成本、无干扰、易于被接受、可以记录体力活动的细节、可以在人群中大规模应用等特点。但目前还没有一种可以达到预期理想的测评方法。

目前的测量方法可以分为六大类：双标计水法、间接热量测定法、心率监测法、直接观察法、问卷调查法及加速度运动传感器测定。其中以运动传感器加问卷的方法最为常用。

（一）双标水法（DLW）

原理是受试者摄入一定数量已知浓度的2H、180两种同位素标记的水，双标水进入人体后均匀地分布于体内，参与体内的代谢过程，2H以H_2O的形式代谢，而180则以H_2O和CO_2的形式代谢。通过2H、180的指数清除率计算出CO_2的生成率，最后用Weir S公式计算出一段时间的能量消耗。

DLW的优点是测试精度高，使用DLW计算的CO_2排出量经过呼吸室效度检验，误差在3%～8%，是用于测量连续多天体力活动总能耗的“金标准”。但由于实验条件的限制，并不适用于大规模的人群使用，而是经常作为评定其他能量代谢测量方法的标准。

（二）间接热量测定法

间接热量测定法要使用昂贵的气体分析仪等装置，原理是根据氧消耗量与热量产生二者之间的恒量关系，通过测定氧消耗量来推算能量消耗。它是一种测量短时能耗精度较高的客观方法，能够提供运动时间、呼吸频率、心率、通气量、摄氧量、二氧化碳排出量及各种指标动态变化曲线，常被用于实验室和医院对基础代谢率和最大摄氧量的测定。但在大面积青少年体力活动测量中应用性较差。

（三）心率监测法

心率监测法依据中到重体力活动者的心率与氧耗量相关的原理，采用Logistic回归方程建立心率与能量消耗的多元回归方程来推算能量消耗，但是需要对每一位受试者建立回归方程。心率相对于肺通气量、血压、体温等其他生理学指标最容易测量，且对受试者活动影响最小。多种便携式的心率监测仪也让心率记录更加准确而便于实施，心率监测法已成为测量体力活动能耗和进行运动训练监控最常用的方法之一。

（四）直接观察法

直接观察法是由调查人员通过表格或计算机设备记录调查对象的体力活动情况。这种方法需要实验人员一直观察实验对象，耗费精力，并且时间较长时精确性会出现下降，故应用性较差。

（五）问卷调查法

问卷调查法是运用统一设计的问卷向被选取的调查对象了解情况或征询意见的调查方法。可分为自填式问卷调查和代填式问卷调查。问卷调查具有操作简单、便于管理、资源花费少及实用性强等优势。体力活动调查问卷法被广泛应用于描述体力活动模式、体力活动与健康关系等的研究中。

问卷的填写由调查对象对自己的活动模式进行总结，通过回忆来完成，其准确性与调查对象的理解能力和题目的难易程度以及填写问卷时的情境和条件有关。因此不可避免地会出现误差，所以对问卷还需要进行信度和效度的检验。

（六）运动传感器测定

运动传感器是一种机械或电子装置。把传感器固定在身体上，它能够感应到肢体或躯干的运动或加速度状况。它通过压电传感器将人体运动时的加速度变化转换为电信号，将电信号收集、处理并存储起来就可以得到加速度计数。一个压电传感器通常对某一方向的加速度比较敏感。因此，根据加速度计中的压电传感器的个数可分为单轴（一般为垂直轴）、双轴和三轴加速度计。它的优点在于：安装简便，可通过仪器的接收装置来测量活动的频率和强度，并存储数天的数据，再将数据下载到电脑，借助软件可以分析活动强度、持续时间、频率方面的信息，不仅时间分辨率很高，连续工作时间较长，而且仪器不与人体直接接触，避免了导线连接，同时还能保证长时间佩戴时对正常人体运动的影响很小，非常适用于大量人群的体力活动监测。其中以三轴加速度计对人体运动状态更敏感，其输出更能反映人体的真实运动状况。

近年来，加速度计已经被确定为较准确的体力活动测量方法，它在青少年尤其是低龄儿童中的应用可以弥补单纯问卷法的不足。因此，专家建议采用加速度计与问卷调查有效结合的方法对体力活动进行定性和定量，可增加研究结果的科学性和合理性。

三、科学的体力活动

1953 年英国医学杂志《柳叶刀》报道了 Morris J. N 的研究，首次提出体力活动与健康的关系。随着社会经济的飞速发展，人们生活方式的改变，各种慢性疾病发病率的激增，对体力活动的研究逐渐被人重视，比较一致的观点是：体力活动与健康的密切关系已经在许多研究中得到证实。心脏病、2型糖尿病、高血压、中风、肥胖、骨质疏松等慢性疾病以及某些癌症的发病都与缺乏规律性的体力活动有关。因此，静态的生活方式以及与之密切相关的慢性病已经成为当今社会最主要的公共健康问题。在青少年中也严重存在体力活动不足的问题，庄杰等人在相关研究中提出，青少年闲暇静态时间长，导致青少年体重超重。调查研究处于青春期生长发育阶段的在校学生的日常体力活动水平是极其重要的。

《儿童青少年活动指南》最早是由美国运动医学学会（ACSM）于1988年在《成年人体力活动指南》的基础上提出来的，强调青少年至少应该每天参与大强度的体力活动20分钟。1998年英国健康教育权威机构提出青少年每天应该完成60分钟以上中等强度的体力活动，平时不爱活动的人也应该至少完成30分钟中等强度的体力活动。为了保证青少年骨骼健康、柔韧与力量维持与发展，每周应有目的地进行两次与柔韧及力量相关的锻炼。这些观点在2004年英国医疗高峰论坛报告体力活动与健康问题时被再次强调。2005年美国疾病控制与预防中心（CDC）发起专家团推荐，每天至少参加1小时中等到大强度的体力活动对绝大多数青少年的健康有益，健康收益将伴随体动量和活动强度的增大而增加，且强调活动项目令人愉悦、多样化和适合个体的体质状况。

第二节　学校体育

一、学校体育概述

（一）学校体育的定义和内涵

学校体育是在以学校教育为主的环境中，运用身体运动、卫生保健等手段，对受教育者施加影响，促进其身心健康发展的有目的、有计划、有组织的教育活动。

学校体育包括：

（1）体育教学，一般以体育课教学为主要形式；

（2）课外体育活动，是由学校或学生自行组织，以学生体育锻炼为主要内容的课外活动；

（3）运动队训练和各种形式的体育比赛；

（4）早操和课间操，早操一般由学生个人自由锻炼或学生自由组合锻炼，课间操是学校集体组织的健身体操等活动；

（5）作息和保健措施，旨在督促学生有足够的睡眠、休息和锻炼时间，还包括讲究卫生，均衡营养，预防疾病等。

学校体育应能促进学生身体健康地生长发育，养成学生坐、立、行的正确姿势；通过传授体育的基本知识、技能和方法，使学生爱好体育活动，懂得怎样锻炼身体，养成坚持锻炼身体的习惯；促进学生力量、速度、灵敏、耐力等身体素质的发展，增强身体基本活动能力。

除此之外，还应对有发展条件的学生进行系统的运动训练，为国家发现和培养优秀的体育人才。

（二）学校体育的目的及意义

我国开展学校体育的目的是：促进学生身心发展，增强他们的体质，并对他们进行道德品质教育，使他们能很好地完成学习任务，担负社会主义建设和保卫祖国的重任。

学校体育是国民体育的基础，对增强民族体质和提高竞技体育水平有重要的战略意义。青少年正处在生长发育的旺盛时期，体育锻炼是影响人体生长发育最积极的因素。加强体育锻炼，能促进身体的正常生长发育，全面发展身体，增强体质，为一生的健康打下良好的基础。

青少年是人口构成的重要部分，学校体育的发展水平也是国民体育普及水平的重要标志。同时，学生在学校体育教育中所养成的体育观念、能力和习惯，将有助于他们在踏入社会后，成为大众体育的生力军，从而极大地推动大众体育的发展。

二、学校体育与终身体育

（一）终身体育概述

终身体育指人们在一生中所进行的身体锻炼和所受到的各种体育教育的总和。即从一个人的生命开始到生命的结束，都要从适应环境与个人的需要出发，进行身体锻炼，以取得生存、生活、学习与工作的物质基础或条件。终身体育是依据人体发展变化规律、身体锻炼的作用以及现代社会发展对人提出的要求，伴随终身教育的发展而发展起来的。这种思想强调体育在一个人一生中的重要性和进行体育活动的必要性，要求人们在人生的各个时期都应将体育作为生活内容来对待与安排，充分享受体育的乐趣与功效。

终身体育是现代体育的思潮，是人们对现代生活方式的一种追求，终身体育的目标是将体育作为生活的一部分，终身享用；终身体育的目标与我国推行的全民健身计划的目标具有一致性。

终身体育具备如下 5 个特征。

1. 终身性

终身体育的最大特征是它突破了传统学校体育教育的框架，把体育教育看做是贯穿人的一生的事。传统观念把人受体育教育的时间局限于人的青年时期，以为受到了一定的学校体育教育之后，所学的体育知识、技术和技能可以享用一生。现在这种观念已经过时，现代文明认为，谁不继续学习和锻炼，谁就会失去生存和发展的机会。一个人即使受了大学体育教育也只是“终身体育”的一个入门期或一个过程，也只能获得整个一生所需体育知识、技术和技能的一部分，何况绝大多数人只受过义务教育。所以终身体育者把体育看做是连续的过程，要求“活到老，学到老”。

2. 全民性

终身体育具有全民性，指接受终身体育的人应包括所有的人。国外终身体育论者强调，生活在当今社会的每一个人都要生存，而要生存则离不开体育。因为生存发展是时代的主流，会生存必须会学习、锻炼和保健，这是现代社会给每一个人提出的新课题。所以，体育要为工作阶段的生活和闲暇时间的活动做好准备。要把体育与生活紧密联系在一起，让每一个生存的人在参加体育活动中终身受益。

3. 涵盖性

所谓终身体育，既包括家庭体育、学校体育，也包括社会体育、大众体育等。终身体育的形式是灵活多样的，在时间上有长有短；在场所上有场馆和户外；在内容上有体育专业理论、体育科普知识、体育技术技能；在类型上有体育理论知识的学习和体育实践；在对象上有儿童、青少年、成人和老人等；在范围上有学校体育、社会体育、家庭体育等。总之，现代终身体育概念扩大了体育学习和锻炼的范围，接受终身体育者不仅包括所有需要进行体育学习和参加体育锻炼的人，而且包括提供体育学习及锻炼的方式和场所，涵盖了人类生活的各个方面。

4. 灵活性

现代终身体育的灵活性，表现在任何需要体育学习锻炼的人，可以随时接受任何形式的体育教育和体育锻炼。人们从事的工作性质不同，工作时间不同，生活习惯不同，人们学习运用体育健身的方式、时间、地点也不同。随着社会的发展和全民健身计划的普及开展，已有的和正在建设的各种体育健身设施和运动场馆，完全可以满足不同层次和不同类型的人们用来进行各种适宜自己的体育学习和体育锻炼的需求。

5. 实用性

终身体育的最终目的是维护和提高人们的生活质量，增进健康，延年益寿。人们可以通过终身体育来完善个人适应社会发展的需要。这表明终身体育是以适应个人发展和社会发展为前提的，人们为了改善生活条件和提高生活质量，会根据自己的条件选择适合自己的体育活动方式。需要学什么就学什么，怎样对自己有益就怎样学。总之，体育学习和体育锻炼具有明确的目的性。学是为了用，在体育与现代社会紧密联系的今天，终身体育被视为一种新的体育思想，越来越受到人们的重视。对每一个人来说，在进行终身体育教育时要形成终身体育的意识，这是实施终身体育的重要环节。

（二）终身体育与学校体育的关系

一般认为，终身体育按人生长的顺序和受教育环境的不同分为 3 个阶段：学前体育、学校体育和社会体育。法国社会学派马塞尔·莫斯（Marcel

Mauss）认为“社会中的各种事物，只当其和整体相联系而不仅是与特定部分相联系才能对事物加以理解”。按人生长的顺序与经历的社会过程把终身体育分为学前体育、学校体育、在职体育和职后体育 4 个阶段（见图 5 –1）。

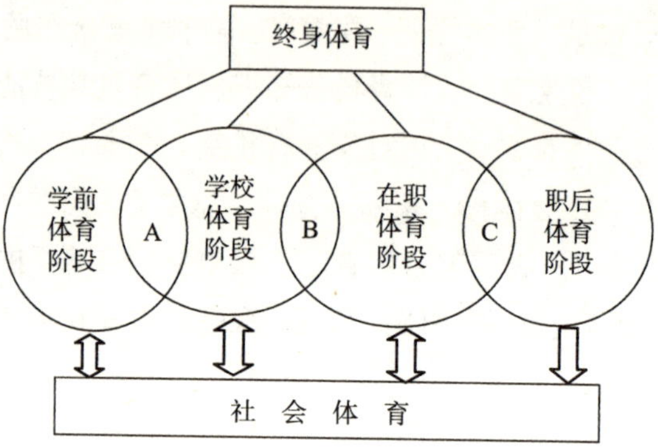

图 5 –1　终身体育阶段划分

学校教育对终身体育意识的培养和健身知识与能力的传授将起到非常重要的作用，但也并不是学生在学校体育阶段接受的体育教育，就能完全解决在未来遇到的所有问题。即使在学校体育阶段建立了终身体育的观念，养成了运动习惯，掌握了科学锻炼身体的知识与方法，也不意味着这个个体就能实现终身体育的目标，只能说为终身体育目标的实现提供了可能。在学前体育阶段和学校体育阶段有专门的职能部门和体育教师进行管理，有相对良好的体育环境，因此，少年儿童的体育参与程度就高。特别是《教育部、国家体育总局关于进一步加强学校体育工作，切实提高学生健康素质的意见》的发布和“全国亿万青少年学生阳光体育运动”的启动，更推动了学校体育的发展。

随着现代社会和我国的经济发展，社会生产化程度越来越高，体力劳动逐渐被脑力劳动所代替，体力劳动的机会越来越少，体力劳动的强度也越来越小。人们的余暇时间由偶然的、零散的行为逐渐转变为重要的社会活动。人们在越来越充裕的余暇时间中，寻求度过余暇时间的各种有价值的手段，其中体育越来越成为提高生活质量、满足人的机体需要及精神享受的一个重要手段，成为人类文明、科学、健康的生活方式不可缺少的组成部分。要从事终身体育锻炼，就必须调动锻炼身体的积极性和自觉性，而积极性和自觉性的动力来源于对体育的兴趣和爱好。运动兴趣的培养和锻炼习惯的养成往往是许多人坚持终身体育的第一动因。这一习惯的培养离不开学校体育打下的良好基础。因此，培养终身体育兴趣，必须从学生抓起，根据学生的生理、心理特征及体育经历，选择不同的锻炼内容和指导方式，合理激发内部动机与外部动机。总之，学校体育活动是使终身体育活动延续的重要组成部分。

第三节　运动健身

培养青少年的体育锻炼意识，掌握基本的体育锻炼方法，养成体育锻炼的习惯对体质健康至关重要。

一、课外健身与体育课教学的区别

（一）体育锻炼、体育课教学的概念

体育课教学是按一定计划和大纲进行的有目的和有组织的教育过程。体育课教学由教师和学生共同参与，其任务是向学生传授体育知识、技术与技能，有效地发展学生身体，增强其体质，培养其道德意志品质。它是学校体育工作的基本形式，是体育目标的实施途径之一。

（二）体育锻炼与体育课教学的区别

体育锻炼是实现我国体育目的任务的基本途径之一，是以身体练习为基本手段，需要承担一定的运动负荷，以获得身体锻炼的效果。有些身体锻炼也是有组织地进行的，在集体活动中对参加锻炼的人有教育影响。但体育锻炼同体育课教学相比，内容更宽泛，更注重个体差异和锻炼的区别对待。

体育锻炼与体育课教学的主要区别有3点。

（1）基本手段

体育锻炼是以身体练习为基本手段，以发展身体、增进健康、增强体质和丰富文化生活为目的的身体活动，因此在内容的选择、方法的运用等方面就有其科学的要求。而生产劳动、家务活动等，虽然也要进行身体活动，但就其本身的目的来说，并不像身体锻炼那样，是为了增强体质。因此，也就

不是依照锻炼身体的科学原理去进行身体活动的，所以有些身体活动，即使对身体健康不一定有利，但为了完成一定的任务，也要坚持进行。

（2）运动负荷

体育锻炼要使人体承受一定的运动负荷，这样才能有效地增强体质，其他一些身体活动虽然也要承受生理负荷，但不同于身体锻炼的是这些生理负荷，其大小是以进行身体活动的目的为转移，而身体锻炼所承受的运动负荷，应以锻炼身体的科学原理为准。

（3）知识技能

进行体育锻炼需要掌握体育知识技能，以科学的理论知识指导身体锻炼，从而达到良好的锻炼效果。而其他身体活动，如劳动需要掌握生产劳动技能与有关知识，一般来说掌握体育的知识技能，对其不产生直接影响和效果。

体育锻炼和体育课教学的区别如表 5－1 所示。

表 5－1　体育锻炼和体育课教学的区别

体育锻炼	体育课教学
1. 主要目的是增强体质 2. 锻炼的选择性很大，内容很广泛 3. 结合生活（包括课外学习和工作）进行安排 4. 主要是主观反复练习的方法 5. 组织形式灵活多样 6. 锻炼者主观承受适当的运动负荷 7. 采用集体性的评比、竞赛的方法评定成绩或进行自我测定	1. 主要目的为掌握知识和技能技术 2. 严格按照课程内容、计划和大纲进度进行教学 3. 按计划课表进行教学 4. 主要运用教学方法进行教学 5. 以教学班、组的形式组织教学，教师应发挥主导作用 6. 完成课程教学所需运动负荷 7. 按教学大纲规定进行平时和定期考核

（三）体育锻炼的特点

根据体育锻炼与体育课教学的异同点，将体育锻炼的特点归纳为 3 点。

1. 有较大的选择性

每个人从事身体锻炼，从确定锻炼的目的，选择锻炼的内容、方法、场地器材和安排运动负荷与锻炼时间等方面来看，都具有较大的可选择性。体育锻炼的目的虽以健身为主，但也可以出于健美、娱乐、疾病康复或职业技能的需要。在锻炼的内容上，也非常丰富，一般根据锻炼者个人的爱好与身体状况，以及场地设备条件等因素进行选择。

2. 针对性更强

体育锻炼的目的是获得良好的健康收益，需要以科学的身体锻炼原理为指导，并注意以每个锻炼者的体能个体差异实际为依据，强调针对锻炼者的健康或康复需要选择适宜的运动负荷。

3. 强调系统性

为了达到促进健康的身体锻炼目的，科学地安排锻炼频度，保证锻炼的系统性才能使身体机能得到良好的超量恢复。自觉长期地坚持体育锻炼，逐渐养成体育锻炼的爱好与习惯，培养学生终身体育的意识和习惯是体育锻炼的重要任务。对于在校青少年来说，应充分立足课堂体育教学，发挥课堂教学的优势，逐步引导和培养学生的体育兴趣，掌握身体锻炼的基本技能和技术，使学生懂得健体的重要性，掌握健体的方法增强学生的体质，全面推进素质教育，使体育锻炼融入现代化的生活方式之中。

二、体育锻炼的生理效应

体育锻炼对人体各系统机能有显著的影响。

（一）运动系统

运动系统由骨、骨连接和骨骼肌 3 部分组成。骨与骨连接形成骨骼，起支持和保护作用。骨骼肌附着于骨，具有收缩和舒张功能。在神经系统调节下肌收缩与舒张，以关节为支点牵动骨，产生各种运动。

科学、适宜的体育运动可改善骨骼系统的功能，可使肌纤维变粗而坚韧有力，其中所含蛋白质及糖元等的储备量增加，动作的耐力、速度、灵活性、正确性都增强。肌肉附着于骨骼，经常运动会改善骨骼的血液循环和代谢，使骨外层的密质增厚，骨质更加坚固，延缓骨质疏松和脱钙等老化过程，从而提高了骨骼系统抗折断、弯曲、扭转的能力。

（二）循环系统

循环系统是封闭的管道系统，包括心血管系统和淋巴系统。心血管系统由心脏、动脉、毛细血管和静脉组成。心脏将血液泵出，并由血管将血液分配到各器官、组织；血液在心血管系统中按一定的方向流动，最后回入心脏，这整个过程称为血液循环。淋巴系统由淋巴管道和淋巴器官组成，淋巴液沿淋巴管道向心流动，最后汇入静脉，故淋巴管道可视为静脉的辅助管道。

运动可增强循环系统的功能。经常参加运动的人，血氧含量充足，血管畅通，可改善和提高血液机能。如运动能使皮肤的血液循环加强，提高毛孔、汗腺、皮脂腺等对冷热刺激的适应能力，增强人体的防御能力和免疫力。

爱好运动的人，心肌纤维增粗，心脏收缩力增强，营养心脏的冠状动脉血管壁弹性增高，从而使心脏的供血得到改善，使心脏功能增强。这样可预防或推迟心血管疾病，如动脉硬化、高血压、冠心病等的发生。

（三）呼吸系统

呼吸系统由呼吸道和肺泡组成。呼吸道分上、下两部分，上呼吸道由鼻、咽、喉组成，下呼吸道由气管及各级支气管组成。呼吸道有加温、润湿和净化空气的功能，但不具备气体交换功能。人体左右肺共有6亿~7亿个肺泡，总面积为70~100m^2。由单层上皮细胞构成的肺泡膜到肺毛细血管壁，是气体交换必须穿越的结构，该结构称作呼吸膜。机体与外界环境之间的气体交换过程称为呼吸。通过呼吸，机体从外界环境摄取新陈代谢所需的氧，排出代谢过程中产生的二氧化碳。因此，呼吸是维持机体生命活动所必需的生理过程之一。

运动可改善呼吸系统功能。经常运动，呼吸肌强壮有力，吸气时胸廓充分扩张，使更多的肺泡张开而吸入更多的氧气；呼气时胸廓尽量压缩，排出更多的二氧化碳和废气，通过长期的锻炼，人的呼吸变得深而慢，呼吸肌能够得到充分的休息，可使人体维持旺盛的精力，从而保持强壮的体能。

（四）泌尿系统

泌尿系统由肾、输尿管、膀胱和尿道4部分组成。肾脏又分为皮质和髓质。肾脏基本的机能和结构单位，称为肾单位。肾脏是机体的主要排泄器官，通过尿的生成和排出，肾脏实现机体代谢终产物以及进入机体过剩的物质和异物，调节水和电解质平衡，调节渗透压，体液量和电解质浓度，以及调节酸碱平衡等功能。肾脏也是一个内分泌器官，可合成和释放肾素，参与动脉血压的调节；可合成和释放促红细胞生成素等，调节骨髓红细胞的生成；肾脏

的 α_1 - 羟维生素 D_3 转化为 1，25 - 二羟胆骨化醇，从而调节钙的吸收；肾脏还能生成激肽、前列腺素，参与局部或全身血管活动的调节。此外，肾脏还是糖异生的场所之一。

科学的体育锻炼可以有效地改善人的肾脏功能，使人精力充沛，机体保持良好的调节功能。

（五）神经系统

神经系统是机体的主导系统。它通过感受器接受机体内、外环境的刺激，将传入神经的信息传至各级中枢，中枢将信息整合后，特别是高级神经中枢根据已整合的信息有目的地随时发出冲动，经周围神经调节机体其他器官的活动，使机体成为一个有机的整体，以适应机体内、外环境的变化。人体的每一个器官必须在神经系统的控制和调节下进行活动，从而保证各器官、系统功能活动的统一和协调。

体育锻炼可以改善神经系统的功能。运动时各部分肌肉有规律而协调地收缩，使身体各个器官的相互联系更加密切而协调，表现得比不锻炼者身体更加灵活，动作迅速、协调。体育锻炼还可使大脑的紧张状态得到缓和、提高大脑的工作效率。

三、体育锻炼的基本方法

对儿童、青少年进行早期训练首先要遵循儿童、青少年生长发育规律。

（一）培养正确的基本技术

儿童青少年骨的结构特征和物理特性决定了骨易发生弯曲和变形，在日常中应教育他们保持良好正确的体姿。在参加体育锻炼的初期，帮助他们掌握正确、合理的基本技术动作和跑跳姿势是十分重要的原则。儿童、青少年可塑性强、模仿能力强，建立正确的技术定型会使他们终身受益。

（二）遵循各器官系统的发育顺序安排训练

儿童青少年的体育锻炼应该遵循各器官系统的发育顺序。如神经系统是发育最早的系统，与之相关的速度练习应注意发展，而心血管系统成熟较晚，无氧训练应较少安排。

（三）全面发展原则

全面发展对儿童青少年的生长发育有重要意义。在进行以身体单侧活动为主的运动，如乒乓球和羽毛球等，以及要求身体较长时间处于比较固定的一种姿势如自行车和速度滑冰等运动时，容易导致肢体发育不均衡和脊柱的变形。在锻炼中应注意身体各部分的全面发展，尤其是非优势侧肢体的锻炼。

（四）避免过大的运动负荷

运动负荷过大，会影响青少年生长发育，特别是运动强度较大时，对心血管系统等刺激较大，应慎重安排。注意负荷不宜过重，持续时间不宜过长。此外，在进行负重练习时，重量过重、练习次数过多及练习时间过长等有可能影响下肢的正常发育，引起下肢骨变形、足弓塌陷，甚至会使下肢骨骨化提早完成，有碍身高的增长。

第六章　青少年运动健康促进实用运动处方

第一节　运动处方概述

运动处方的概念最早是在20世纪50年代由美国生理学家卡波维奇提出的。1969年WHO正式使用这一名词，在国际上得到普遍应用。运动处方的定义有很多不同的表述，得到大多数人认可的定义是：运动处方指针对个人的身体状况而制订的一种科学的定量化的周期性锻炼计划，也可称为符合个人状况所制订的运动程序。

运动处方的基本内容有：运动目的、运动种类、运动强度、运动时间、运动频度、注意事项及微调整等。其中运动种类、运动强度、持续时间和运动频度被称为运动处方的四要素。

一、运动处方的基本组成

无论是哪类运动处方，它的基本组成通常包括3个部分：准备部分、基本部分、结束部分。

（一）准备部分

准备部分指在运动开始时为防止运动损伤而进行的有目的的身体活动，一般称为准备活动，英文是"warm-up"，译为"热身"。

合理而充分的准备活动是在任何健身运动之前必须进行的重要一步。

1. 准备活动的生理作用

（1）提高中枢神经系统的兴奋性

为了使人体能够尽快地从安静状态顺利地进入运动状态，首先应该使大脑这个司令部有适宜的兴奋性，促使有关的内分泌腺活动增加，为随之而来的活动做好精神上、心理上的准备。通过一些身体活动，在人的大脑皮质相应的神经中枢留下痕迹，人的运动中枢和内脏中枢在已有的适宜兴奋的基础上，可以达到对运动的良好适应。不做准备活动，会引发由于精神突然紧张而情绪慌乱、动作失调的现象。

（2）克服内脏器官的生理惰性

任何物体都必须克服惰性才能前进，如我们乘坐汽车、火车时，由启动到高速行驶，需要克服物理惰性。人体的运动除具有与物体同样的物理惰性外，还具有生物体所特有的生理惰性。运动是一种复杂的反射活动，神经冲动要通过反射结构传导，这就需要一定的时间，支配内脏的植物性神经的兴奋冲动，由大脑皮质发出后，需经过较多的皮质下中枢，才能到达所支配的内脏器官，故有较大的惰性。合理适宜的准备活动可以有效地增加氧运输系统的活动，提高肺通气量和心输出量，通过这种良性刺激，心肌和骨骼肌的毛细血管网扩张，参加活动的工作肌得到更多的氧供应，从而可以较快地克服内脏器官的生理惰性。如果不做准备活动或准备活动不充分，一开始就进行较剧烈的运动，内脏器官不能适应，会导致运动性疾病或损伤，如运动中腹痛就主要是由血管急剧收缩、缺氧、代谢产物的刺激、平滑肌的痉挛性收缩等引起的，常发生于没有进行充分准备活动的运动者身上。

（3）使体温升高

在准备活动中，肌肉较频繁地收缩和舒张，体内酶的活性增强，物质的代谢水平随之提高，这时产热过程加强，体温升高。研究者认为，体温升高1～2℃时可带来人体内一系列有利于运动的生理变化，如使神经传导速度加快等。升高体温对于运动是非常重要的，如在寒冷环境中运动，体温不够，肌肉受到寒冷的刺激后会引发肌肉痉挛。在冷水中游泳容易发生小腿、足抽筋就是这个道理。还有研究证实：哺乳动物的肌肉温度升高2℃时，肌肉收缩速度约增加20%，说明体温升高，可降低肌肉的黏滞性，提高肌肉的伸展性和弹性，防止肌肉损伤。在体温较高时，还会加速肺组织及肌肉组织中血红蛋白与氧气及二氧化碳的结合及解离，这样就保证运动中骨骼肌能得到更多的氧气。准备活动还可增加皮肤的血流量，有利于散热，从而帮助维持体内环境的正常。

2. 准备活动的要素

（1）准备活动的内容和形式

应服从运动处方基本部分的需要。如应该根据基本部分中主要的运动项目的动作结构和要动用的肌肉群以及肌肉用力顺序、特点选择手段。一般来说，先要进行一般性的热身练习，再进行接近基本部分运动手段的练习，使之能够与基本部分的练习合理地衔接，其中，抻拉韧带的柔韧性练习几乎是任何一个准备活动都不可缺少的重要内容。

（2）准备活动的强度

应充分考虑所要进行的运动的能量代谢特点。在准备活动中，要有一定数量的稍大强度的动作手段，以适应即将到来的正式练习的肌肉收缩速率和动作节奏、幅度。一般来说，青少年进行健身锻炼准备活动的强度应在45% Vo_2max 左右，此时心率大多是110～120次/分。

（3）准备活动的时间

准备活动的时间应长于10分钟，根据年龄、季节、运动水平等情况可适当增减。一般来说，进行健身锻炼的准备活动以10～20分钟为宜。

（4）准备活动与正式练习的时间间隔

间隔过短，运动者来不及恢复到最好的稳定状态；间隔时间过长，准备活动所产生的良好痕迹效应就会消失。有研究证明，准备活动后间隔时间45分钟时，所有的痕迹效应全部消失。因而间隔时间过长和过短都会对运动产生不利的影响。一般来说，健身运动的准备活动与正式练习的间隔可在3～5分钟，如果因故基本部分的运动时间拖延，应补做一定量的准备活动，延续痕迹效应，重新达到“热身”的目的。

适宜准备活动的标志是：当准备活动完成后，运动者应该感觉头脑清醒、身体轻巧、周身温暖、微微出汗、呼吸明显增加、关节韧带柔软有力，并对运动充满渴望。

（二）基本部分

基本部分是运动处方的主体部分。应根据运动的目的选择合适的运动种类，健身类运动处方应该包括：有氧耐力性运动、肌肉力量练习、伸展柔韧性运动。一般认为基本部分的练习时间以 20 ~60 分钟为宜。

通过这一部分的练习，使身体达到和保持适宜的运动强度，促使心血管呼吸系统及有氧代谢系统等机能增强，提高体质水平，实现运动目的。

（三）结束部分

结束部分是在基本部分的练习完成以后所进行的使身体机能由运动状态逐渐过渡到相对安静状态的身体活动，这一过程称为整理活动。有人形象地说明整理活动的重要意义，认为它是正式练习的一部分。因为通过合理的整理活动可以缓慢地减轻运动强度，使人体心血管呼吸系统及运动器官较紧张的机能活动逐渐得到松弛和缓解，这对于消除疲劳、促进体力恢复有重要的作用。

整理活动的内容和准备活动的内容相似，也可以按个人习惯安排。要点是动作应较缓和，尽量使肌肉放松，做一些拉长肌肉、韧带的练习，这有利于加速代谢产物的清除。整理活动的时间一般应在 5 分钟以上。

二、运动处方基本内容

运动处方的基本内容有运动目的、运动种类、运动强度、运动时间、运动频度、注意事项及微调整等。其中运动种类、运动强度、持续时间和运动频度被称为运动处方的四要素。

（一）运动目的

根据运动者年龄、性别及不同的身体健康情况、体力水平和运动者主观需要确定的运动目标即运动的目的。

运动的目的首先要考虑运动者客观的健康水平、体力水平、有无疾病等身体状况，应是在对运动者进行科学的健康评价、体力测定的基础上来确定运动目的；其次，运动目的的确定还要考虑运动者的主观需要，如对运动的意向、愿望、兴趣等，这种需要一般是与生存需要、享乐需要和发展需要相联系的，一般来说，运动的目的包括：

（1）促进生长发育；

（2）健美和形体塑造；

（3）增强体质；

（4）减肥；

（5）学习掌握运动技能和方法，提高身体素质；

（6）提高运动成绩，参加体育竞技。

（二）运动的种类

运动的种类指运动处方中采取的具体运动手段或运动方式。不同的运动种类对人体生理机能和运动素质、体质发展有不同的作用。运动种类的确定应以运动的目的为主要依据，其次考虑运动者的兴趣及年龄、性别、素质等实际情况及运动器械、场所、气候等客观条件。

为达到全面身体锻炼的效果，健身运动处方应包括以下 3 种主要运动类型。

1. 有氧耐力性运动

根据运动目的和身体的具体情况，选择 3 种类型的比例应有不同侧重。有氧耐力性运动的目的主要是改善和提高人体的有氧工作能力。这类运动有步行、慢跑、走跑交替、上楼梯、跳绳、骑自行车、功率自行车、游泳、活动平板运动、有氧舞蹈、太极拳、健美操、不剧烈的球类运动等。

2. 抗阻力性力量运动

抗阻力性力量运动是以增强力量、健美肌肉形体为主的运动：如利用哑铃、杠铃、拉力器、橡皮筋等负重法或阻抗法，增进臂力、腿力、腰腹力量，健美体形等。

3. 伸展柔韧性运动

伸展柔韧性运动如慢节奏健美操、柔软体操、抻拉韧带、劈腿、压腿、摆腿、武术、瑜伽等。

（三）运动强度

人体运动中，强度指单位时间移动的距离或速度，或肌肉单位时间所做的功。

人的运动能力差异很大，马拉松选手可坚持 80% 强度的运动 2 小时以上，而一般人只能维持几分钟。运动强度的把握是在健身锻炼中确保运动的安全性、有效性、科学性的关键。因而运动强度被认为是运动处方的核心要素，也是运动处方的设计和执行中最难把握的环节。

运动处方的强度设计和运动中对运动强度的监控一般采用心率、主观感觉程度（RPE）、梅脱（METs）3类指标。

1. 用心率控制运动强度的方法

（1）靶心率

靶心率指能获得最佳效果并能确保安全的运动心率，也称为运动适宜心率，健身锻炼的靶心率一般健康人取本人最大心率的60%～85%，其下限为健身锻炼的有效界限，上限为安全界限。上下限之间为运动的有效心率区。

最大心率是达到最大运动强度时的心率，对于一般健康人来说，采用极限负荷确定最大心率比较困难，因此，可以选用下列公式间接推算出最大心率：

一般健康人的最大心率（次/分）= 220 - 年龄（岁）

（2）年龄减算法（Jungmann 标准）

此方法简便，容易记忆。计算公式为：

一般人群运动适宜心率（次/分）= 180 - 年龄（岁）

（3）卡沃南（Karvonen）最大储备心率百分数法

此方法有利于区分运动者的个体差异。

最大储备心率是指最大心率与安静时的心率之差。在强度设计时，先测得运动者安静时的心率，再参照最大心率计算公式得出最大心率，然后根据心率储备计算出运动中的靶心率。其计算公式为：

靶心率 = [（最大心率 - 安静时心率）× %] + 安静时心率

2. 主观感觉程度（RPE）

Gunnar Borg 是瑞典斯德哥尔摩大学的心理学教授，他是世界上公认的心理学和医学等研究领域里的专家。在20世纪60年代Borg引进了用力感觉（Perceived Exertion）的概念，从此开拓了应用于医学和运动学方面的生理心理学研究的新领域。他创立了评估不同工作和运动中用力感觉的方法，其中最简单实用的一种就是Borg的体力感觉等级表（the Scale for Ratings of Perceived Exertion），见表6-1，其中从6到20共15级，表示疲劳感觉从极轻到极重。

表 6-1　Borg 的体力感觉等级表

RPE	主观运动感觉	相对强度（%）	相应心率
6	安静	0.0	
7	非常轻松	7.1	70
8		14.3	
9	很轻松	21.4	90
10		28.6	
11	轻松	35.7	110
12		42.9	
13	稍费力	50.0	130
14		57.2	
15	费力	64.3	150
16		71.5	
17	很费力	78.6	170
18		85.8	
19	非常费力	95	195
20		100	最大心率

RPE 具体使用方法是：在运动场地放一块 RPE 木板，锻炼者在运动过程中指出自我感觉的等级，以此来判断疲劳程度。目前，国外的运动医学专家认为，确定合理运动强度的最好方法，是靶心率和 RPE 两种方法的结合。就是说，先按适宜的心率范围进行运动，然后在运动中结合 RPE 评价表来掌握运动强度。这样，在锻炼中不用停下来测心率也能知道自己的运动强度是否合理了。

3. 梅脱（METs）

运动时代谢率对静息代谢率的倍数。梅脱的定义为：人体每分钟每公斤体重消耗 3.5mL 氧时的运动强度为 1 METs。

METs 是一种能量消耗的表示方法，它与一个人安静时的能量消耗有关。例如，完成某种工作需要的能量为 10METs，这意味着此项工作的能量消耗是一个人安静时能量消耗的 10 倍。一个 METs 相当于 3.5 毫升氧/千克体重/分钟。有氧代谢工作能力或最大摄氧量的表示单位通常是毫升氧/千克体重/分钟。因此，在意欲用最大摄氧量的百分数表示运动强度时，我们可用反映能量消耗更为直观的指标 METs 来代替。

（四）运动时间

运动时间指每次运动持续的时间。通常认为，运动量是运动强度的乘积，因而，运动时间是影响运动效果的又一重要因素。

一般来说，运动时间过短，对机体产生不了作用，达不到应有的效果。库珀的研究证实，当心率达到 150 次/分时，最少持续 5 分钟的运动时间才可开始收到锻炼效果。5 分钟被认为是全身耐力运动所需的最短时间，这是因为，人体生理器官有一定的惰性，如人体开始运动 20 ~ 60 秒后心率可达到必要的水平，而心输出量、吸氧量和氧脉搏在开始运动后 2 ~ 3 分钟才急剧增加，其后逐渐增加到较高水平需 4 ~ 7 分钟，可见人体各器官系统的工作效率是在运动开始后一段时间内逐步提高的。在以较小强度运动时，全身器官进入正常的稳定工作状态约需 5 分钟，为收到较好的运动效果，在达到这种稳定状态后还应继续运动一段时间，以增加运动量。目前的研究认为，健身运动处方中的适宜运动时间至少应为 20 分钟。

然而，还应该注意的是，运动时间过长，会超过机体的负担能力，造成疲劳积累而不利于健康。60 分钟被认为是一般人维持持续运动的上限时间。

运动处方中运动时间的设计以每次运动持续 20 ~ 60 分钟比较适宜。在保证安全的基础上，这对于提高人的心血管系统机能和有氧工作能力能收到较理想的效果。

（五）运动频度

运动频度指每周运动的次数。

依据超量恢复的理论，体育运动的效果，是在每次运动对人体产生良性作用的逐渐积累中显示出来的。在一次运动后，如果间隔时间过长，运动对机体的良性作用完全消退再进行第二次运动，则前一次运动的效果不能被蓄积，难以获得理想的锻炼效果。但若运动频度过密，体内超量恢复尚未出现就紧接着进行第二次运动，这样则会使前一次运动的疲劳被蓄积，不仅不能获得满意的健身效果，还容易对机体造成伤害，如发生过度疲劳等现象。因此运动频度也是影响运动效果的重要因素。

因此，健身运动处方运动频度的制定应以每周3～4次、隔天1次为宜。当然，同时还应考虑运动目的、运动强度、持续时间及个人的身体情况等。对于运动者的运动习惯也应照顾，如对习惯每日运动者，可以采取每周3次较大运动量，其余进行轻微活动的办法。

但是不提倡“三天打鱼，两天晒网”式的锻炼方式，那样很难获得运动效果。

（六）注意事项及微调整

由于运动不当会产生一定的副作用。因此，在运动处方中要指出运动时的注意事项。可以根据运动处方选择的手段，提出具体的注意事项，一般有以下4个方面。

（1）指出容易发生危险的动作（禁忌参加的运动项目）；

（2）说明运动中自我观察指标及停止运动的指征或标准；

（3）强调准备活动和整理活动的重要性；

（4）说明与本处方有关的体育卫生知识，如运动后不要立即坐下或躺下，以免引起“重力性休克”；跑步时应调整好呼吸，不要说笑、打逗，以免引起运动性腹痛；运动前、运动中、运动后的补水问题及运动后消除疲劳的方法等。

再有，由于人体健康状况、机能和对运动的适应程度经常会发生一些变化，每次锻炼时场地、气候、环境可能也会发生改变，在运动处方的实施中应随时进行必要的微调整。调整的方法一般是：改变运动手段、改变运动强度或改变运动时间等。

第二节　实用运动处方

一、有氧运动处方

（一）有氧运动概述

有氧运动指有节律的、有全身主要肌群参与的、恒常的耐力运动。它以增加人体吸入、运输和利用氧气的能力为锻炼目的，具体说有氧运动包含下列 4 个特性：

（1）长时间的运动——有氧运动应该要持续 20 ~ 60 分钟。

（2）是全身性的大肌肉活动——有氧运动应该要使用近乎全身（不得少于1/6）的大肌肉。

（3）有稳定性——有氧运动应维持在某一个特定强度。

（4）有律动性——有律动的肢体活动。

一般来说，有氧代谢运动对技巧的要求不高，在有氧运动过程中，机体吸入的氧气量与机体所消耗的氧气量基本相等，即达到平衡。使身体在运动的过程中处于“有氧”的状态之下，略感气喘，又不至于上气不接下气，稍微出汗，又不至于大汗淋漓。感到全身舒展，但不觉得肢体劳累，能有效地改善心、肺与血管的功能，提高肌肉利用氧的能力，对人的健康起到良好的促进作用。这一类运动主要包括步行、健身跑、中低速游泳、骑自行车、爬楼梯、水中运动等。

（二）实用有氧运动处方

运动目的：改善心肺功能，增强体质。

运动强度：心率控制在 120 ~ 160 次/分。

运动时间：约 45 分钟。

运动频度：3 ~ 4 次/周。

注意事项：

（1）选择安全的场地；

（2）做好准备活动，特别是膝、踝关节，每一练习手段组间间歇不要静歇，应进行抻拉韧带放松肌肉的练习；

（3）运动时要量力而行，出现感冒发烧等疾病症状，应停止运动，适当休息；

（4）穿戴舒适的衣服鞋袜。

1. 小学生有氧运动处方

（1）一、二年级运动程序

① 大步走 5 分钟。

② 行进间前后左右踢腿 20 次。

③（小步跑 100m + 快走 200m + 慢跑 300m）×2 组，组间间歇 2 分钟。

④ 后蹬跑 200m×3 组，组间间歇 2 分钟。

⑤ 放松活动 3 分钟。

（2）三、四年级运动程序

① 大步走 4 分钟 + 快走 3 分钟。

②（快走 100m + 慢跑 200m + 小步跑 100m）×2 组，组间间歇 2 分钟。

③（大步走 150m + 双人推掌 10 次 + 交换腿跳 150 次）×3 组，组间间歇 2 分钟。

④ 放松活动 3 分钟。

（3）五、六年级运动程序

男学生运动程序如下。

① 大步走 3 分钟 + 慢跑 3 分钟。

②（跨步小跳 100m + 侧踢腿 10 次 + 大步跑 400m）×2 组，组间间歇 3 分钟。

③（侧向转髋跑 100m + 立卧撑 10 次 + 后蹬腿跑 100m）×3 组，组间间歇 2 分钟。

④ 放松活动 3 分钟。

女学生运动程序如下。

① 大步走 2 分钟 + 慢跑 2 分钟。

②（侧向滑步 50m + 推墙 20 次 + 半蹲起 10 次）×2 组，组间间歇 2 分钟。

③（行进间交换腿跳步 100m + 垫步跑 100m + 慢跑 200m）×3 组，组间间歇 2 分钟。

④ 放松活动 3 分钟。

2. 初中生有氧运动处方

（1）男学生运动程序

① 大步走 3 分钟 + 慢跑 3 分钟。

②（跨步小跳 100m + 深蹲起 10 次 + 中速跑 400m）×3 组，组间间歇 3

分钟。

③（侧向转髋跑 100m + 半蹲起 10 次 + 前后滑步 100m）×3 组，组间间歇 2 分钟。

④ 放松活动 3 分钟。

（2）女学生运动程序

① 大步走 3 分钟 + 慢跑 3 分钟。

②（25m 折返跑 10 次 + 扩胸运动 20 次）×2 组，组间间歇 2 分钟。

③（前后滑步 100m + 侧向转髋跑 100m）×3 组，组间间歇 2 分钟。

④ 垫步跑 300m。

⑤ 放松活动 3 分钟。

3. 高中生有氧运动处方

（1）男学生运动程序

① 慢跑 4 分钟，抻拉练习 2 分钟。

② 变速跑 2 000m（慢跑 200m、中速跑 200m 交替进行）。

③（脚背内侧运球 80m + 弓箭步跳 10 次）×4 组，组间间歇 2 分钟。

④ 侧向转髋跑 100m×3 组，组间间歇 2 分钟。

⑤ 放松活动 4 分钟。

（2）女学生运动程序

① 徒手操 5 分钟。

②（慢跑 600m + 行进间弓箭步走 50m）×3 组，组间间歇 2 分钟。

③（侧向滑步 200m + 行进间交换腿跳步 200m）×3 组，组间间歇 2 分钟。

④ 放松活动 3 分钟。

二、增长力量运动处方

（一）肌肉力量练习概述

1. 肌肉的结构

肌细胞是骨骼肌的主要结构单位，其外形纤长，故又称肌纤维。肌原纤维由粗丝和细丝两种肌丝构成。肌肉的缩短或伸长由粗丝和细丝间的互相滑动而得以实现，但肌丝本身的结构和长度不变。肌肉与骨骼相连的致密结缔组织，称为肌腱，它是肌肉中的弹性成分，在肌肉收缩过程中起着重要的作用。

2. 肌肉收缩机制

在正常情况下，肌肉收缩是由神经冲动引起的，脊髓中运动神经元发出的神经纤维支配全身肌肉，运动神经纤维与肌纤维接合点称为神经—肌肉接头。每一肌纤维都接受来自脊髓的运动神经元的支配。一个运动神经元连同它的全部神经末梢所支配的肌纤维，从功能上看是一个肌肉活动的基本单位，故称为运动单位。肌肉的收缩是由运动神经以冲动形式传来的刺激引起的，即冲动经神经肌肉接头传至肌纤维内部，引起细丝和粗丝的相互滑动，产生肌肉收缩。

3. 肌肉的收缩形式

肌肉收缩时，会产生张力和长度的变化。根据肌肉收缩时长度和张力变化的特点，把肌肉收缩分为等张收缩和等长收缩两种。

等张收缩，也称为动力性收缩。等张收缩又可进一步分为向心收缩、离心收缩和等动收缩。

（1）向心收缩

向心收缩指当肌肉收缩时所产生的张力大于外加阻力（负荷）时，肌肉缩短，牵拉它附着的骨骼做向心运动。向心收缩是人体得以实现各种加速运动的基础，如屈肘、高抬腿和挥臂等。

（2）离心收缩

离心收缩指当肌肉收缩时所产生的张力小于外力时，肌肉虽积极地收缩但仍被拉长。离心收缩在实现人体运动时，起着制动、减速和克服重力等作用。如在抓举的下蹲动作阶段，股四头肌和臀大肌产生拉长收缩，克服重力作用，使下肢进行缓慢的屈曲运动。

（3）等动收缩

等动收缩指在整个关节运动范围内，肌肉以恒定速度（称为等动）进行的最大收缩。它也是运动中常见的收缩形式，如自由泳中的手臂划水动作。等动收缩的速度可根据需要加以控制，在日常训练中，等动收缩的实现需要专门的器械。

等长收缩，也称为静力性收缩，指当肌肉收缩时产生的张力等于外力时，肌肉虽积极收缩，但长度并无变化，这种收缩称为等长收缩。等长收缩时，肌肉的张力可发展到最大，但没有位置的移动，如站立、悬垂和支撑等。

4. 决定肌肉力量和耐力的因素

主要有：肌肉生理横截面积，中枢神经系统发放冲动的强度和频率，肌纤维收缩时的初长度、年龄和性别。

肌肉的力量与肌肉的生理横截面积成正比。肌肉生理横截面积的大小取决于肌纤维的数量、每条肌纤维的横径和肌纤维的排列方向。力量练习可以增大肌肉生理横截面积，这种增大是通过肌原纤维数量增多、增粗而使肌纤维增粗，故又称肌原纤维型功能性肥大。

中枢神经系统可以通过改变发放冲动的强度和频率来改变肌肉收缩力量，它发放的冲动和频率越强，支配肌肉的运动神经元同时兴奋的数目就越多，即参与工作的运动单位越多，则肌肉收缩的力量就越大。

肌纤维的收缩初长度极大地影响着肌肉最大肌力。研究表明，拉长肌肉后快速收缩，除了前面所述由于肌肉达最适收缩初长度，增加了横桥的数目，从而增加肌力外，而且牵拉肌肉可出现牵张反射，亦可提高肌肉力量。收缩前就给予肌肉的负荷被称为前负荷，使肌肉拉长以改变其初长度，随着前负荷的增大，肌肉的初长度逐渐增加，肌肉的收缩效果也逐渐增大。若肌肉收缩时初长度已处于缩短状态或过分拉长状态，其收缩效果下降。只有当肌肉收缩时肌肉处于适宜的预先拉长状态，才能发挥最大力量。如踢足球前，先将腿后摆，就是为了取得髂腰肌、股四头肌最佳初长度。

5. 发展肌肉力量的基本形式

在肌肉健美锻炼中主要采用抗阻运动。抗阻运动是在增加外来阻力时肌肉主动做功，可分为3种类型：等张抗阻练习（也称为动力性练习），等长抗阻练习（也称为静力性练习）和等速练习（也称为等动练习）。

（1）等张抗阻练习

肌肉以等张收缩的形式进行的负重或不负重的动力性抗阻练习，称为等张性力量练习或动力性练习。等张练习能有效地发展动力性力量，改善神经肌肉的协调性，但不足之处是在整个动作过程中不能保证肌肉每一次收缩的负荷都相等，容易造成在某些关节运动角度上肌肉负荷不足。研究证明，重负荷、少重复次数的练习有利于发展肌肉力量，中等负荷、重复次数多则有利于发展肌耐力。

（2）等长抗阻练习

肌肉以等长收缩的形式使人体保持某一特定位置或对抗固定不动的阻力练习，称为等长性力量练习或静力性练习，它能有效地发展静力最大力量和静力耐力。

Rose（1957 年）提出等张和等长联合练习肌力的方法：从较低负荷做起，每次负重举起后停顿 5 ~ 10 秒，每个负荷重复 5 次，然后重量递增 0.5kg，直至最大负荷并能维持 5 ~ 10 秒为止。

（3）等动练习

等动练习是借助于专门的等动训练器在动力状态下完成练习的方法。在整个练习中，关节运动在各角度上均受到相同的较大负荷，肌肉均速用力，在完成整个练习中均能产生较大的张力。

肌肉健美锻炼初练或间断后重新开始时，在练习后局部肌肉可能出现酸痛和一定程度的疲劳，这都属正常的"适应性"反应，应根据锻炼后的身体变化和反应进行运动负荷的调节，并随着锻炼水平的不断提高而增加负荷。经过一段时间的锻炼，如果肌肉明显增粗或隆起，而身体没有出现不良反应，说明练习的量和强度较适宜；如果出现长时间的肌肉剧痛或肩关节、膝关节、腰部的疼痛应停止训练，及时去医院检查是否有韧带拉伤、关节损伤等。

6. 肌肉力量练习强度表示方法

在力量练习中常用 RM（Repetition Maximum）来表示和控制运动强度，负重力量练习的持续过程不是用时间单位来表示，而是用组数（SET）来说明。

1RM 表示在力量练习中某一练习者只能完成一次的负荷。RM 越小，表示运动者对该负荷的重复次数越少，负荷强度就越大。最大重复次数指肌肉收缩所能克服某一负荷的最大次数。即进行某一重量的练习时，用练习者一次连续练习的最大重复次数来表示该练习者的力量能力，同时作为负荷的大小。如果练习者对该重量只能连续举起6次，则该重量对练习者来说是6RM。如果重量轻，可以连续举起15次，则该负荷为15RM。

SET：指一次无间歇的最高重复次数的练习，称为一组。例如肌肉力量的运动处方为2SET，15RM，就表示让练习者进行只能重复15次的重量的练习，做2组。

练习者可根据个人力量状况和体力选择练习的组数，一般认为一次练习可在3~6组。有研究表明，进行3SET，6RM的负荷能有效地增加肌肉的力量。改善肌肉耐力一般采用4~6SET，18~20RM。

7. 肌肉力量练习注意事项

（1）当运用杠铃进行较大负荷力量练习时，必须有人保护，以避免出现伤害。

（2）必须做好充分的准备活动，防止肌肉损伤。

（3）进行负重练习时，应尽量避免憋气，可以在举起阶段呼气，放下时吸气。

（4）练习后必须进行整理、放松活动。放松活动常包括走动、慢跑和伸展运动。

（5）如果锻炼结束后，肌肉有酸痛僵硬感，直到下次锻炼前这种感觉仍未消失，应进行调整。

（二）实用增长肌肉力量运动处方

运动目的：促进生长发育，提高肌肉力量及身体柔韧性，增强体质。

运动强度：心率控制在110~140次/分钟。

运动时间：20~30分钟。

运动频度：2~3次/周。

注意事项：

（1）力量练习要在身体状况良好的情况下进行，循序渐进，量力而行；

（2）做好充分的准备活动，身体不适或肌肉、韧带有酸痛现象应停止运动；

（3）选择适宜的运动时间，饭后或睡前运动要相隔45分钟以上。

1. 小学生增长力量处方

（1）一、二年级运动程序

① 慢跑 2 分钟，上肢伸展、躯干伸展、压腿、活动踝腕关节。

② 斜撑推墙 20 ~ 30 次，4 ~ 5 组，组间间歇 30 秒。

③ 前后摆臂、抖臂放松 1 分钟。

④ 兔跳 30 次，5 组，组间间歇 30 秒。

⑤ 椅上转体 10 ~ 15 次，4 ~ 6 组，组间间歇 30 秒。方法：坐立在椅前部，两腿自然并拢。1 拍：上体尽量向左转，同时眼看左侧椅背，右侧手经胸前握椅背的左侧沿，稍停；2 拍：反方向做。

⑥ 抖腿放松 1 分钟。

⑦ 伸手摸高跳 10 次，4 组，组间间歇 30 秒。

⑧ 放松 5 分钟。

（2）三、四年级运动程序

① 慢跑 2 分钟，上肢伸展、躯干伸展、压腿、活动踝腕关节。

② 脚力练习 10 次。方法：两人一组。双方双脚并拢相对站立，双手交握相距一臂距离，迫使对方失去平衡，直至一只脚离地就算失败。

③ 前后摆臂、抖臂放松 1 分钟。

④ 仰卧直举腿 15 ~ 20 下，4 ~ 5 组，组间间歇 30 秒。

⑤ 双手揉腹，拍打腰腹部，放松 1 分钟。

⑥ 弓箭步走 30m，5 组，组间间歇 1 分钟。

⑦ 跳起一腿高抬 20 次，4 组，组间间歇 30 秒。方法：深蹲，向上跳起单腿高抬尽量触胸，还原深蹲姿势，再跳起另一腿重复，连续做。

⑧ 放松 5 分钟。

（3）五、六年级运动程序

男生运动程序如下。

① 慢跑 2 分钟，上肢伸展、躯干伸展、压腿、活动踝腕关节。

② 推小车 10 ~ 15m，4 ~ 6 组，组间间歇 30 秒。

③ 前后振臂、抖臂放松 1 分钟。

④ 坐姿收腹举腿 20 ~ 30 次，4 ~ 6 组，组间间歇 30 秒。方法：坐在凳子

上，上体稍向后倾斜，双手轻扶在把手上，不要用力，靠腹部肌肉收缩抬下肢，使双腿尽量向上体靠拢。

⑤ 跨步跳 50m，3 组，组间间歇 30 秒。

⑥ 放松 5 分钟。

女生运动程序如下。

① 慢跑 2 分钟，上肢伸展、躯干伸展、压腿、活动踝腕关节。

② 双人推掌 30 次，4～6 组，组间间歇 30 秒。

③ 前后振臂、抖臂放松 1 分钟。

④ 跪撑转体 10～15 次，4～6 组，组间间歇 30 秒。方法：跪在垫上，呈俯卧撑姿势，左臂支撑，右臂由胸前向侧上摆起，同时上体向右侧后转，还原；然后右臂支撑，左臂由胸前向上侧摆起，同时上体向左侧后转，还原。

⑤ 双手揉腹，拍打腰腹部，放松 1 分钟。

⑥ 弓箭步蹲起走 30m。方法：前后弓箭步分腿，做蹲起后向前行走。

⑦ 提踵 20 次，持续 5 秒，4 组，组间间歇 30 秒。

⑧ 放松 5 分钟。

2. 初中生增长力量处方

（1）初中男生运动程序

① 慢跑 2 分钟，上肢伸展、躯干伸展、压腿、活动踝腕关节。

② 推小车 10～15m，4～6 组，组间间歇 30 秒。

③ 抖臂放松 1 分钟。

④ 仰卧挺髋 10～15 次。方法：仰卧屈膝，小腿垂直于地面，两腿略比肩宽，两臂伸直置于体侧，掌心向下，头、肩着地，臀部向上挺起，坚持5～8 秒，慢慢放下。

⑤ 拍打腰腹部，放松 1 分钟。

⑥ 单腿屈伸腿力练习 30 次，3 组，组间间歇 30 秒。方法：一腿屈膝将脚放在凳子上，另一只脚站在地面上，凳子上的一腿用力蹬直，使身体直立，还原后重复。

⑦ 跨步跳 50m，2 组，组间间歇 30 秒。

⑧ 放松 5 分钟。

（2）初中女生运动程序

① 慢跑2分钟，上肢伸展、躯干伸展、压腿、活动踝腕关节。

② 持哑铃直臂扩胸20～30次，4～6组，组间间歇30秒。要点：两臂胸前平举，手持哑铃，手臂向两侧伸直外展，扩胸。

③ 抖臂放松1分钟。

④ 仰卧收腹控腿5～10秒，5组，组间间歇30秒。方法：仰卧，两腿并拢伸直，收腹举腿，使大腿与身体成150°夹角，停顿5～10秒后，放下还原。

⑤ 双手揉腹，拍打腰腹部，放松1分钟。

⑥ 弓箭步蹲接向上跳15次，4～6组，组间间歇30秒。方法：两腿前后开立，前脚全脚掌着地，后脚前脚掌着地，两手体后相交，身体保持正直，两腿屈伸，升降重心，然后两腿同时用力向上跳起。

⑦ 放松5分钟。

3. 高中生增长力量处方

（1）高中男生运动程序

① 慢跑2分钟，上肢伸展、躯干伸展、压腿、活动踝腕关节。

② 持哑铃侧平举15～20次，4组，组间间歇30秒。

③ 抖臂放松1分钟。

④ 负重转体20～30次，4～6组，组间间歇30秒。方法：站立，两脚开立同肩宽，手握杠铃片或哑铃，向侧缓慢充分转体。

⑤ 放松1分钟。

⑥（跨步跳80m＋肋木快速举腿10次），4组，组间间歇60秒。

⑦ 深蹲起30次，4组，组间间歇30秒。

⑧ 放松5分钟。

（2）高中女生运动程序

① 慢跑2分钟，上肢伸展、躯干伸展、压腿、活动踝腕关节。

② 俯撑离地跳15～20次，4～6组，组间间歇30秒。要点：四肢撑地，面朝下，双手手掌始终着地，双脚离地上跳。

③ 放松1分钟。

④ 半蹲跳20次，4组，组间间歇30秒。

⑤ 提臀练习 12 次，3 组，组间间歇 30 秒。方法：站立，两脚并拢，收缩臀部肌肉，同时提踵，持续 5 秒后，还原，重复做。

⑥ 连续 6 级蛙跳，3 组，组间间歇 30 秒。

⑦ 放松 5 分钟。

三、提高速度运动处方

（一）速度素质概述

速度素质指人体进行快速运动的能力或在最短时间完成某种运动的能力。按其在运动中的表现可分为反应速度、动作速度和周期性运动的位移速度 3 种形式。

1. 反应速度

反应速度指人体对各种刺激发生反应的快慢。反应速度的快慢主要取决于兴奋通过反射弧所需时间（即反应时）的长短、中枢神经系统的功能状态和运动条件反射的巩固程度。

从感受器接收刺激产生兴奋并沿反射弧传递开始，到引起效应器发生反应所需要的时间称为反应时。在构成反射弧的 5 个环节中，传入神经和传出神经的传导速度基本上是固定的，所以，反应时间的长短主要取决于感受器的敏感程度（兴奋阈值的高低）、中枢延搁和效应器（肌组织）的兴奋性。其中，中枢延搁又是最重要的，反射活动越复杂，经历的突出越多，反应时越长。

中枢神经系统的机能状态与反应速度有密切关系。良好的兴奋状态及灵活性，能够加速机体对刺激的反应，使效应器由相对安静状态或抑制状态迅速转入活动状态。经常性的体育锻炼有助于人运动条件反射加快，有助于人体反应速度提高。

2. 动作速度

动作速度指完成单个动作时间的长短。影响动作速度的主要是肌纤维类型的百分比组成及面积、肌肉力量、肌肉组织的兴奋和运动条件反射的巩固程度等。

长期进行速度练习可使肌肉中快肌纤维优化和选择性肥大，因而，肌肉收缩速度加快。快速肌力增强，使动作速度提高。再有，体育锻炼使肌肉组织兴奋程度、集中用力能力更高，刺激强度低且作用时间短就能引起肌肉组织兴奋。

此外，运动技能熟练，神经系统对主动肌、协调肌和对抗肌的调节能力加强都有利于动作速度提高。

3. 位移速度

位移速度指周期性运动中人体在单位时间内通过的距离。以跑步为例，周期性运动的位移速度主要取决于步长和步频两个变量，而步长和步频又受很多种生物学因素的制约。步长主要取决于肌力的大小、肢体的长度及髋关节的柔韧性；而步频主要取决于大脑皮层运动中枢的灵活性和各种中枢间的协调性，以及快肌纤维的百分比及其肥大程度。神经过程的灵活性好，兴奋与抑制转换速度快，是肢体动作迅速交替的前提；而各肌群间协调关系的改善，可以减少因对抗肌群紧张而产生的阻力，有利于更好地发挥速度。所以，在周期性运动中，长期的体育锻炼，使人肌肉的放松能力改善可有利于提高位移速度。

（二）实用速度练习的运动处方

运动目的：提高速度素质及灵巧性。

运动强度：心率控制在 140 ~ 170 次/分钟。

运动时间：约 30 分钟。

运动频度：2 ~ 3 次/周。

注意事项：

① 速度练习要在身体状况良好的情况下进行，量力而行；

② 充分做好准备活动，防止拉伤等意外发生，每一练习手段组间间歇不要静止不动，应进行抻拉韧带放松肌肉的练习；

③ 选择安全的场地，地面要平整，做动作时身体要放松；

④ 选择穿透气、舒适的鞋袜。

1. 小学生提高速度运动处方

（1）一、二年级学生运动程序

① 慢跑 5 分钟，以身体微热为标准，徒手操 2 分钟，充分活动肩、膝、踝关节。

② 小步跑 20m 后加速跑 10m，4 组，组间间歇 1 分钟。

③ 原地快速摆臂 15 秒，3 组，中间抖臂放松休息 20 秒。

④ 快速障碍跑，4～5 组，组间间歇 1 分钟。方法：快速跑过间距为 0.4m 的 15 个障碍物，注意脚不能触及障碍物。

⑤ 双足向上轻跳 15 次，3 组。

⑥ 放松活动 5 分钟。

（2）三、四年级运动程序

① 慢跑 5 分钟，以身体微热为标准，徒手操 2 分钟，充分活动肩、膝、踝关节。

② 30 米蹲踞式冲刺跑，4 组，组间间歇 1 分钟。

③ 双脚交换跳绳 15 秒，3 组，组间间歇 1 分钟。

④ 行进间交换腿向上跳 30m，4 组，组间间歇 1 分钟。

⑤ 追球跑 200～300m 距离，2 组，组间间歇 2 分钟。方法：将球踢出或抛出，然后加速跑追球，追上后，再将球踢出或抛出。注意控制好出球的方向，使其保持直线运动。

⑥ 双手抖动放松大腿肌肉，3 分钟。

（3）五、六年级运动程序

男生运动程序如下。

① 慢跑 5 分钟，徒手操 2 分钟，充分活动肩、膝、踝关节。

② 下坡跑 50m，4 组，组间间歇 1 分钟，选择坡度在 8°～10°平整的地方，由高处向低处疾速跑。

③ 三级蛙跳，4 组，组间间歇 2 分钟。

④ 肋木举腿 3～5 次，2 组，组间间歇 1 分钟。

⑤ 快频率高抬腿跑 30m 接加速跑 20m，2 组，组间间歇 2 分钟。

⑥ 纵跳 10 次，3 组，组间间歇 30 秒。

⑦ 放松活动，5 分钟。

女生运动程序如下。

① 慢跑 6 分钟，以身体微热为标准，徒手操 3 分钟，充分活动肩、膝、踝关节。

② 30m 蹲踞式加速跑，4 组，组间间歇 1 分钟。

③ 三级蛙跳，4 组，组间间歇 3 分钟。

④ 弓箭步走 30 次，2 组，组间间歇 1 分钟。

⑤ 快节奏跑，4 组，组间间歇 30 秒，可用空可乐瓶间隔 60cm 放倒摆放 20 个，跨过瓶子快速跑过。

⑥ 足尖向上跳 30 次，2 组。

⑦ 慢跑穿插踢腿、抖腿、抖肩放松，5 分钟。

2. 初中提高速度运动处方

(1) 男生运动程序

① 慢跑 5 分钟，压腿、踢腿 1 分钟。

② 足尖走 50m，2 组。

③ 变速跑 300m（快跑 50m + 慢跑 50m 交替进行），2 组，组间间歇 2 分钟。

④（跨步跳 30m + 车轮跑 50m），3 组，组间间歇 30 秒。

⑤ 仰卧抖腿、抖肩，5 分钟。

(2) 女生运动程序

① 慢跑 5 分钟，以身体微热为标准，徒手操 2 分钟，充分活动肩、膝、踝关节。

② 小步跑 30m，2 组，组间间歇 1 分钟。

③（车轮跑 30m + 后蹬跑 30m），3 组，组间间歇 1 分钟。

④ 单足跳 20m，4 组，组间间歇 1 分钟。

⑤ 急行跳远 10 次。

⑥ 冲刺跑 60m，3 组，组间间歇 2 分钟。

⑦ 放松活动 5 分钟。

3. 高中提高速度运动处方

(1) 男生运动程序

① 慢跑 5 分钟，以身体微热为标准，徒手操 2 分钟，充分活动肩、膝、踝关节。

② 100m 加速跑，4 组，组间间歇 2 分钟。

③ 连续跳障碍5次，3组。方法：用皮筋设置5个40～60cm高的障碍，连续快速跳过。

④ 篮球场运球往返跑4次，4组，组间间歇2分钟。

⑤ 追球跑400m，2组，组间间歇1分钟，将球踢出或抛出，然后加速跑追球，追上后，再将球踢出或抛出。注意控制好出球的方向，使其保持直线运动。

⑥ 全身拍打放松5分钟。

（2）女生速度运动程序

① 慢跑5分钟或排球垫球运动10分钟。

② 车轮跑30m，4组，组间间歇2分钟。

③ 篮球场往返运球跑4次，3组，组间间歇2分钟。

④ 弓箭步交换腿向上跳20次，3组，组间间歇1分钟。

⑤ 反复冲刺跑60m，3组，组间间歇1分钟。

⑥ 放松慢跑，仰卧抖腿，5分钟。

四、运动减肥处方

（一）运动减肥概述

1. 肥胖的概念

一般认为，当人的体重超过标准体重20%时或体脂百分比男性大于20%，女性大于30%时就可称为肥胖。

目前，一般将肥胖分为两类：单纯性肥胖，也称为“外源性肥胖”或“过食性肥胖”，因摄入热量多于人体消耗而以脂肪形式储存于体内而造成，他们一般没有明显的病因，主要是过度饮食或运动不足，这类肥胖占绝大多数。继发性肥胖又称为“内源性肥胖”或“病理性肥胖”，主要是受疾病影响造成的肥胖。

肥胖的判断可以通过测量身高体重，按标准体重经过计算进行确定：当BMI指数>26为超重，>28为肥胖。

但人的体重由脂肪组织和非脂肪组织两种基本成分组成，从健康的角度出发，肥胖不仅指体重超标，而且包括体脂百分比超过了理想水平，体脂肪在体内过度堆积的现象。因此，当体脂肪过多，超过了正常水平，即使体重没有超标，也可判定为肥胖。世界卫生组织将年轻男性体脂肪百分比超过20%，女性超过30%定义为肥胖。

2. 肥胖的危害

肥胖与冠心病、高血压、糖尿病、脂肪肝等疾病密切相关，肥胖过度本身属于代谢性疾病，肥胖者的寿命低于体重正常者。当脂肪堆积在腹腔，使横膈升高，会导致心肺活动受限，影响心肺功能。如脂肪沉积在心脏，可导致心肌收缩无力，血流速度减慢，易引起头晕、乏力、头痛。脂肪沉积在血管壁，会使血管弹性下降，形成动脉粥样硬化。脂肪沉积在肝上，易形成脂肪肝。肥胖还会因身体负荷过重引起骨与关节疾患。

3. 运动减肥机理

运动减肥的主要方法是通过适当的饮食控制和运动，造成能量的负平衡，来逐步消除多余的体脂，减轻体重，其基本原则是使人体持续地处于能量摄取与消耗的负平衡状态之中。体力活动的增强可以显著提高能量消耗。运动可有效地调节代谢功能，促进脂肪分解。运动时肌肉对血液内游离脂肪酸和葡萄糖的摄取和利用增多，它一方面可使脂肪细胞释放出大量游离脂肪酸，使脂肪细胞缩小变瘦；另一方面，使多余的血糖被消耗而不能转化为脂肪，使体内脂肪减少、体重下降。

（二）实用减肥处方

运动目的：减脂，减重。

运动强度：心率控制在120～160次/分钟。

运动时间：45～60分钟。

运动频度：5次/周。

注意事项：

① 做好准备活动，特别是脚踝关节，如遇到感冒发烧等疾病情况应停止运动；

② 选择安全的场地，地面平整，空气新鲜、流通。运动时要选择穿透气、舒适的鞋袜；

③ 选择适宜的运动时间，饭后或睡前运动要相隔45分钟以上。

1. 小学生减肥运动处方

（1）一、二年级运动程序

① 大步走4分钟+快走2分钟。

② 伸展肢体徒手操，4分钟。

③ 趣味追逐跑，10分钟。方法：两人一组前后站立，一人面向跑的方向，另一人背向跑的方向，间距1m左右，当老师发出命令后，两人同时跑，但背向站立者要快速转身追赶前面跑的人，有效距离为200m，被追赶上者要加罚原地交换腿跳10~20次。

④ 斜撑推墙练习10个，2组，组间间歇30秒。

⑤ 深蹲起15次，2组，组间穿插小幅度踢腿30秒，放松腿部肌肉。

⑥ 仰卧收腹控腿6次，3组，组间间歇30秒。方法：仰卧在垫上，两腿并拢伸直，两臂放于身体两侧，收腹举腿，使大腿与身体成150°夹角，停顿5~10秒，做完拍打腹部。

⑦ 放松练习（伸展拉长练习）。

（2）三、四年级运动程序

① 大步走5分钟+快步疾走2分钟。

② 慢节奏韵律操，3分钟。

③ 跳绳40次，4组，组间间歇1分钟。

④ 变速跑（200m中速跑 + 400m慢跑）1组。

⑤（弓箭步走10次+双人推掌10次）×3组，组间间歇30秒。

⑥ 仰卧蹬车轮30次×3组，组间间歇30秒。

⑦ 放松5分钟。

（3）五、六年级运动程序

男生运动程序如下。

① 慢跑5分钟。

② 伸展肢体徒手操5分钟。

③（匀速跑200m+侧身跑100m+后踢跑100m）×3组。

④ 放松、拉伸肌肉5分钟。

⑤（负重哑铃屈伸臂15个+深蹲25个）×2组，组间间歇30秒。

⑥ 坐姿屈膝收腹双腿高抬 15 次，3 组，组间间歇 30 秒。方法：坐在高台阶上，两臂放于身体两侧，两腿屈膝收腹高抬腿尽量触胸，快抬、慢放。

⑦ 放松练习，伸展拉长肌肉。

女生运动程序如下。

① 慢跑 5 分钟。

② 韵律操 5 分钟。

③（中速跑 200m + 慢跑 200m）×3 组。

④ 放松、拉伸肌肉 5 分钟。

⑤（持哑铃侧平举 15 个 + 弓箭步走 20m）×2 组，组间间歇 30 秒。

⑥ 仰卧左右转腰 20 次，2 组，组间间歇 30 秒。方法：仰卧在垫上，两手放于体侧，双膝并拢收小腿，上体不动，下肢左右大幅度摆动。

⑦ 放松练习，伸展拉长肌肉，5 分钟。

2. 初中生减肥运动处方

（1）男生运动程序

① 伸展肢体徒手操 5 分钟。

②（慢跑 200m + 高抬腿跑 100m + 大步跑 200m）×3 组，组间间歇 1 分钟。

③ 放松 3 分钟。

④（持哑铃扩胸 20 次 + 轻跨步跳 60m）×3 组，组间间歇 30 秒。

⑤ 肋木举腿（尽力，做到不能坚持为止），3 组，组间间歇 2 分钟。

⑥ 平地放松练习，伸展拉长肌肉，双手从上至下拍打全身 10 分钟。

（2）女生运动程序

① 韵律操 5 分钟。

②（大步跑 200m + 高抬腿跑 100m + 后踢腿跑 200m）×3 组，组间间歇 1 分钟。

③ 体侧运动 20 次，3 组，组间间歇 30 秒。方法：两脚并拢，身体直立，左脚向左侧跨出一步，左手叉腰，右臂侧上举，向左侧屈振 1 次，还原，反向再做，如此反复。

④（斜撑推墙练习30个+后蹬跑100m）×2组，组间间歇30秒。

⑤坐姿屈膝收腹双腿高抬20次，3组，组间间歇30秒。方法：坐在高台阶上，两臂放于身体两侧，两腿屈膝收腹高抬腿尽量触胸。

⑥平地放松练习，伸展拉长肌肉，5分钟。

3. 高中生减肥运动处方

（1）男生运动程序

①抻拉韧带，腰、髋、膝、踝关节灵活性练习5分钟。

②变速跑1 600m（大步跑200m+慢跑200m，交替进行）。

③肋木举腿（尽力，做到不能坚持为止），3组，组间间歇2分钟。

④（行进间交换腿轻跳步100m+双人推小车20m）×3组，组间间歇1分钟。

⑤慢跑8分钟。

⑥拉伸、拍打全身肌肉5分钟。

（2）女生运动程序

①抻拉韧带，腰、髋、膝、踝关节灵活性练习5分钟。

②走跑交替1 600m（大步走200m+慢跑200m，交替进行）。

③双手交叉在颈后翻掌，向上尽量伸举20次，3组，组间间歇30秒。

④（高抬腿跑50m+后蹬跑100m+大步跑250m）×3组，组间间歇30秒。

⑤仰卧直举腿（尽力，做到不能坚持为止），3组，组间间歇1分钟。

⑥（提踵60次+站立左右侧踢腿各20次）×2组，组间间歇30秒。

⑦慢跑6分钟。

⑧拍打、拉伸肌肉5分钟。

第七章　青少年体育运动的安全控制

体育锻炼有益于人体健康，但如果体育锻炼方法不当也经常伴有运动损伤、运动性疾病的发生。只有具备体育锻炼的科学知识，才能在锻炼中有效防止运动损伤、运动性疾病的发生，尽情享受体育带给我们的乐趣。

第一节　青少年运动健身安全控制

运动量也称为运动负荷量，是人体在运动中所承受的生理负荷量。在运动处方的实施过程中，除了按照运动处方中设定的运动种类、运动强度、时间、间歇、重复次数等进行运动锻炼，还应该根据运动过程中和运动后的身体反应进行自我监测，以确保锻炼的安全性和有效性。

一、心率自我监测

首先要学会计算自己的目标心率（靶心率），并能熟练地测定自己的脉搏。常在手腕桡动脉处或耳前方颞浅动脉处用手指触扪动脉搏动次数，亦可把手放在左胸部，直接测心跳次数。通常用运动停止后即刻测得的 10 秒脉搏数乘以 6 作为运动时的心率。

还可以用晨脉判断疲劳程度，如果晨脉超过自己的基础值 12 次/分，则说明运动量过大。

二、主观强度感觉

主观强度感觉（RPE）判定法是被广泛应用的一种简易而有效的评价运动量的方法，也是介于心理和生理之间的一种指标。可以说 RPE 的表现形式是心理的，但反映的却是生理机能的变化。

心率结合 RPE 值测试是最常用而简易的方法。将客观生理机能的变化与主观心理对运动的体验结合起来，可以避免单纯追求某一靶心率的盲目性。例如，某人的靶心率为 150 次/分时 RPE 值为 13，而当患有轻度感染或工作劳累后，再以 150 次/分心率强度运动时会感到非常困难和吃力，RPE 值会增加，与以前的主观感觉相比较，这可能是一种前期病理症状，在这样的情况下勉强保持靶心率运动将是十分危险的。而通过运用 RPE 值就正好避免了这种潜在危险的发生。由于体能承受强度具有可变性，所以通过主观感觉和客观生理指标相结合监控运动量较合适。

三、体重和食欲变化

除去参加以减肥为目的的运动者，体重应该维持相对的恒定，不应有太大的变化，尤其是未完全发育的青少年，伴随身高的增长，体重会有所增加，如有体重明显的持续下降，则可能是运动量偏大，应及时减少运动量。一般认为，体重减少在 0.5kg 以内为身体情况良好。

运动者在参加运动后应能维持正常的膳食和良好的食欲，并在较大的运动量后适当增加食物摄入量以补充能耗。如果运动后食欲受到影响，出现吃不下饭的现象，则提示运动强度过大，机体不能适应，应降低负荷，循序渐进地逐步提高负荷。

第二节　运动中常见的生理反应及预防

一、运动中腹痛

（一）概念

在非疾病的原因下，运动时出现不同程度的腹部疼痛的现象称为“运动性腹痛”。最常见的是发生在较长距离的跑步时。

（二）原因与症状

一般认为，准备活动不充分是“运动性腹痛”的主要原因。大多由于运动过于剧烈，内脏血管收缩、缺氧、新陈代谢产物的刺激，被膜炎症、胆道平滑肌的痉挛性收缩，腔道过度膨胀及炎症的刺激等因素引起。

“运动性腹痛”的特点是：除腹痛外一般不伴随其他症状。多数安静时不痛，运动时才痛；疼痛程度与运动量大小和强度成正比。一般活动量小、强度低时疼痛不明显，负荷量加大时疼痛才逐渐加剧。

（三）处理方法

除外疾病后，可采用减慢跑速、调整呼吸和运动节奏的方法，用手按压疼痛部位常有助于缓解疼痛。如果不能缓解症状，反而有所加重，应停止运动或到医院进行诊断和治疗。

二、肌肉酸痛

（一）概念

由运动而引起的肌肉酸痛一般可以分为急性肌肉酸痛和慢性肌肉酸痛（迟发性的肌肉酸痛）两种。急性肌肉酸痛有别于肌肉拉伤，可因肌肉的暂时性缺血造成酸痛现象，常伴随肌肉僵硬的现象。在肌肉做剧烈运动时才会发生，肌肉活动一结束经过简单的恢复措施不需治疗即可消失。有时肌肉酸痛不是发生在运动结束后即刻，而是发生在运动结束后 1 ~ 2 天，称为延迟性肌肉酸痛。

（二）原因与症状

常出现在进行一次运动量较大的运动，特别是肌肉力量练习后，或发生在刚开始参加体育锻炼对运动不够适应。主要原因是运动时肌肉活动量大，引起局部肌纤维及结缔组织的细微损伤，以及部分肌纤维痉挛所致。由于只是肌纤维细微损伤和局部肌纤维痉挛，有酸痛感，但肌肉仍能完成其运动功能，酸痛后，经过肌肉内局部细微损伤的修复，肌肉组织变得更为强壮，随后同样负荷将不易再发生酸痛。

（三）处理方法

可采用热敷和按摩的方法，有助于肌肉放松，能促进酸痛部位的血液循环，有助于损伤组织的修复及痉挛、酸痛的缓解。还可进行柔和、适度的静力性拉伸练习，也有助于肌纤维的修复。

三、肌肉痉挛

（一）概念

肌肉痉挛俗称抽筋，是肌肉不自主地强直收缩。运动中最易发生痉挛的肌肉是小腿三头肌，其次是足底的屈拇肌和屈趾肌。痉挛时肌肉僵硬或隆起，剧烈疼痛，且一时不易缓解。

（二）原因与症状

一般易发生在运动时肌肉受到寒冷的刺激后，兴奋性增高引发肌肉痉挛，如游泳时受到冷水刺激，引起小腿抽筋等；还有在热环境中进行长时间运动或剧烈运动时，由于大量排汗丢失大量电解质，或因动作不协调、情绪过分紧张也会引起痉挛；还有准备活动做得不够充分，肌肉突然进入收缩状态也会造成痉挛。痉挛时肌肉僵硬或隆起，会有不同程度的疼痛，有时疼痛会很剧烈。

（三）处理方法

根据痉挛部位，牵引痉挛肌肉，即可缓解。例如，游泳中发生腓肠肌痉挛时，不要惊慌，深吸一口气，仰浮于水面，用抽筋肢体对侧的手握住抽筋肢体的足趾，用力向身体方向拉，同时用同侧的手掌压在抽筋肢体的膝盖上，伸直膝关节，即可缓解。如果不行，应呼救或立即上岸处理。

四、运动性中暑

（一）概念

中暑指在高温和热辐射的长时间作用下，发生体温调节障碍，水、电解质代谢紊乱及神经系统功能受到损害的症状。根据发病机制和临床表现不同，通常将中暑分为热痉挛、热衰竭和热（日）射病。运动性中暑通常指由于运动的原因大量产热，而造成运动者体内过热，发生的高热汗出或肤燥无汗、烦躁、口渴、神昏抽搐，或以呕吐腹痛为主要表现的疾病。此症多见于从事较长时间或较大运动强度的运动者。

（二）原因与症状

在高温、高湿和通风不良的环境下进行较长时间或较大强度的运动是发生运动性中暑的主要原因。在高温环境下，如头部缺乏保护，被烈日直接照射时间过长，阳光中射线可穿透颅骨引起脑膜充血、水肿而发病。剧烈运动时，出汗过多，电解质代谢紊乱，如果不能及时补充电解质饮料，继续出汗，可导致脱水，血液浓缩，血液黏稠度增高，血容量不足，引起周围循环衰竭而发生中暑。

中暑早期可有头痛、呕吐现象，逐步发展为体温升高，皮肤灼热干燥。严重者可出现虚脱、抽搐、心律失常、血压下降，甚至昏迷而危及生命。

（三）处理方法

首先将患者扶送到阴凉通风处休息，同时采取物理降温和药物降温法。如额部冷敷降温，喝些清凉饮料，并补充生理盐水或葡萄糖生理盐水等。严重患者经临时处理后，应迅速送至医院进行进一步治疗。

第三节　运动中常见的损伤和救助

一、软组织损伤

（一）擦伤

1. 概念

运动时皮肤接触粗糙面受搓所致的开放性损伤即为擦伤。

2. 原因与症状

运动时出现擦伤是比较常见的，如跑步时跌倒、体操运动时身体擦磨器械等都可以导致擦伤。擦伤后皮肤有小出血点或组织液渗出。

3. 处理方法

出现擦伤后，可先用生理盐水清洗或用双氧水冲洗创伤面；伤口处如有异物可用干净毛刷将异物清除；创伤口周围可用75%的酒精棉球消毒；创口较浅、面积较小的擦伤，局部擦以红汞或紫药水且无须包扎。大面积擦伤、创伤先用生理盐水洗净清理后，可撒上消炎粉或消毒纱布覆盖创伤面，最后用纱布包扎。当遇到创口较深、污染较重的擦伤时，应注射破伤风抗毒血清（TAT）并给以抗菌素治疗。面部擦伤最好不要用红汞或紫药水，可搽抹0.1%新洁尔灭溶液。关节附近擦伤，一般不用暴露疗法，多采用消炎软膏或各种抗菌素软膏搽抹。

（1）2%红汞溶液。能抑制细菌繁殖，常用于皮肤黏膜的擦伤，无刺激性。

（2）1%龙胆紫溶液。收敛作用较强，对组织无刺激性，无毒，用于皮肤及黏膜损伤、口腔溃疡；关节部位、脸部不宜使用。

（3）酒精。消毒用的酒精浓度为70%～75%，不宜直接涂于伤口。

（4）0.9%氯化钠溶液。有抑制细菌的作用，对组织没有刺激，用于清洗伤口。

（二）撕裂伤

1. 概念

撕裂伤一般是由钝器打击引起的皮肤和皮下组织撕裂，伤口边缘不整齐。

2. 原因与症状

在运动中由于不慎撞击到钝器或被钝器撞击是发生撕裂伤的主要原因。例如，篮球运动中撞击到篮球架，游泳运动员撞击到池壁等。

撕裂伤的症状：伤口形状不规则，边缘不整齐，有出血和污染。

3. 处理方法

出现撕裂伤时，如果撕裂的创口较小，经消炎处理后，用黏膏或创可贴黏合即可。撕裂创口较大，则须止血，缝合创口。如果创口深且污染严重，应注射破伤风抗毒血清和给以抗菌素治疗。如肌腱断裂则需手术缝合。

（三）挫伤

1. 概念

因撞击器械或练习者之间相互碰撞而引起的患处及其深部的闭合性损伤称为挫伤。

2. 原因与症状

碰撞击伤、踢伤和摔伤是发生挫伤的主要原因。挫伤可能发生在身体的任何部位，如股四头肌、小腿前部、各关节部位及头部等。

单纯性挫伤的症状：局部红肿，皮下出血，疼痛压痛肿胀功能障碍等。复杂性挫伤则一般有合并症。如头部挫伤，轻者可发生脑震荡，重者可有颅骨骨折可合并脑挫伤；胸背部挫伤可合并肋骨骨折及肺脏损伤，形成气胸或血胸；腰腹部挫伤可合并肾挫伤及肝脾的破裂等。内脏器官损伤时，可出现头晕、脸色苍白、心慌气短、出虚汗、四肢发凉、烦躁不安，甚至休克等症状。

肌肉挫伤的早期组织变化为血肿形成炎症反应，与肌肉拉伤不同的是，其以后由致密结缔组织的瘢痕取代血肿，瘢痕中没有肌纤维再生。严重的肌肉挫伤可引起骨化性肌炎并发症，严重影响肌肉功能。

3. 处理方法

（1）在24小时内，冷敷、加压包扎、抬高患肢或外敷中药。

（2）24小时后，可热敷、按摩或理疗，以活血、消肿、止疼。进入恢复期可进行一些功能性锻炼。如果怀疑内脏损伤，可做临时性处理后，送医院检查和治疗。

（四）肌肉拉伤

1. 概念

肌肉拉伤指肌肉主动强烈地收缩或被动过度地拉长所造成的肌肉细微损伤，肌肉部分撕裂或完全断裂。主动拉伤是由于肌肉做主动的猛烈收缩超过了肌肉本身所承担的能力；被动拉伤主要是肌肉用力拉伸时超过了肌肉本身特有的伸展度。

2. 原因与症状

肌肉拉伤的主要原因：准备活动不足或不当，当某部分肌肉的生理机能尚未达到适应运动所需的状态，或因训练水平不够，肌肉的弹性和力量较差，以及疲劳或过度负荷，肌肉的机能下降，力量减弱，协调性降低；还有错误的技术动作或运动时注意力不集中，动作过猛或粗暴；气温过低，湿度太大，场地或器械质量不良等都可以引起肌肉拉伤。

肌肉拉伤的症状：损伤后伤处肿胀、压痛、肌肉痉挛，可摸到硬块。功能障碍。当受伤肌肉主动收缩或被动拉长时疼痛加重。肌肉收缩抗阻力试验阳性。

较轻的肌肉拉伤只是细微几根肌纤维断裂，严重的肌肉拉伤是肌肉撕裂。

3. 处理方法

（1）轻度拉伤。针刺。

（2）部分断裂。即刻冷敷，局部加压包扎，抬高患肢。24 小时后可施行按摩或理疗。

（3）完全断裂。局部加压包扎，固定患肢，立即送医院确诊，必要时接受手术缝合治疗。

二、关节损伤

（一）肩关节扭伤

1. 损伤原因和机理

一般因肩关节用力过猛及反复劳损所致；也有的因技术动作错误，违反解剖学原理而造成损伤。肩关节扭伤与将手臂伸高过头的动作有关。

损伤分为直接暴力和间接暴力两种。直接暴力：最常见的原因是摔倒时上臂外展且仅靠胸壁，手或肘着地且外力足够大，肩部前上或后下部撞地，或肱骨头后方受击致使肩胛骨向下或向后错动，上臂在外展位突然过度背伸或过度外旋导致肩关节囊、肩锁及喙锁韧带不完全或完全断裂、产生扭伤、半脱位及全脱位。间接暴力：损伤较轻时只有关节囊损伤或韧带损伤，损伤较重时可致韧带断裂造成半脱位，损伤严重时可使肩锁韧带完全断裂造成全脱位。

2. 症状

开始一般不痛，但此后会逐渐加重。上肢不能下垂，外展或上举时疼痛，提重物时疼痛加剧。有压痛、疼痛，急性期有肿胀，慢性期三角肌可能出现萎缩，肩关节活动受限。

3. 处理方法

单纯韧带扭伤，可采用冷敷，加压包扎。24 小时后可采用理疗、按摩和针灸等物理治疗，出现韧带断裂时，应立即送医院缝合和固定处理。当肩关节肿胀和疼痛减轻后，可适当施行功能性锻炼，不宜过早活动，以防转入慢性。

（二）髌骨劳损，又称为腱末端病、髌骨软化症

1. 损伤原因和机理

髌骨劳损可能因重复的碰撞，或活动时所受的冲力太大，或长时间做同

一姿势的膝关节活动所致。也可能为一次直接外力撞击致伤。如篮球跨步急停、跳高或跳远时踏跳不合理，都可导致这种损伤。

损伤机理：局部长期、反复细微磨损或局部一次冲撞牵扯致伤出现韧带松弛，股四头肌及髌骨的负担加大，髌骨产生错动、拧伤、摩擦、撞击导致生理机能下降、弹性下降，最终产生髌骨变形。

2. 症状

由轻到重的症状分别是：运动量大及半蹲时痛，休息后减轻或消失；上下楼梯痛，运动后加重，运动质量和强度受影响；走路或静坐时痛，有易倒感，关节积液，影响行动。

3. 处理方法

可采用中药外敷、针灸、按摩等。平时注意加强膝关节肌群力量练习。如采用高位静力半蹲，每次保持 3 ~5 分钟即可。病情好转时，可逐渐增加时间，每日进行 1 ~2 次。

（三）踝关节扭伤

1. 损伤原因和机理

脚踝受伤是关节损伤中最常见的，运动中跳起落地时失去平衡，使踝关节过度内翻或外翻，都会导致损伤的发生。例如，打篮球、踢足球或跳高之后双脚着地不稳，均会令足踝出现不正常的扭动。在准备活动不充分、场地不平坦的情况下，更易造成这类损伤。由于关节活动量超过了其可能承受的程度，周围的组织被拉伤，以致组织出血和红肿，并有触痛感觉。内侧和外侧的脚踝关节韧带都有可能受伤，不过有七成的伤患是在外侧韧带发生的，尤其是前部分的纤维组织。

足外翻损伤机理：跑、跳等运动的腾空过程中是重心偏向内侧，突然的外翻导致三角韧带损伤从而使韧带断裂、撕脱、骨折。

足内翻损伤机理：跑、跳等运动的腾空过程中呈趾屈内翻位使人体踩在他人脚上、球上或不平的地面上或重心不稳偏向一侧，使足内翻着地，轻者距腓前韧带损伤，重者跟腓韧带损伤导致韧带断裂撕脱骨折。

2. 症状

踝关节内侧或外侧疼痛、肿胀、活动受限（屈、伸不良），行走困难或跛行；较重者可有足内翻或外翻畸形；足背踝部有皮下淤血伴有明显疼痛；踝关节被动内、外翻，疼痛加剧。

3. 处理方法

受伤后，立即冷敷，用绷带固定包扎，并抬高伤肢。24 小时后，根据伤情采取综合治疗，如外敷伤药、理疗、刮痧、按摩等，必要时做封闭疗法。待病情好转后，施行功能性练习。对严重患者，可用石膏固定。韧带完全断裂者，需固定 4～6 周，解除固定后配合按摩、理疗、中药熏洗和功能锻炼。

（四）急性腰伤

急性腰扭伤是腰部肌肉、筋膜、韧带等软组织因外力作用突然受到过度牵拉而引起的急性撕裂伤，常发生于搬抬重物、腰部肌肉强力收缩时。多是突然遭受间接外力所致。急性腰扭伤可使腰骶部肌肉的附着点、骨膜、筋膜和韧带等组织撕裂。

1. 损伤原因和机理

急性腰扭伤是一种常见病，多由姿势不正，用力过猛，超限活动及外力碰撞等引起的软组织受损所致。

损伤机理：运动时身体重心不稳或肌肉收缩不协调，引起腰部扭伤。多数因腰部受力过重、负重时的动作错误，或脊柱运动时超过了正常生理范围。

2. 症状

受伤后，当场疼痛，有时出现腰部肌肉痉挛和运动受限。

3. 处理方法

腰部急性扭伤后，应立即停止活动，让患者平卧。如果剧烈疼痛，则用担架抬送医院诊治。处理后，应使用硬板床或腰下垫个软枕头，以减轻疼痛，使肌肉韧带处于放松状态。也可针灸、外敷伤药或按摩。

（五）胫腓骨疲劳性骨膜炎

此病多发生于初参加体育锻炼的人，跑步或打球，或突然增加跑、跳练习的锻炼者在进行跑跳等项练习时，由于过多地采用足尖跑等一类的练习，使小腿屈肌群不断收缩而过度牵扯其在胫腓骨的附着部分，致使骨膜松弛，骨膜下出血，产生肿胀、疼痛等炎症反应，容易发生小腿胫骨骨膜炎，亦称为胫腓骨疲劳性肌膜炎。

1. 损伤原因和机理

胫腓骨疲劳性骨膜炎多发生于初参加体育锻炼的青少年。发生原因是由于跑跳的时间过长，小腿肌肉在胫腓骨的附着点受到过分牵拉，刺激骨膜引起非细菌性的炎症。如长期在硬地上跑跳时间过长，也会引起。

2. 症状

疼痛、压痛、骨膜水肿、变形骨膜引起的硬性突起等。

3. 处理方法

早期较轻的患者不需特殊方法治疗，仅用弹力绷带将小腿裹扎，停止大运动量的练习，避免剧烈的跑跳。2～3 周症状自行消失，大多数病例可痊愈。症状较重的患者应停止训练并用弹力绷带裹扎小腿，抬高伤肢，采用物理治疗，促进局部血液循环、淋巴循环与渗出组织液的吸收。治愈后训练时，运动量必须逐渐增加，以免再发生损伤。

（六）关节脱位

受直接外力或间接外力作用，使关节面失去正常的连接关系，称为关节脱位，又称为脱臼。关节脱位可分为完全脱位和半脱位（或称为错位）两种。严重的关节脱位，伴有关节囊撕裂甚至神经损伤。

1. 损伤原因和机理

运动中发生的关节脱位，大都是间接外力撞击所致。如摔倒时，用手撑地，引起肘关节或肩关节脱位。病理性和先天性原因也可造成关节脱位。

其损伤机理主要有：

（1）直接暴力：外力直接作用于骨骼局部而致脱位；

（2）间接暴力：外力通过传导、杠杆活旋转等作用间接引起脱位；

（3）肌肉拉力：肌肉实质突然收缩产生拉力，造成肌腱附着点处关节脱位；

（4）先天性因素：关节面先天发育不良造成先天关节脱位。

2. 症状

关节脱位后，常出现畸形，与健肢对比，关节脱位处可发现明显的畸形。因软组织损伤且出现炎症反应，局部疼痛、压痛和关节肿胀，并失去正常活动能力，甚至发生肌肉痉挛等现象。

3. 处理方法

用长度和宽度相称的夹板固定伤肢。如果没有夹板，用三角巾将伤肢固定在自己的躯干上，防止震动，应尽快转送到医院，争取尽早复位。如果没有把握做整复手术时，切不可随意做复位的动作，以免加重伤情、影响功能的恢复。

（七）脑震荡

头部受外力打击后，脑神经组织普遍受震荡所引起的意识和功能的暂时性障碍，而无明显的解剖病理改变。

1. 损伤原因和机理

脑震荡是由体育锻炼中身体互相碰撞或撞击重物，或从高处跌下时头部撞地所产生的冲力而引起的。

损伤机理：因外伤后脑干网状结构出现暂时的功能障碍，使脑皮质发生抑制的一种病症。

2. 症状

脑震荡是伤后立即发生暂时性意识障碍（若昏迷时间过长，则考虑是否为颅脑损伤）受伤后呼吸表浅，脉率稍缓，肌肉松弛。清醒后，患者不能回忆起受伤时的情况及伤后的经过。头痛、头晕，同时还伴有恶心、呕吐、耳鸣、心悸、多汗、失眠等症状。

3. 处理方法

让伤者平卧，安静休息，头部冷敷，身体保暖。若有昏迷，立即指压人中、内关、合谷穴；若呼吸发生障碍，立即进行人工呼吸。上述处理后，出现反复昏迷或耳鼻口出血，两瞳孔放大，又不对称时，表明病情严重，应立即护送至医院治疗。在运送途中，要让患者平卧，头部固定，避免颠簸。脑震荡无论受伤程度轻重如何，伤者均需送医院接受进一步的检查。

三、骨损伤

骨组织完整性或骨小梁的连续性发生部分或完全折断即为骨折。

1. 损伤原因和机理

外伤、病理、疲劳为最常见的原因。运动中身体某部位受到直接或间接暴力撞击时，造成骨折。骨折是比较严重的损伤，但发生率很低。骨折分为不完全性骨折和完全性骨折两种。常见的骨折有肱骨骨折、前臂骨骨折、手骨骨折、大腿骨折、小腿骨折、肋骨骨折、脊柱骨折和头部骨折等。

损伤机理有：

（1）直接暴力：外力直接作用于骨骼局部而致骨折；

（2）间接暴力：外力通过传导、杠杆活旋转等作用间接引起骨折；

（3）肌肉拉力：肌肉实质突然收缩产生拉力，造成肌腱附着点处骨折；

（4）积累性劳损：应力长期作用于某一点，造成局部超负荷而致骨折；

（5）病理性骨折：骨骼本身有病变，发生病理性破坏或强度减弱，遭受轻微外力即发生骨折。

2. 症状

骨折发生后，患处立即出现肿胀，皮下淤血，有剧烈疼痛（活动时加剧），肢体失去正常功能，肌肉产生痉挛，有时骨折部位发生变形。严重骨折时，伴有出血和神经损伤、发烧、口渴，直至休克等全身症状。功能障碍、假关节远端压迫痛。

骨擦音是骨折特有的征象，但在检查时要慎重，不能故意寻找骨擦音，以免加重损伤。

3. 处理方法

骨折发生后要立即停止伤肢的活动，并进行急救。若伴有休克时，应先进行处理，平躺休息，点按人中穴，并进行口对口人工呼吸或心脏腹外按摩；若伴有伤口出血，应同时实施止血和包扎。应用夹板或其他代用品固定伤肢，固定包扎时，动作要轻而缓慢，不要乱拉乱拖，以免造成严重的错位，及时护送至医院检查治疗。

四、运动损伤的一般急救处理

急救是对意外或突然发生的伤病事故进行紧急的临时性处理，其目的是保护伤病员的生命安全，急救时必须抓住主要矛盾，救命在先，做好休克的防治。应充分地考虑到运动损伤本身的特点和发病规律，以促进损伤组织的尽快愈合和运动功能的及早恢复。

（一）急救包扎法

1. 包扎的作用

用固定夹板或敷料，限制伤肢活动，避免加重伤情；保护创口，预防或减少感染；支持伤肢，使之保持舒适的位置，减轻疼痛和压迫止血，防止或减轻肿胀等。

2. 包扎的方法

（1）绷带包扎法

有环形包扎、螺旋形包扎、反折螺旋形包扎、“8”字形包扎。

① 环形包扎。用于包扎肢体粗细均匀的部位，如手腕、小腿下部、额部。每圈都要盖住第一圈，包扎3～4圈。

② 螺旋形包扎。用于包扎肢体粗细差不多的部位，如上臂，小腿下部。包扎时，先做2～3圈环形包扎，然后每圈都盖住前一圈的1/2～1/3。

③ 反折螺旋形包扎。用手包扎肢体粗细相差较大的部位，如前臂、小腿、大腿。先做2～3圈环形包扎，用左手拇指压住绷带上缘，将绷带向下反折，向后绕并拉紧绷带，每圈反折一次，后一圈压住前一圈的1/2～2/3，反折处不要在创口或骨突上。

④“8”字形包扎。多用于包扎肘、膝等关节处。将绷带由下而上，再由上而下地来回做“8”字形缠绕，使相关处逐渐靠拢关节。

注意事项：包扎时，动作要柔和、熟练，松紧度适中，过紧会妨碍血液循环，过松则起不到包扎的作用。绷带包扎要从伤部远端开始，包扎结束时，用胶布黏合成缚结固定，但缚结不要在伤口处。

（2）三角巾包扎法

三角巾应用方便，适用于全身各部位的包扎。

① 手部包扎法。三角巾平铺，将手平放在三角巾的中央，手指对向顶角，底边位于腕部，将顶角提起盖住手臂，再拉两底角在手背部交叉并压住顶角绕手腕打结。

② 足部包扎法。与手部包扎法基本相同。

注意事项：包扎伤口应先简单清创并盖上消毒纱布再包扎；包扎压力应适中，以能止血或初步制动为宜；包扎方向应自上而下、由左到右、自远心端向近心端包扎，以助静脉血液回流，绷带固定的结应放在肢体的外侧面，不应放在伤口及骨突部位。包扎四肢应暴露出指或趾，以便观察末梢血运和感觉，如发现异常，应松开重新包扎。

（二）止血法

血液从伤口的血管流出称为出血。人体血量约占体重的7% ~8%，若一次失血量占总血量的10%，对人体影响不大，达到总血量的20%就会出现血压下降及休克现象，失血量达30%则有生命危险。

1. 出血种类

出血可分为内出血和外出血两种。

（1）内出血

血液由破裂的血管流向组织（皮下组织肌肉组织）、体腔（胸腔、腹腔）、管腔（胃肠道、呼吸道），如闭合性损伤中的皮下淤血，半月板损伤时膝关节腔内积血等。

（2）外出血

血液从伤口流到身体表面。

2. 出血的鉴别

（1）动脉出血

特点是血鲜红，出血点在伤口的近心端，随心跳呈喷射状间歇性地流出，危险性大。

（2）静脉出血

特点是血色暗红，缓慢向外流出。

（3）毛细血管

特点是渗血。

通常所见的出血，多是混合性出血。

3. 急救

（1）橡皮止血带止血法

适用于四肢较大的动脉止血。抬高患肢，环绕出血处近心端肢体（止血带必须在只有一根骨的肢体上）。

注意事项：使用止血带要衬垫软物；止血带压力要适当，以出血停止、远端不能摸到动脉为好；上止血带的时间不宜超过3小时，应30分钟松止血带一次，每次1～3分钟，防止组织因缺血坏死；止血带应有明显标记及记录时间。

（2）指压法止血

适用于中等或较大的动脉出血。其要领是在出血部位的上端，用拇指或其余四指把动脉压在相应的骨面上，以止住出血。

常用的体表压迫点有：

① 颞动脉：在耳屏前上方一指宽（头前额、颞部出血）；

② 锁骨下动脉：在锁骨上缘中点（肩部、上臂出血）；

③ 肱动脉：在肱二头肌内缘中点（前臂和手出血）；

④ 股动脉：在腹股沟中点（大腿、小腿出血）。

注意事项：若是头面部和颈部出血，注意不能同时压迫两侧颈总动脉，以免造成大脑缺血；压迫时间也不能太长，以免造成颈部化学和压力感受器反应而危及生命。

（三）抗休克

休克是一种急性循环功能不全综合症。休克的原因常为剧烈疼痛，大出血，药物反应，细菌、真菌等引发的感染以及心源性疾病，如急性心肌梗死等。

主要病理：神经机能失调使血管异常扩张，组织淤血导致有效血循环量不足，回心血量减少，组织和脏器的血流灌注不良，导致组织缺血，缺氧和脏器功能障碍。

1. 症状与体征

病人在短时间内出现意识模糊，面色苍白或紫绀，出冷汗，四肢发冷，尿量减少，反应迟钝，心率加快，脉搏细弱，血压下降，进而出现昏迷，甚至死亡。

2. 急救

（1）现场急救

应迅速将伤员平卧或头稍低位，下肢抬高15°～20°，使之安静休息，避免过多地搬动。同时掐点穴位：内关穴（腕横纹上2寸）、足三里（膝下外侧）、合谷穴（1、2掌指间）、人中穴（鼻中沟中点）。

（2）针对病情处理

由于引起的休克要止血，由于疼痛引起的休克要止疼（可使用吗啡或杜冷丁）。

（四）脱臼

脱臼是因为关节面的相互关系超过了正常范围，且不能自行恢复原状。其主要病理是外力作用使关节囊、韧带撕裂或撕脱。

1. 症状与体征

症状：疼、肿、功能障碍、畸形、无骨擦音、假关节。

体征：脱臼处呈畸形，正常隆起处塌陷，而凹陷处、隆起处突出，整个肢体呈现出一种特殊姿态。例如，肩关节前脱臼呈“方肩”。

2. 急救

（1）肩关节复位

可请有经验的医生进行手牵足蹬法（希氏法）、牵引推拿法（科氏法）进行复位。

（2）肘关节复位

牵引属肘法（双人）。

（五）人工呼吸，体外心脏按摩

适用于呼吸停止，心跳存在或心脏刚刚停止、中毒溺水、电击等的急救。

1. 方法

（1）口对口吹气

使伤员仰卧，头部尽量后仰，使伤员口张开，急救者一手托起患者下颌，掌根轻压环状软骨，使其压迫食管，防止空气入胃，另一手捏住鼻孔然后深吸一口气，对准病员口吹入。吹完后，松开捏鼻孔的手，如此反复进行，每分钟 15 次左右。

（2）胸外心脏近按摩

救者将两手重叠，放于伤员胸骨体下段，用力下压（将胸壁压下约 4cm），随后将手放松，每分钟 60 ~ 80 次左右，下压时用力要均匀缓慢，松手要快，注意用力不可过猛，以防造成肋骨骨折。

2. 注意事项

① 首先将伤员搬到通风设备好的地方。

② 上衣、领扣、腰腹、胸带解开。

③ 伤员恢复到自主呼吸或确定死亡时才能停止。

第八章　青少年健康促进知识问答

一、健康的生活习惯

1. 形体美对人生发展的影响

青少年在日常学习和生活中各种姿态的正确与否，直接影响着他们生活的质量。形体美对人生发展的影响不仅是生活工作的影响，更是适应社会的需要，是一种新的生活方式的需要。健康、靓丽、完美的形体可以使你更加具有自信，使你在今后有更多的机遇获得成功。未来许多行业对形体都有一定的要求，在青少年阶段应该塑造完美的姿态和打下良好的形体基础，提升个人魅力。形体美不仅是身体健康的标志，也有利于青少年的人格健全，获得未来事业的成功。

2. 适宜体重与健康

体重得当是健康的标志。目前，在发达国家中，体重超重已经严重危害个体健康。

在正常人群中，体重超过正常值的20%被判定为肥胖，单纯性肥胖也称为“过食性肥胖”，由摄入热量多于人体消耗而以脂肪形式储存于体内造成，他们一般没有明显病因，主要是过度饮食或运动不足，这类肥胖占绝大多数。肥胖给健康带来的威胁有：加重心脏负担，使血流速度减慢，易患脂肪肝，以及由过重负荷引起的骨与关节疾患、下肢骨的弯曲变形、扁平足多发，体态笨拙、不灵活等。当然体重过轻也不利于健康，容易导致肌肉无力、体质虚弱、骨密质较差等现象。

控制个人体重在正常水平是现代人维护健康的重要方法。国际卫生组织对于适宜体重的评价建议使用BMI体重指数（Body Mass Index），它的计算公式为：BMI＝体重（kg）/身高（m）的平方。一般人的BMI指数在19~25为正常体重，>26为超重；>30为肥胖；<18为体重过轻。

世界卫生组织认为，BMI19～25只是一个正常值，如果想获得理想的体形，就要努力使自己的体重保持在BMI22，这被称为标准体重。可以根据自己的身高算出BMI22是多少，作为减重或增重的目标。如某人身高为1.62m，则他的MBI22为$1.62^2 \times 22 = 57.7$。那么57.7kg就是他的理想体重。我国有专家认为，亚洲人因为人种的差异，理想体重不宜达到BMI22，女性在BMI20，男性在BMI21足以。

如果你的体重已经超重了，那就再继续算一下自己的肥胖度，计算公式为：肥胖度＝[实际体重（kg）/标准体重（kg）－1]×100%。如果达到15%～30%已经是轻度肥胖了；超过标准体重30%者为中度肥胖，被认为有心血管致病危险；如果在50%以上为重度肥胖，中度肥胖以上就要十分警惕了，赶紧发愤减肥吧！

值得注意的是，体重是由脂肪成分和非脂肪成分构成，体脂肪重量占体重的百分比称为体脂百分比，余下的包括骨、水分、肌肉等，称为去脂体重。体重超标也可能并不是脂肪堆积的结果，如经常进行肌肉力量训练，会使肌细胞肥大，肌纤维粗壮，肌肉发达，这对健康有正向作用，所造成的体重超重并不一定有害。所以，BMI指数评价健康并不适合运动员和热爱健美进行特殊肌肉训练的人群，对于这类人群肥胖的判断应用体脂肪百分比更为适宜。但BMI指数作为普通人适宜体重的评价是相当简便和实用的。

建议朋友们关注自己的体重，经常算算自己的BMI体重指数，并终生为达到和保持理想体重——BMI20～22而努力。

3. 学生易出现的礼仪问题

(1) 着装不当

学生在校学习，自己无经济来源，应主要强调简洁大方。在日常的学习、生活、工作中多穿着便于行动、适合年龄要求的休闲装、便装等；在一些特定的场合，着装上应体现出自己的文化层次、道德水准、审美品位。在教室、图书馆等地及参加集会、演出或在各公共场所等时不宜穿戴跨栏背心、吊带背心、拖鞋、运动短裤、超短裙等不适宜学生穿着的服装。

(2) 化妆不自然

学生在日常学习、生活中，以不化妆为宜；在社交娱乐活动中，适当浓一点儿是可以的。化妆的时候，应以自然、清淡为主，切忌人工痕迹过重，那会丧失年轻人自然的美感。应以自己面部的客观条件为基础，适当强化和美化，不可以失真。

（3）不注重自己的举止

举止礼仪是一个人道德修养的表现，在现在的大学校园里，经常可以看到衣冠不整者、行为不端者、张口大骂者、随地吐痰者，其他的不讲礼不懂仪的现象亦不鲜见，如关门之时声震如雷、打电话时从不进行自我介绍、不再礼让教师、端着饭盒边走边吃等。

4. 青少年应培养的外表仪态

（1）服饰礼仪

服饰是最生动的自我介绍。穿着要符合自己的年龄特征、形体条件、职业特点。着装的基本要求是合体、合适、合度、有新意、有个性、整洁卫生。学生主要是以整洁、大方为主。

（2）行为礼仪

生活中，美来自各个方面，优雅、大方的举止行为是人体动态美和静态美的造型，它来自人本身。

站姿：正确健康的站姿，身体重心应置于双足的后部；双膝并拢，收腹收臀，直腰挺胸；双肩稍向后放平；梗颈、收颌、抬头：双臂自然垂于身体两侧，或双手体前相搭放于小腹位。

坐姿：正确坐姿上体直挺，与桌、椅均应保持一拳左右的距离；双膝并拢，不可两腿分开；双脚自然垂地，不可交叉伸在前，或一前一后，甚至呈内八字形。双手应掌心向下相叠或两手相握，放于身体的一边或膝盖之上。

走姿：平时在走路时要抬头、目视前方、双肩放平。

（3）沟通礼仪

中国人讲究“听其言，观其行”，把语言谈吐作为考察人品的一个重要内容。言谈过程中，目光应以温和、大方、亲切为宜，应多用平视的目光语，双目注视对方的眼鼻之间，表明重视对方或对其发言颇感兴趣，同时也体现出自己的坦诚。

5. 青少年内在修养的培养

（1）文化修养

学生要努力学习礼仪知识，了解和掌握社会对人们在礼仪方面的基本要求，有教养的人大都懂科学、有文化。他们思考问题周密，分析问题透彻，处理问题有方，而且反应敏捷，语言流畅，自信稳重，在社会交往中具有吸引力，让人感到在知识上获益匪浅，身心上愉快舒畅。相反，文化修养较低的人，缺乏自信，给人以木讷、呆滞或狂妄、浅薄的印象。

（2）道德修养

有德才会有礼，缺德必定无礼，道德是礼仪的基础。现实生活中，虚伪、自私自利、斤斤计较、唯我独尊、忌妒心强、苛求别人、骄傲自满的人，对别人不可能诚心诚意、以礼相待。因此，只有努力提高道德修养，才能使人的礼仪水平得到相应的提高。

（3）要时常自省

自省就是一个人平时要经常自我反省，这是由礼仪修养的特点决定的。众所周知，礼仪修养是一个自我认识、自我解剖、自我教育、自我改造、自我提高的过程，在这个过程中，必要的外部条件的影响是不可少的。自省是一种经常性的自觉的自我检查，是提高判断是非能力的重要途径。“吾日三省吾身”是儒家的修养法则，对当代青少年也是适用的。

（4）注重实践

人的认识来源于实践，认识正确与否，只能用实践来检验。因此，青少年应该身体力行地使用礼仪，用礼仪培养自己美好的心灵，同时还要用自己的礼仪行为去影响他人，用礼仪缩短人与人之间的距离，同时赢得别人对自己的尊敬。

6. 合理安排一日三餐

俗话说：“民以食为天。”青少年要合理安排自己的一日三餐，来保证自身能量代谢的需要，对于完成课业和树立面貌有着重要作用。

实验证明，每日三餐，食物中的蛋白质消化吸收率为 85%；如改为每日两餐，每餐各吃全天食物量的一半，则蛋白质消化吸收率仅为 75%。因此，按照我国人民的生活习惯，一般来说，一日三餐还是比较合理的。同时还要注意，两餐间隔的时间要适宜，间隔太长会引起高度饥饿感，影响青少年的劳动和学习效率；间隔时间如果太短，上顿食物在胃里还没有排空，就接着吃下顿食物，会使消化器官得不到充分的休息，消化功能就会逐步降低，影响食欲和消化。一般混合食物在胃里停留的时间是4~5小时，两餐的间隔以4~5小时比较合适，如果是5~6小时基本上也合乎要求。

一般来说，一日三餐的主食和副食应该粗细搭配，动物食品和植物食品要有一定的比例，最好每天吃些豆类、薯类和新鲜蔬菜。一日三餐的科学分配是根据每个人的生理状况和工作需要来决定的。按食量分配，早、中、晚三餐的比例为3:4:3，如果某人每天吃500g主食，那么早晚各应该吃150g，中午吃200g比较合适。

人们常说“早吃好，午吃饱，晚吃少”，这一养生经验是有科学道理的。早餐不但要注意数量，而且还要讲究质量。主食一般吃含淀粉的食物，如馒头、豆包、玉米面窝头等，还要适当地增加一些含蛋白质丰富的食物，如牛奶、豆浆、鸡蛋等，使体内的血糖迅速升高到正常或超过正常水平，从而使人精神振奋，精力充沛地工作学习。午餐应适当多吃一些，而且质量要高。主食如米饭、馒头、玉米面发糕、豆包等，副食要增加一些富含蛋白质和脂肪的食物，如鱼类、肉类、蛋类、豆制品等，以及新鲜蔬菜，使体内血糖继续维持在高水平，以保证下午的工作和学习。晚餐要吃少，以清淡、容易消化为原则，至少要在就寝2小时前进餐。如果晚餐吃得过多，并且吃进大量含蛋白质和脂肪的食物，不容易消化也影响睡眠。另外，人在夜间不活动，吃多了易导致营养过剩，也会导致肥胖，还可能使脂肪沉积到动脉血管壁上，导致心血管疾病，故应合理安排一日三餐。

7. 肥胖的原因

肥胖一般分为两大类。一类是因疾病而引起的肥胖，它是因为疾病（脑炎、脑瘤、关节炎或需服用激素的慢性疾病）而引起内分泌紊乱造成的肥胖，这种肥胖称为病理性肥胖（又称为症状性肥胖）。这类肥胖病人占整个肥胖人数的5%左右。另一类则是由于在饮食过程中所摄入的热量大大超过其本身所消耗的热量，而使多余的脂肪及其他养料在体内蓄积起来形成脂肪细胞，而导致肥胖，属于这类肥胖的人称为单纯性肥胖，这类肥胖人数占肥胖总人数的 90% 以上。产生肥胖的原因有以下几点。

（1）病理性肥胖

① 柯兴综合征。肾上腺皮质功能亢进，皮质醇分泌过多。导致脂肪重新分布，表现为：脸、脖子和身体肥大，但四肢则脂肪不多，即所谓的“满月脸、水牛背”。

② 胰源性肥胖。胰岛素分泌过多，代谢率降低，使脂肪分解减少而合成增加，从而导致的全身性肥胖。

③ 脑性肥胖病。伴有性功能丧失，或性欲减退现象，以乳房、下腹部、生殖器附近肥胖尤为突出。

（2）单纯性肥胖

① 遗传因素造成的肥胖。一般父母肥胖者，或其家族中有肥胖史的，其子女肥胖的可能性就很大。因为脂肪细胞的数目受遗传影响很大，这类人应该从幼儿就开始进行饮食、运动干预，否则成人后，采取运动、节食等方法消除肥胖更加困难。

② 饮食结构不合理造成的肥胖。偏食或饮食结构中所安排的脂肪、谷类及其他碳水化合物含量过高，引起热量摄入超标，导致人体内脂肪沉淀、脂肪细胞增多引起肥胖。人们所需热量的多少依性别、年龄、体型、工作类型、生活方式及个人的生理和病理不同而不同。

③ 运动过少导致肥胖。现代城市人习惯优裕舒适的生活环境，缺乏运动、锻炼的意识和行为。如很多人晚饭后，长时间地坐在电视机前看电视，一坐就是几个小时，很少走动，节目完后不久便进入梦乡，使得过剩的能量积聚、转化为脂肪，导致肥胖。

8. 日常生活习惯的最佳时间

下面是推荐的日常生活的最佳时间。

① 刷牙。饭后 3 分钟是漱口、刷牙的最佳时间。因为这时口腔的细菌开始分解食物残渣，其产生的酸性物质易腐蚀、溶解牙釉质，使牙齿受到损害。

② 喝牛奶。因牛奶中含有丰富的钙，中老年人睡觉前饮用，可补偿夜间血钙的低落状态而保护骨骼。同时，牛奶有催眠作用。

③ 吃水果。吃水果的最佳时间是饭前 1 小时。因为水果属生食，吃生食

后再吃熟食，体内白细胞就不会增多，有利于保护人体免疫系统。

④ 晒太阳。8:00～10:00 和 16:00～19:00 是晒太阳养生的最佳时间。此时日光以有益的紫外线 A 光束为主，可使人体产生维生素 D，从而增强人体免疫系统的抗疲劳和防止骨质疏松的能力，并减少动脉硬化的发病率。

⑤ 散步。饭后 45～60 分钟，以每小时 4.8 公里的速度散步 20 分钟，热量消耗最大，最有利于减肥。如果在饭后 2 小时后再散步，效果会更好。

⑥ 洗澡。每天晚上睡觉前来一个温水浴（35℃～45℃），能使全身的肌肉、关节松弛，血液循环加快，帮助你安然入睡。

⑦ 睡眠。午睡最好从 13:00 开始，这时人体感觉已下降，很容易入睡。晚上则以 21:00～22:00 为佳，因为人的深睡时间在 24:00 至次日凌晨3:00，而人在睡后一个半小时即进入深睡眠状态。

⑧ 锻炼。傍晚锻炼最为有益。原因是：人类的体力发挥或身体的适应能力，均以下午或接近黄昏时分为最佳。此时，人的味觉、视觉、听觉等感觉最敏感，全身协调能力最强，尤其是心律与血压都较平稳，最适宜锻炼。

9. 生活中常见的 8 个误区

日常生活中，有些我们习以为常的观念在引导着我们的生活方式，对身体极为不利，会降低生活质量。下面列举的 8 个错误观念就是需要澄清的。

（1）不吃酸菜

酸菜发酸是乳酸菌分解白菜中糖类产生乳酸的结果。乳酸是一种有机酸，不是致癌物质，它被人体吸收后能增进食欲，促进消化；“癌症与酸菜有关”之说，是因为发酵时间太长或添加剂太多或不当导致亚硝酸盐含量过高。其实，只要掌握好发酵程度和时间，吃自家泡制的酸菜有益无害。

（2）空腹喝奶

许多人有清晨空腹喝牛奶的习惯，认为这样能将营养成分全部吸收。其实，空腹时喝的奶会很快经胃和小肠进入大肠，结果各种营养成分来不及消化吸收就被排出体外。正确的方法是先吃一些食物再喝牛奶。

（3）久煮牛奶

有些人害怕牛奶中的细菌杀不死而久久烧煮。其实，牛奶遇高温不仅香味下降，而且蛋白质变性，维生素也会损失很多。所以，煮牛奶以烧开为限。

（4）空腹运动

许多人习惯早晨空腹跑步，以为这样既能吸收新鲜空气又能防止肥胖。然而，空腹运动时能量来源主要靠脂肪的异生。此时，血液中的游离脂肪酸就会明显增高，脂肪酸并不仅仅是心肌等活动的能量来源，其量过多也可成为心肌的毒物，能够引起各种心律失常，甚至导致猝死，对老年人的危险性更大。因此，晨练前适当进食一点儿食物是必要的。

（5）菠菜补血

菠菜含铁量较多，但是菠菜中90%的铁与其含有的草酸结合，不仅难以吸收，而且也会影响人体对其他食物中铁的吸收利用。所以，就补铁补血而言，菠菜不是好的选择。但是，菠菜仍然是一种营养丰富的食物，含有多种维生素和矿物质，还是值得吃的。

（6）禁食肥肉

人们害怕肥肉诱发高血压、冠心病、高血脂、动脉硬化，便对它避而远之。其实，只要烹调得法，文火炖煮，适量吃点肥肉对人体健康是有益的，但是千万不要过量。

（7）植物油好

纯植物油可促使体内过氧化物在血管壁、肝脏、脑细胞上形成从而会引起动脉硬化、肝硬化、脑血栓等疾病。正确的是植物油、动物油搭配或交替食用，其比例是10∶7。

（8）牛奶巧克力同食

牛奶含有丰富的蛋白质和钙，巧克力含有多量的草酸，二者同吃时，牛奶中的钙和巧克力中的草酸结合成草酸钙，不易被吸收，还会导致腹泻，影响发育。

10. 魔芋对健康的功效

魔芋是卫生部公布的既是食品又是药品的物品名单中作为普通食品管理的食品新资源。魔芋的食用部分是膨大的地下扁圆形块茎，其中含有大量的水分。魔芋干品含葡甘露聚糖约为50%，含粗蛋白质为9.7%，16种氨基酸总含量为7.8%，7种人体必需氨基酸总含量为2.5%，还含有钙、磷、铁、锌、锰、铬、铜等矿物质。魔芋是一种低热量、高膳食纤维的食品，高膳食纤维才是它有效的营养成分。魔芋是目前发现的最好的可溶性（水溶性）膳食纤维，具有良好的保健作用。葡甘露聚糖食用后不在胃中消化，能有效地吸附胆固醇和胆汁酸，并能抑制肠道对胆固醇和胆汁酸的吸收，具有降脂、降血压、开胃、通便、防癌、减肥、养颜等功能。

（1）排毒功能

其丰富的植物纤维素，帮助活跃肠道功能，加快排泄体内的有害毒素，预防和减少肠道系统疾病病变发生率。

（2）适用于减肥者食用

魔芋是低热食品，其葡甘露聚糖吸水膨胀，可增大至原体积的30～100倍，因而食用后有饱腹感，在充分满足人们的饮食快感的同时不会增肥。

（3）通便

魔芋中的葡甘露聚糖能有效地刺激肠壁，使小肠酶分泌增加，加快清除肠壁上的沉积物，魔芋葡甘露聚糖吸收水分后体积增大，大便变得松软，使其更有利于尽快排出体外，所以魔芋既能开胃化食，又能清除肠道垃圾。

（4）辅助降血糖

魔芋能延缓葡萄糖的吸收，有效地降低餐后血糖，从而减轻胰脏的负担，使糖尿病患者的糖代谢处于良性循环，不会像某些降糖药物那样使血糖骤然下降而出现低血糖现象。此外，魔芋中的植物纤维被医学证明可增加血液中胰岛素，降低血糖，对控制、预防和治疗糖尿病有极好的辅助效果。

（5）平衡盐分

魔芋具有调节或平衡体内盐分之功效。因为魔芋是一种碱性食物，在生理代谢过程中，能中和体内酸性代谢产物，使机体中血液维持酸碱平衡，防止血液酸化。

11. 高盐饮食不利于健康

法国的一项医学研究显示，法国每年至少有7.5万人因食盐过量而患心脑血管疾病，其中2.5万人因病情严重而死亡，这一数字是法国交通事故死亡人数的4倍。高盐饮食，有可能引发下列3种疾病。

（1）高血压

食盐的主要成分是氯化钠，钠离子和氯离子都存在于细胞外液中，钾离子存在于细胞内液中，正常情况下维持平衡。当钠离子和氯离子增多时，由于渗透压的改变，引起细胞外液增多，使钠和水潴留、“细胞间液”和血容量增加，可使血压升高。目前，世界范围内的许多盐与高血压的关系资料均表明，盐的摄入量与高血压呈正相关，即人摄入食盐量越多，血压水平越高。吃盐多不仅可以升高血压，同时还能使胆固醇升高，导致动脉粥样硬化。

（2）骨质疏松

多吃盐易导致骨质疏松症，其原因主要是盐中的钠。钠约占盐主要成分的40%，是导致人体骨质流失的“杀手”。营养学专家认为，钠通常会使妇女的骨质每年流失约1%。长期吃太咸的东西，还会影响骨骼生长。因为钠与钙同属矿物质，经过肾脏时，钠会比钙优先被身体回收再利用，故摄取太多的钠，会间接增加钙质的流失，影响骨骼发育。

（3）胃病

胃黏膜会分泌一层黏液来保护自己，但黏液怕盐，如果吃得太咸，日积月累，胃黏膜的保护层就没有了。长此以往会引起胃溃疡、胃炎等疾病。

总之，人没有盐是万万不行的，而盐多了，也会影响健康。所以，我们应该客观地看待食盐。时至今日，随着人们健康意识的不断加强，减盐，已经成为维持健康的必要手段。尤其对于习惯高盐饮食的人来说，减盐，是为健康加分的最佳方法。

12. 怎样喝水才健康

人体每天通过尿液、流汗或皮肤蒸发等流失的水分在1 800～2 000mL，因而人们一直认为，每天需要补充2 000mL左右的水分。但这2 000mL水分不一定都由喝水获得，我们每天吃的各种食物内含有很多水分，应该一并算进去。因此，扣除三餐中由食物摄取的1 000～1 200mL水分，我们每天只要再喝1 500mL水也就足够了。总的原则是：一天不能少于1 500mL，但也不要超过3 000mL，青少年如果参加体育活动的话，饮水量应适当增加。

给喝水定个时间表，具体如下。

每天8杯水（200～250mL/杯），听起来很简单，但很难坚持。中国著名健康教育学家洪昭光教授为大家推荐了一个“喝水时间表”，帮您轻松达到“饮水指标”。

6:30——经过一夜睡眠，身体开始缺水，起床先喝250mL水，可帮助肾脏及肝脏解毒。

7:30——清晨从起床到教室的过程，身体无形中会出现脱水现象，所以到了教室后，先给自己一杯至少250mL的水。

11:00——在教室学习一段时间后，再给自己一天里的第3杯水，补充流失的水分，有助于缓解学习压力。

12:50——用完午餐半小时后，喝一些水，可以加强身体的消化功能。

15:00——喝一杯健康矿泉水提神醒脑。

17:30——晚饭前，再喝一杯水，增加饱足感，吃晚餐时自然不会暴饮暴食。

21:00——睡前1～1.5小时再喝上一杯水，不过别一口气喝太多，以免晚上上洗手间影响睡眠质量。

13. 如何保持牙齿、口腔健康

（1）刷牙要讲方法

首先要选择好牙刷，用刷头2～3排刷毛的中软毛保健牙刷；刷柄要较扁而宽，容易握住，不易滑脱。一把牙刷不要用太久，特别是鬃毛牙刷，用1～2个月为宜。刷牙时不要用力过猛，要顺着牙缝方向慢慢刷，且刷牙的时间要长一点，可起到按摩牙龈的作用，促进血液循环。很多人比较喜欢选用药物牙膏，但长期用药物牙膏会使口腔细菌群失调，所以要定期更换牙膏。

（2）合理使用清洁牙齿的工具

牙线棒和牙线刷是清洁牙齿的工具。牙线棒可以清洁口腔后部的牙齿，牙线刷适合牙缝比较大的人。

（3）勤于叩齿和搅舌

古人就有“朝夕叩齿齿不龋”的说法。每天早起或睡前，或者在闲坐或闭目养神时，双唇紧闭，上下齿相互碰击，用力适中、均匀，开始时每次叩齿36次，以后逐渐增多，再将舌头在所有牙齿的颊面搅动10遍。长期坚持叩齿和搅舌，对牙齿的健康大有好处，可促进牙周的血液循环，有些炎症会通过按摩好转。

（4）定期检查口腔健康

定期进行口腔、牙齿、颌面部的系统检查，及时治疗所发现的疾病。只要一发现有龋齿迹象就要在牙医的指导下及时修补。

（5）合理漱口

饭后漱口可以清除口腔中的食物残渣。人在咀嚼食物之后，口腔中遗留的食物残渣非常有利于细菌的生长繁殖，影响健康。

漱口水温不当可致病，医学研究表明，倘若漱口时不注意水温，经常使牙齿受到骤冷或骤热的刺激，不仅容易引起牙髓出血和痉挛，还会直接影响牙齿的正常代谢，从而发生牙病，缩短牙齿的寿命。尤其是患有牙齿过敏、龋齿、牙周炎、口腔溃疡、舌炎、咽炎的病人，冷或热的刺激，都会诱发或加重病情。而温水则是一种良性保护剂，对口腔、牙齿、咽喉都有保护作用。

据调查，经常漱口的人患牙周炎、龋齿、上呼吸道感染、肺炎、支气管炎等疾病明显低于无此习惯的人。特别在秋冬季节，气候干燥，各种病原体游离在空气中，人们很容易吸入口腔，经常漱口，可清洁口腔，达到防病目的。口腔专家建议，每天除早晚刷牙外，还应间隔 2 小时漱一次口，特别是吃饭前后一定要漱口，以每天 6 ~ 8 次为宜。

口腔里的食物残渣多为酸性，会腐蚀牙齿，导致龋齿等牙病的发生。而茶叶属碱性，有中和酸的作用，且能抑杀某些病菌。茶中含氟化物，是牙本质中不可缺少的重要物质，如能不断地有少量氟浸入牙组织，将会增强牙齿的坚韧性和抗酸能力，防止龋齿发生。研究发现，茶叶中的儿茶素具有抑制流感病毒活性的作用，坚持用茶水漱口，可以有效地预防流感。

（6）多吃蔬菜

萝卜、芹菜等蔬菜可以促进牙周组织血液循环，帮助清洁牙齿，同时对牙周组织有按摩作用。

14. 不良的睡眠习惯

充足的睡眠、均衡的饮食和适当的运动，是国际社会公认的 3 项健康标准，但我国人民对睡眠重要性的认识显然远远不够，尤其是风华正茂的青少年。睡眠就像空气、阳光、水分一样，是人体必不可少的“营养”。而不正确的睡眠方式也会大大降低睡眠质量，威胁到我们的健康。举例说明以下 10 种不良睡眠习惯以及造成的后果，引以为戒。

（1）枕头过高

从生理角度讲，枕头以 8 ~ 12cm 为宜。太低，容易造成“落枕”，或因流入头脑的血液过多，造成次日头脑发涨、眼皮浮肿；过高，会影响呼吸道畅通，易打呼噜，而且长期高枕，易导致颈部不适或驼背。

（2）枕着手睡

睡时两手枕于头下，除影响血液循环、引起上肢麻木酸痛外，还易使腹内压力升高，久而久之还会产生“返流性食道炎”。所以，睡时不宜以两手为枕。

（3）被子蒙头

以被蒙面易引起呼吸困难；同时，吸入自己呼出的二氧化碳，对身体健康极为不利。婴幼儿更不宜如此，否则有窒息的危险。

（4）张口呼吸

闭口夜卧是保养元气的最好办法，而张口呼吸不但会吸进灰尘，而且极易使气管、肺及肋部受到冷空气的刺激。最好用鼻子呼吸，鼻毛能阻挡部分灰尘，鼻腔能对吸入的冷空气进行加温，有益健康。

（5）剧烈运动

睡前剧烈活动，会使大脑控制肌肉活动的神经细胞处于极强烈的兴奋状态，这种兴奋在短时间内不会平静下来，人便不能很快入睡。所以，睡前应当尽量保持身体平静，但也不妨做些轻微活动，如散步等。

（6）对着风睡

人体睡眠时对环境变化的适应能力降低，易受凉生病。古人认为，风为百病之长，善行而数变；善调摄者，虽盛暑不当风及生卧露下。所以睡觉的地方应避开风口，以床离窗、门有一定距离为宜。

（7）坐着睡

有些人吃饱饭往沙发上一坐，打开电视沏壶茶，够舒服的。可能工作太累了，看着电视就睡着了，这就使第二大隐患出现了！因为坐着睡会使心率减慢，血管扩张，流到各脏器的血液也就少了。再加上胃部消化需要血液供应，从而加重了脑缺氧，导致头晕、耳鸣的出现。

（8）睡前生气

睡前生气发怒，会使心跳加快，呼吸急促，思绪万千，以致难以入睡。

（9）睡前饱餐

睡前吃得过饱，胃肠要加紧消化，装满食物的胃会不断刺激大脑。大脑有兴奋点，人便不会安然入睡，正如中医所说的“胃不和，则卧不安”。

（10）睡前饮茶

茶叶中含有咖啡碱等物质，这些物质会刺激中枢神经，使人兴奋，若睡前喝茶，特别是浓茶，中枢神经会更加兴奋，使人不易入睡。

15. 熬夜不利于健康

不少人喜欢在夜间工作、学习或娱乐，白天补觉；还有的人平时正常作息，在节假日“临时熬夜”，通宵达旦地聚会、喝酒、打牌，美其名曰：“彻底放松”，其实，这些都非常不利于健康。

睡眠是人的生理需要，从表面看，“熬夜族”白天补觉，睡眠并不缺乏，但实际上，人体存在一种生物钟现象，它用特有的节律特性掌控着生命有机体的活动规律，打乱生物钟，会影响身体整体新陈代谢的原有规律，久而久之，健康就会遭到破坏。

当然，即使是受生物钟掌控，人类也的确存在不同的生活习性，如有的人习惯早睡早起，被称为“早型”或称为“百灵鸟型”；也有喜欢晚睡晚起的“晚型”，或称为“猫头鹰型”，他们的生物节律或睡眠时间有一定的差异，所以不一定强求每个人都按统一的时间作息，根据个人习惯可以做些调整，但是，一般认为，超过23∶00睡觉就有损健康了。

古人就认为，不睡“子午觉”是健康的大忌，23∶00到凌晨1∶00是人们常说的子时，从医学的角度讲，这是肝脏、胆等器官排毒代谢旺盛的时段，睡眠能保证它们的正常排毒功能，如果此时人们没有正常休息，会影响肝脏的血液供应，造成排毒功能紊乱或丧失，破坏内环境的稳定和使机体内毒素蓄积。所以有人发现，长期熬夜的人会出现更多的皮肤问题，如脸色黄黑、早生暗斑，粗糙、黑眼圈等，这都是排毒不畅所致。男性可能不太在意皮肤的好坏，但是，男性比女性承受更多的压力，肝脏是人体内最大的防御系统，保护肝脏更为重要，已经有研究证实，在中青年人群中，脂肪肝等肝脏疾病的发病率男性多于女性。“子时”被认为是最好的养肝时间。该睡时不睡，破坏了生物钟，会埋下身体的隐患。

脑力工作者更容易成为“熬夜族”，不少人已经养成了夜间工作和学习的习惯，而且错误地认为，夜间大脑更容易清醒，有利于思维和记忆。其实，不少研究曾经证实，人的智力和体能水平都表现出明显的近似昼夜的节律性，上午被认为是智力水平最高的时间段，而午后和傍晚则是各项体能水平的高峰期。孩子们会发现，晚上死记硬背的知识到了早上，竟然忘掉的比记住的多，而如果上午能精神集中地听好课，大部分知识点都会很容易地留在脑子里。科学家的研究也发现，生物钟在晚上会控制大脑记忆的形成，特别是关闭长期记忆的闸门。从理论上讲，夜间大脑工作水平应该明显低于白天，即使你在白天充足地补觉，也不如顺应人体生物钟，选择智力和记忆水平较高的白天工作。还有，长期熬夜会导致植物性神经紊乱，影响神经细胞的修复，皮质细胞长期受到损害，不仅使大脑皮层的工作能力减退，还会导致神经系统功能的衰退。如因为熬夜出现的神经衰弱、焦虑、精神不振等，严重的甚至会患上抑郁症。

睡眠是由两种不同的时相，即浅度睡眠和深度睡眠组成。在整个睡眠期间，两种睡眠交替发生 4 ~5 次，其中深度睡眠与神经系统的成熟、发展、学习记忆活动、糖原和蛋白质合成代谢、机体的休整恢复关系十分密切。现代社会，学习和竞争的压力也使一些儿童、青少年开始步入“熬夜族”，他们常挑灯夜战，写各种各样的作业和学习五花八门的课外知识。科学家的研究证明，与生长发育密切相关的“生长激素”分泌的高峰时间段是 22:00 ~23:00，并且是在深睡中最有利于分泌。这表明，青少年睡眠过晚或深度睡眠不足将严重影响身高和体能的增长，也会影响智力的发育。青少年应该最晚在 21:30 前进入睡眠状态。

16. 早睡早起身体好

睡眠是人的生理需要，人体存在一种生物钟现象，它用特有的节律性掌控着生命有机体的活动规律，打乱生物钟，会影响身体整体新陈代谢的原有规律从而破坏健康。不少人喜欢在夜间工作，学习或者娱乐，白天补觉；还有的人平时正常作息，在节假日“临时熬夜”，通宵达旦地聚会、喝酒、打牌，说是彻底放松，其实，这都非常不利于健康。

早起对青少年的身心有很多益处，那么如何由“晚睡晚起”做到早睡早起呢？我们先来说一下早睡。

身体精神的疲劳是使人困和累的根本，身体疲劳可以通过体育锻炼健身来克服；精神疲劳可以通过学习方法技巧来缓解。为顺利早睡我们有以下两点建议。

（1）不要做突然的变动

生理活动是有规律性的，所以突然地变动不容易改变原有的生活规律，改变一个规律是要有循序渐进的过程的，逐步地改变有利于坚持。一次只比原来早起 15 ~30 分钟。适应一段时间后，接着再提前 15 分钟。逐步地这样做直到你能够在设定的目标时间起床。

（2）让自己睡得早一点儿

你可能习惯很晚才睡觉，但是为了既能做到早起又能保证充足的睡眠，我建议你早点儿上床睡觉，即使你认为你不能马上入睡，在床上读会儿书，当你累的时候（在床上读书很容易困），你会发现你比想象中入睡得要快得多。

下面我们再来说一下早起。

睡眠的充足和自身的意志力是早起的关键，所以说想要早起的前提是必须早睡，主动想早起是早起主观的动力，被动的早起是外界客观的影响。为顺利早起，我们有以下 4 点建议。

（1）把你的闹钟放在离床远的地方

如果闹钟就在你的床边的话，你会不自觉地把它关上，然后继续打盹儿。如果它离你的床很远的话，你不得不离开床才能把它关上。但是这时候，你已经站起来了，你就不得不起床了。

（2）关上闹钟之后立刻走出卧室

关上闹钟后不要允许自己再回到床上，强制自己走出房间。可以先去卫生间解手、洗漱等，在做完这些之后，你已经可以足够清醒地来面对新的一天。不要给自己找理由回到床上。如果你允许头脑中有个想法告诉你不要早起的话，你永远也做不到早起。不要给自己任何回到床上继续睡觉的理由。

（3）给自己找个早起的理由

为早起准备点儿事情做是非常重要的。这个理由会给你早起的动力，甚至会使你很兴奋地盼望起床，想想你自己最喜欢做的事情，放在早上，督促和鼓励自己早起。

(4) 充分利用早起的时间

不要早起后浪费宝贵的时间，可以利用这段时间来准备午餐、计划今天要做的事情；做早操或冥想，以及阅读。

17. 当心患上网络综合征

“网络综合征”（简称 IAD），顾名思义，是玩互联网成瘾所致的症候群。

Internet（互联网）几乎囊括了现代科技和人类生活各方面的内容，上至天文地理，下到衣食住行，无所不包，尤其是网上娱乐正吸引着越来越多的网民。随着我国近年来电信事业的发展，电脑进入千家万户，“上网”也在很多城市家庭“热”了起来，“网上家庭”越来越多。与此同时，上网成瘾并深陷其中的人群亦与日俱增。而对于青少年“网虫”来说，花样繁多、引人入胜的网上娱乐为他们拓宽了休闲空间，一旦上网成瘾，就难以自拔。据金山电脑公司统计，有 50% 的电脑爱好者是游戏玩家。Internet 上的联网游戏，各游戏开发公司发布的游戏 DEMO 版及开发的最新信息，乃至一些游戏的攻关秘籍、提示等，对青少年都是极具诱惑力的。另外，网上旅游、网上聊天，都让“网虫们”乐此不疲，然而，陷入其中，隐患极大。

据最新统计，全球两亿多网民中，就有 1 140 万人患有不同程度的网络综合征。美国匹兹堡大学心理学教授基姆伯雷博士的一份研究资料表明，IAD 患者最主要的表现，就是在网上持续操作的时间失控，为了达到自我满足，不惜增加大量网上操作时间，随着感觉乐趣不断增强，欲罢不能，难以自控，并为此常对人说谎。早晨起床后就有一种上网的需求。有关网络上的情况，反复出现在梦中或想象中。患者多沉湎于网上自由说谈或网上互动游戏，并因此而忽视了现实生活的存在，或对现实生活不满足。初时是精神上的依赖，渴望上网“遨游”，嗣后可发展为躯体依赖，多表现为平时情绪低落、头昏眼花、双手颤抖、疲乏无力、食欲不振等。

IAD 的发生机理，是由于成瘾者上网时间过长，使得大脑相关高级神经中枢持续处于高度兴奋状态，引起肾上腺素水平异常增高，交感神经过度兴奋，并使血压升高。这些劣性改变可伴随一系列复杂的生理和生物化学变化，尤其是植物神经功能紊乱，体内激素水平失衡，会使免疫功能降低，导致种种疾患。除上述诸症外，还会诱发心血管疾病、胃肠神经官能症、紧张性头痛等，还伴有性情异常改变，如焦虑忧郁、动辄发怒等。同时，由于眼睛过久注视电脑显示屏，可使视网膜上的感光物质视紫红质消耗过多，若未能及时补充其合成物质维生素 A 和相关蛋白质，会导致视力下降、眼痛、怕光、流泪、暗适应能力降低等。

美国学者对 496 名电脑网络使用者进行了调查，内容大致包括：是否对 Internet 适应不良？是否需要长时间使用网络才会觉得满足？上网的时候身体是否会颤抖？是否幻想或梦到 Internet？手指是否会有不由自主地敲击键盘的动作等。结果显示，有 397 名使用者不同程度地患有 IAD。

国外学者还发现，IAD 患者起初不愿承认自己有这种病症或不能正视问题的存在，待病情严重时才不得不去就医。因此，对于我国越来越多的网络族来说，在上网学习、工作或拓宽自己知识面的同时，切不可忽视自身保健，尤其要防止 IAD 的发生，要在上网时间上自我约束，特别是在夜晚上网不可时间过长，谨防成瘾。

青少年对此要严加预防，比较积极的预防方法是注意平时要丰富其他业余生活的内容和娱乐形式，如外出郊游、找朋友聊天、串门、散步、锻炼、打球、看书等，不可陷入“非上网不可”的泥潭。另外，在饮食上应注意多吃些胡萝卜、豆芽、瘦肉、动物肝脏等富含维生素 A 和蛋白质的食物，经常喝些绿茶，这些都有益于电脑操作者的健康。一旦发生 IAD，要尽早请医生妥善施治，必要时可安排心理治疗。

18. 早餐的重要性

有些青少年养成了赖床的习惯，这就容易造成不吃早餐，匆匆忙忙上早课。

专家经过长期的观察发现，一个人早晨起床后不吃早餐，血液黏度就会增高，且流动缓慢，天长日久，会导致心脏病的发生。因此，早餐丰盛不但使人在一天的工作中精力充沛，而且有益于心脏的健康。坚持吃早餐的青少年要比不吃早餐的青少年长得壮实，抗病能力强，在学校课堂上表现得更加突出，听课时精力集中，理解能力强，学习成绩大都更加优秀，这是因为人的脑细胞只能从葡萄糖这种营养素中获取能量，经过一个晚上没有进食而又不吃早餐，血液就不能保证足够的葡萄糖供应，时间长了就会使人变得疲倦乏力，甚至出现恶心、呕吐、头晕等现象，无法精力充沛地投入工作。

一般情况下，理想的早餐要掌握 3 个要素：就餐时间、营养量和主副食平衡搭配。一般来说，起床后活动 30 分钟再吃早餐最为适宜，因为这时人的食欲最旺盛。早餐不但要注重数量，还要讲究质量。按成人计算，早餐的主食量应在 150～200g 间，热量应为 700Kcal 左右。当然从事不同劳动强度及不同年龄的人所需的热量也不尽相同。如小学生需 500Kcal 左右的热量，中学生则需 600Kcal 左右的热量。就食量和热量而言，应占不同年龄段的人一日总食量和总热量的 30% 为宜。主食一般应吃含淀粉的食物，如馒头、豆包、面包等，还要适当增加些含蛋白质丰富的食物，如牛奶、豆浆、鸡蛋等，再配以一些小菜。

19. 酷暑话冷饮

当人们感到很热时，想喝上一些冷的饮品，这种心理需求是以生理需求为基础的。水占人体体重的 2/3，水分一旦缺乏，就会引起血液黏度增加，对氧气、营养物质的摄入就会减慢；另外，人体需要通过循环将代谢的废物排出体外，水分缺乏时，代谢废物也会滞留在体内。因此夏日出汗后人体水分不足，如果不及时补充，对健康危害极大。但是在喝冷饮时应该注意以下 4 个方面。

（1）适时

不宜在饭前或饭后半小时内喝冷饮。饭前喝冷饮会刺激胃肠道，引起食欲不佳，导致挑食和偏食，此现象儿童最多见。饭后立即喝冷饮，会使胃酸分泌量减少，消化系统免疫力下降，导致细菌繁殖，容易引起肠炎等胃肠道疾病。

（2）适量

喝冷饮不宜过量，因市场上的多数饮料含有大量糖类、脂肪等高能量物质，易导致肥胖。同时，经常喝大量冷饮，还可引起胃黏膜血管收缩，减少胃液分泌量，导致食欲下降，影响人体对食物的吸收。市场上销售的冷饮制品虽经过冷加工处理，但少数能耐低温的细菌仍能繁殖，危害人体健康。冷饮的摄入量，一次以 150mL 左右为宜。如果摄入的果汁饮料占成年人一天饮水量（1 500～2 500mL）的 2/3，就会出现食欲不振、情绪不稳定等不适感，国外称其为果汁综合征。

（3）速度

喝冷饮也要同喝热汤一样，细细品味、慢慢咽下。一口气喝下一大杯冷饮，感觉到全身凉爽。可是，对身体的危害却很大，它可使胃黏膜血管收缩，导致消化、吸收缓慢等。

（4）宜忌

不同的人群，对于冷饮有不同的要求，但是患有疾病的人，应该少饮甚至忌冷饮。婴儿忌冷饮，幼儿少喝冷饮，年老体弱者和患有冠心病的人也不宜多喝冷饮。剧烈运动后不宜喝冷饮，因为剧烈运动后，包括胃肠道在内的全身毛细血管扩张，马上喝冷饮可导致胃肠道痉挛，影响对食物的消化和营养的吸收。剧烈运动后喝冷饮对嗓子也有害无益，寒冷刺激会使呼吸道黏膜上原有的病毒乘虚而入，诱发急性喉炎。若累及声带，会引起声音嘶哑。喝冷饮时，从冰箱中拿出来要放一会儿再喝，以减少对胃的刺激，尤其是对有胃病的人来说，更需要注意，以免造成脾胃的进一步损伤。

20. 有害健康的生活习惯

（1）饭前饭后喝茶

饭前饭后喝茶容易造成消化不良、便秘、营养障碍和贫血等。饭前半小时和饭后 1 小时之内都不宜喝茶。酒足饭饱后喝茶，不利于脂肪肝的预防。吃荤后喝茶，容易造成便秘。另外，茶叶中含有大量的单宁酸，饭后喝茶，会使胃中未来得及消化的蛋白质同单宁酸结合成一种不易消化的凝固物质，影响蛋白质的消化和吸收。更重要的是，茶叶妨碍了机体对铁元素的吸收，如果饭后喝了用 15g 干茶叶冲泡的茶水，会使食物中铁的吸收降低 50%。

（2）饭前吃甜食

饭前吃甜食会抑制食欲，甜食可以延缓胃肠道的蠕动和排空，抑制食欲。另外，空腹状态下吃甜食，会导致胃肠胀气、胃酸分泌过多，出现恶心、反酸和烧心感。

（3）经常吃茶蛋

经常吃茶蛋影响营养消化吸收。茶叶中含有生物酸碱成分，在烧煮时会渗透到鸡蛋里，与鸡蛋中的铁元素结合。这种结合体，对胃有很强的刺激性，久而久之，会影响营养物质的消化吸收。

（4）吃夜宵

吃夜宵会引起消化不良、胃肠功能紊乱。经常在夜间进食，胃黏膜的再生和修复不能圆满地进行。此外，吃过夜宵再睡眠，食物较长时间在胃内停留，会对胃黏膜造成长时间的刺激，导致胃黏膜受损甚至溃疡。

（5）吃得太精细

吃得太精细会导致体内纤维素缺乏，引起慢性便秘。精加工食品中很少含有纤维素。纤维素是最好的肠道“清道夫”，它可软化大便，促进肠道蠕动，预防便秘，纤维素还可以缓解痔疮与肛裂症状。

（6）饭后立即吃水果

饭后立即吃水果易导致体重超重或肥胖。

（7）睡前不洗脸

留在脸上的化妆品不洗掉，会引起粉刺和针眼之类的炎症，还会使眼睛发炎，引起皮肤过敏反应以及粉刺、针眼等不良影响。

（8）上厕所时看书

坐在厕所里阅读，由于全神贯注地看书，容易忽略直肠及肛门区对“便意”的感受，其后果是出现功能性的便秘便结。当大便秘结时就会去强行挣便，促使直肠下段及肛门区静脉淤血加重。肛周静脉淤滞及扩张的结果是发生痔疮，继而出血及脱垂以及易患便秘及痔疮等不良影响。

（9）边吃东西边玩电脑

进食时身体的血液大部分会集中在肠胃，以更好地进行食物的消化和吸收，在这个时候上网聊天或是玩游戏，就会影响肠胃的消化功能。长时间就会引发消化不良，影响肠胃消化吸收。

（10）胸前口袋放手机

手机装在上衣左边的口袋里会紧贴着心脏，手机辐射非常不利于人体健康。

二、科学运动与健康

（一）教你走向健康

以健身为目的的走步被称作健步走。

健步走的正确姿势如下。

走路时整个身体不要僵硬，要自然、放松，头部正直，眼睛向前看。收腹和挺直胸膛很重要，这有利于改善体姿和增加腰腹肌肉力量，注意即使累的时候也要尽量挺直腰杆。

走每一步重心都要落在脚掌，感觉一下脚趾的用力蹬地，使步伐富有弹性，这有利于提升臀部肌肉和增加小腿、脚踝力量。注意脚尖向前，不要八字脚。

两臂随腿自然摆动。呼吸自然，随步伐适当加深。

影响走路速度的因素是步长和步频。一般来说，健步走锻炼的步长分为：正常步长，为每步80～90cm；中等步长，约为70cm；短步长，为60cm以下。每分钟120步以上为快步频。根据不同的步长和步频可以组成不同的健步走锻炼方案。

（1）快步疾走

快步走是一种步幅适中、步频加快、步速较快、运动量稍大的走步。适合于中青年人及少年儿童。快步疾走时身体应适度前倾，步频一般要大于每分钟120步。有人建议青年人最初可采取步幅约70cm、140步/分钟的速度。

长时间疾走可以增加肌肉活动强度，使腿部肌肉强健发达；并且快走能量消耗相对较大，可促进对体内多余脂肪的利用。

（2）大步走

大步流星地走。摆臂配合步伐加大幅度。大步走有利于改善腿部肌肉线条，增加腿部肌肉、韧带的弹性和协调性。有人建议采用步幅在100～120cm、80～100步/分钟的速度。

（3）踏步走

此种方法适合在室内进行，动作要领是：上体正直，双腿交替屈膝抬腿至髋高，双臂自然摆动。

此外，还有坡路、沙地行走（增长腿、足力量）、赤足走（按摩脚掌穴位）等。

有人采用倒步走，这有利于锻炼腰背肌力量和提高走路锻炼的趣味性，但一定要注意安全，倒步练习的伤害事故有一定的发生率。

无论采取哪种健步走方法进行锻炼，练习时间都要持续20分钟以上才会有效果，并且，为保证身体机能的平衡发展，应添加抻拉韧带和肌肉力量的练习。

（二）感冒与运动

感冒是一种比较容易治愈的常见病，而且对于轻微的感冒，医生建议，不需动用药物治疗，依靠自己身体的抵抗力，适当增加饮水量，吃清淡的食物进行调理，注意休息和睡眠，就可以自愈。于是，一些人认为，感冒不过是小疾，不必在意，只要不发烧，在感冒期间是可以参加运动的，更有一些人甚至想利用运动的大量出汗降低体温，缓解感冒的症状。那么，运动是否可以治疗感冒呢?

首先，感冒时运动是不利于身体恢复的。表面上，通过运动使排汗增加，似乎会加速体内病毒的排出，而且的确有人在一身大汗后感觉感冒症状减轻了许多，但这不过是一种暂时出现的假象。感冒是由于病毒或细菌侵入体内，这时体内的防御系统会加强工作，如出现体温升高、白细胞增多等，而运动会使体内产热量增加，造成免疫调节的紊乱，感冒患者处于身体机能低下，即使强度较小的运动也会使患者承受较大的生理负荷。在运动后，常会出现免疫抑制现象，进而身体抵抗力下降，使感冒迅速加重，或是久久不愈。

其次，运动使耗氧量加大，心肺系统负担加重，特别是正在发烧的感冒患者进行运动，病毒侵犯心肌，会引发急性心肌炎、心肺功能不全，导致比较严重的后果。

总之，在感冒期间最好不要运动，应以休息调养为主，避免劳累。充足的休息和合理的营养是治疗感冒的最好方法，而运动出汗的方式对于感冒有害无益。即使感冒痊愈，运动也要循序渐进，使体力逐渐地恢复，不然，身体间断锻炼后，对运动可能不适，有时会在体力不支时免疫力下降，导致感冒反复发作。

良好的免疫机能作为机体抵抗力的标志，可以帮助人们抵抗病菌的侵入，适度运动可提高免疫机能，降低感染疾病的风险，因而，运动有助于预防感冒。有一项研究结果显示，爱好运动者与从不参加体育运动者相比，患感冒的次数明显要少。这说明合理的运动可使免疫系统发生有益的变化，从而有利于人们抵抗疾病的侵袭。

在冬季，在身体状况允许时，还是应该坚持进行户外运动，可以选择舒适保暖的衣服、鞋袜，在阳光比较充足的时间段和向阳背风的地点进行适当的体育锻炼，以增加自己身体的适应能力。年老体弱或不适于外出锻炼者，应在室内坚持身体锻炼，并且注意居住环境的空气流通和保持一定的湿度。在运动前后，要注意补充足够的水分。

（三）晨练的利与弊

采取运动的方式改善体质已经得到越来越多的认可，青少年进行科学的身体锻炼不仅可以强身健体，还有利于建立良好的生活方式，这会使人受益终生。

对于晨练，单从体育锻炼本身的意义来说，参加晨练使体力活动量大大增加，当然是有助于改善体质的。例如，经常性的户外体育锻炼，可以更多地吸收阳光和氧气，刺激食欲，增强吸收营养的能力，生理学家认为，生长发育是受先天遗传和后天环境双重影响的复杂生物现象。营养是生长发育的物质基础，体力活动是生长发育的源泉。在营养供给充足的前提下，体育锻炼可以充分地调动机体的生长潜能，有效利用各种营养物质，促进代谢过程加强；适宜而有针对性地运动可以帮助肥胖者增加热能消耗，降低体重和身体脂肪含量；帮助瘦弱者在合理膳食配合下，促进营养吸收和生长发育水平，逐步获得强壮的体质。运动还可以改善神经系统的结构与功能，调节心理，参加体育运动可以提高学生的自信心和交往协作能力，对智力的发展也有良好的促进作用。

许多人认为，早晨空气相对清新，进行晨练可以呼吸到更多的氧气，并且能培养他们勤快的生活作风。但晨练也有一些不利之处。

其一，对于生长发育来说，保证睡眠是更为重要的，如果因为晨练早起，难以保证足够的睡眠时间，久而久之，就会影响身体健康。

其二，运动会导致人的兴奋，兴奋过度会出现超限抑制，即在一段时间内呈现工作能力下降的现象，晨练与上午上课时间较近，可能会延续运动的兴奋状态，在晨练后上午课会出现注意力分散、疲惫、学习能力下降等情况。

其三，一般学校上课时间是 8:00，晨练占用时间可能导致学生不能从容地吃完早餐和保证消化、吸收。

（四）夏季健身的准备活动

准备活动指正式健身运动前的身体练习，合理而充分的准备活动是任何健身运动、竞技运动训练、比赛前必须完成的重要步骤，俗称“热身”，炎炎夏季，每天待着都很热，健身前还用做准备活动吗?

既然叫热身，在健身前提高运动者的体温当然是准备活动的作用之一，体温升高可使神经传导速度加快，降低肌肉黏滞性，提高肌肉的伸展性和弹性。研究认为，体温每升高 1℃，机体的代谢率便增加 13%；而体温升高 2℃，肌肉收缩速度约增加 20%。可见，体温升高可使人体内发生一系列有利于运动的生理变化。在夏季，高气温和日照辐射使人们本身具有较高的体温，肌肉的黏滞性降低，伸展性加强，准备活动的时间可以比在冷环境中运动时缩短，但并不能省略不做，因为升高体温仅是准备活动的作用之一。

克服内脏器官的生理惰性更是准备活动的重要作用，任何物体都必须克服惰性才能前进，如我们乘坐汽车、火车时，由启动到高速行驶，需要克服物理惰性。人体的运动除具有与物体相同的物理惰性外，还具有生物体所特有的生理惰性。运动被认为是一种复杂的反射活动，神经冲动到达肌肉要通过反射弧传导，这就需要一定的时间，而支配内脏的植物性神经的兴奋冲动，由大脑皮质发出后，需经过较多的皮质下中枢，才能到达所支配的内脏器官。故有较大的惰性，合理适宜的准备活动可以有效地增加氧运输系统的活动，提高肺通气量和心输出量，通过良性的具有一定负荷的刺激，心肌和骨骼肌的毛细血管网扩张，参加活动的工作肌得到更多的氧供应，从而可以较快地克服内脏器官的生理惰性。如果不做准备活动或准备活动不充分，一开始就进行较剧烈的运动，即使是气温很高的夏季，内脏器官也不能适应，会导致运动性疾病或损伤，如运动中腹痛就主要是由血管突然急剧收缩、缺氧、代谢产物的刺激、平滑肌的痉挛性收缩等引起的，这经常发生在没有进行充分准备活动的运动者身上。

健身前的准备活动还有提高中枢神经系统兴奋性的重要作用，为了使人体能够尽快地进入运动状态，首先应该使大脑这个司令部兴奋起来，促使有关的内分泌腺活动增加，为随之而来的运动做好精神上、心理上的准备。通过一些身体活动，可在人的大脑皮质相应的神经中枢留下痕迹，人的运动中枢和内脏中枢在已有了适宜兴奋的基础上，就可以大大地缩短对运动的适应过程。不做准备活动，有时会引发精神突然紧张、情绪慌乱等不良心理反应。

所以即使在夏季人们还是要认真地进行健身前的准备活动，时间可在10分钟左右，准备活动的强度应使心率达到每分钟100～120次。

头脑清醒、身体轻巧、周身温暖、关节韧带柔软有力，对运动充满渴望是适宜准备活动的标志。

（五）运动改善心肺适能的机制

体适能，指身体足以安全而有效地应付日常生活中身体所承受的冲击和负荷，免于过度疲劳，并有体力享受休闲及娱乐活动的能力。其中心肺适能是体适能要素中最重要的一项，包括心肺、血管及血液等组织系统的机能。研究证实，长时间的有氧运动训练，可以有效地提升心肺适能，改善生活质量。体育锻炼对心血管系统的长期性影响概括起来有以下4个方面。

（1）减少心肌耗氧量

运动训练可使控制心脏活动的迷走神经作用加强，而使交感神经的作用减弱。特别是耐力训练可使安静时心率减慢。如某些优秀的耐力运动员安静时心率可低至40～60次/分钟，这种现象称为窦性心动徐缓，是经过长期训练，心脏工作效率增加、功能改善的良好反应。

（2）运动性心脏增大，心血管机能改善

研究发现，运动训练可使心脏增大，运动性增大的心脏，外形丰实，收缩力强，心力储备高，是对长时间运动负荷的良好反应。

（3）心肌微细结构发生改变

心肌纤维内ATP酶活性提高，心肌肌浆网对Ca^{2+}的储存、释放、摄取能力提高，线粒体与细胞膜功能改善，ATP再合成速度增加，冠脉供血良好，使心肌收缩力增加。

（4）心血管调节功能得到改善

长期进行体育锻炼，在神经和体液的调节下心血管机能动员快、潜力大，但运动一停止就能很快恢复到安静时的水平，使机体能够尽快恢复从而迎接新的工作任务。

（六）夏季运动4项注意

夏季高温炎热，但抵挡不了青少年热爱运动的激情，此时需注意以下4个问题，使运动和保健同步而行，获取最好的效果。

（1）预防中暑夏日运动，人容易中暑，此时体温突然急剧升高，又无法通过流汗散热，头痛、头晕、心神不定等症状随之而来，如果湿度较高就更容易发生中暑。所以，夏季运动一定要从低运动量、短时间开始，让身体慢慢适应炎热的天气，避免长时间在烈日下运动。

（2）合理补水。剧烈运动后冷饮是首选饮料，但过多的冷饮会使机体突然性地内冷外热而失去平衡，影响健康。在出汗后大量喝水也对身体不利，会突然加重心脏负担，胃液稀释影响消化，并引发多种疾病。温的淡盐水是运动后最好的饮料。

（3）适宜的运动。夏季受烈日的影响，许多运动项目就不太适宜进行，体育爱好者可顺时知变。比如，以攀登楼梯代替登山，以早晚散步代替跑步等。夏季最好的运动是游泳，锻炼的同时还有降温作用。

（4）科学降温锻炼后全身各组织器官新陈代谢增加，皮肤中的毛细血管大量扩张以利余热散发，此时如马上洗冷水澡或吹电风扇，毛细血管马上收缩及汗腺遇冷关闭，会使人感到更热不可耐，并易患伤风感冒等疾病。

（七）夏季健身的热应激与热疾病

夏天真的来了，健身时人们可以穿单薄的衣服，可以裸露胳臂、腿，可以捧一把清水随意撩在身上，真的好惬意！但是朋友们，在炎热的环境中锻炼身体，千万不要忘记预防热疾病。

人体体温调节的中枢在下丘脑，在它的控制下，产热和散热处于动态平衡，可以维持正常的体温。在夏季炎热的环境中生活和劳动，机体代谢加速，产热增加，人体会借助于皮肤血管扩张，血流加速，汗腺分泌增加、呼吸加快等，将体内产生的热量送达体表，通过辐射、传导、对流及蒸发等方式散热，以保持体温在正常范围内。据研究，人的循环系统末梢组织热传导值可以在此时增加5~6倍，这被称为热应激。生物体都具有这种应激能力，保证了在热环境下的生存。

但是人的热应激能力是有限度的，而且还具有较大的个体差异，若在热环境下劳动或运动时间过长，没有采取合理的防热、散热措施，超过了个人的热应激能力，就会出现如下丘脑的排汗中枢发生障碍，机体不能通过排汗蒸发热量，肌细胞内钠、钾比例失调；循环血量减少、循环功能障碍等，使机体内蓄积了过多的热量；就会导致热疾病的出现，主要有以下3点。

（1）热痉挛，症状为：肌肉痉挛、大出汗、疲劳等。

（2）热衰竭，症状为：极度软弱、多汗、皮肤湿冷、心率加快、头痛、恶心、衰竭等。

（3）中暑，症状为：头晕、头痛、心慌、口渴、恶心、呕吐、体温急剧升高、晕厥、虚脱或神志模糊等。

热疾病对人体健康的危害很大，夏季健身时要注意防止热疾病的发生，有不少人以为在烈日暴晒下劳动或运动才会发生中暑，其实闷热、湿热环境也会造成热疾病。

热环境下健身应注意以下4点。

（1）保证充足的睡眠，使大脑和身体各系统都得到放松和休息，如果因为某种原因没有睡好觉，第二天最好就不要锻炼了，或者减小运动量。

（2）尽量选择凉爽的时间段或选择阴凉的地方进行运动，室内健身要保证空气流通。如果是在日晒下运动，时间不要长于30分钟，最好每隔15分钟到阴凉的地方休息一下。

（3）选择吸汗的服装，不要穿紧身运动服。锻炼中如果有条件可以经常往脸上、身上洒些水，帮助散热。

（4）提前补充水分，运动前补水500mL左右，运动中必须补水，每隔20分钟补充淡盐水120mL左右。

如果发生热疾病，不要惊慌，马上把病人送到阴凉通风处，适当补充水分，严重者送医院救治。

（八）秋冬之交防肥胖

秋高气爽，秋天是收获的季节，青少年沐浴在飒飒秋风中运动，与烦躁告别，与汗流浃背告别，备感舒适、轻松。在大家尽情品味金秋的美丽、冬季也在向我们频频招手之时，有没有留意您的腰围、臂围和臀围，称一称体重吧，它也许伴随着衣物的增加在悄悄增长，使您不知不觉地失去原本窈窕的身材。

人的体重在一年中往往随季节变化会出现一些波动，而导致这种波动主要是由体内脂肪含量的增加和减少所致。一般来说，夏天骄阳似火，天气炎热，出汗多，人体能量代谢加快，热能消耗多，再加上热容易引起人的食欲下降，不喜欢吃蛋白质、脂肪含量高的食物；还有一点，夏天穿着单薄，为了显现漂亮的体形，人们从心理上对肥胖会特别抵制，这使得人在夏天普遍会瘦一些。

秋天一到，天气变得凉爽，人在从事一般活动时已很少出汗，基础代谢降低，能量代谢相对稳定。在凉爽的环境下人们的食欲也开始恢复常态，民间有“秋补”一说，不少人开始增加肉类、蛋类，甚至额外添加其他营养品。此时，能量摄入可能会大于消耗，脂肪开始增加了，秋装上身，不少人并没有发现“秋膘”的出现，这样不知不觉地加入了肥胖的行列，所以秋、冬之交是防止和杜绝肥胖的关键时期。

民以食为天，民也应以平衡膳食为本。平衡膳食中重要的一点是能量摄入与消耗维持平衡，即保证人体所需营养，也不要造成营养过剩，特别是脂肪摄入过剩。而防止热能蓄积在体内形成脂肪的关键还是选择科学合理的运动。

此时一定要安排时间进行身体锻炼，增加热能的消耗量，比如可以在饭后 1 小时进行健步走、慢跑、爬楼梯等有氧运动。有氧运动中应穿插减脂塑身的肌肉练习，特别要注意选择消除腰、腹和臀部周围脂肪的运动，因为这是容易在秋天增长脂肪的部位。减脂的肌肉练习要注意选择中低强度的次数较多的练习手段，每个手段应成组进行（可连续重复 20 次以上），并至少练习 3 组以上。每个手段锻炼完毕后要进行肌肉牵拉、伸展练习，这有利于消除疲劳和塑造健美的肌肉形态。

秋天干燥，运动锻炼之前要补充足够的水分，使皮肤和肌肉处于良好的水合状态，这有利于伸展肌肉韧带，并且通过运动出汗带走体内代谢产物。北方的秋天常有风沙，应选择背风的场所进行锻炼。为保护皮肤，可在皮肤上涂抹护肤霜。最后一点，提醒大家锻炼前要做好充分的准备活动。

（九）高考之后谈健身

高考后的学子，正是十八九岁的年龄，处于青春发育后期，此时身高的增长已经明显下降，最为影响身高的下肢骨骨骺已基本完全愈合，意味着身高不再有明显的长势。这时身高的增长主要依靠脊柱椎体软骨细胞的增殖，一般来说，只有1～2cm的空间，脊柱椎体最终完成骨化在20～22岁，快抓紧最后的时机，做些有利于增高的锻炼。如每天在单杠上悬垂30～60秒，3组；挺直躯干站立60秒（头向上顶，脚心向下用力），3组；足尖向上跳30次（浅半蹲连续向上跳），3组。坚持这样做，不仅有利于身高的增长，而且能帮助你塑造挺拔的体形。

青春发育后期激素水平分泌增多会带来体型和身体成分的急剧变化，女性18～25岁是雌激素分泌的高峰期，对身体成分和体型的影响体现在：乳房发育成熟丰满，骨盆加宽，臀部、腿部脂肪沉积；而男性青春发育后期肩部迅速加宽，臀围加大，腹部和上肢脂肪出现沉积。有研究表明，青春发育期是脂肪细胞增殖的敏感期，不少学生在高考结束后进入新学校前这段日子体重突然增加很多，其中主要增长的是脂肪。这并不奇怪：一方面此时特别消耗热能的身高增长已经基本结束，多余的热能更容易被储存变成脂肪；另一方面高考期间家长非常注重补充营养，高考结束许多人请客吃饭，扔掉书本，大睡懒觉，又不运动，形成摄入过多，消耗减少，肯定会造成体脂肪的迅速增加，等到发现自己的变化再进行纠正就比较困难了，所以青春发育期被称为人生的重要关口。积极而正确的体育锻炼对于体型和身体成分的发展有良好的正向作用，并且还可以调节和改善心理状态。

青少年运动健身的方式应以有氧运动为主，每周3～4次，可以跑步(20～30分钟为宜)、跳绳、做健美操、爬山、登楼梯、游泳等；肌肉健美练习也是不可缺少的，如腰、腹肌练习，上臂、腿部肌肉（包括小腿）练习等，在肌肉练习之间和健身运动的前后都要进行柔韧性、灵活性的练习，这有利于肌肉的弹性和健美，提高动作幅度和防止运动损伤。许多同学对打篮球情有独钟，这也是不错的选择，只是别忘了做好准备活动，再有，良好的身体素质是掌握和发挥球技的基础，跑步和肌肉练习很重要。

（十）登山与健身

“仁者乐山，智者乐水。”天地之间唯山岳为大，自古以来，中国的诗人、画家、政治家就与山有着不解之缘，将“天人合一”作为最高的精神境界。

生活在高楼林立和文化积淀之中的青少年，如果能在山花烂漫、绿草丛生的明媚春日到户外进行运动，呼吸新鲜空气，体验和风的轻抚，将别有一番韵味。登山作为现代休闲体育运动，已渐渐融入我们的生活，山野像一块巨大的天然磁场，牢牢吸引着数以万计的登山爱好者，青少年利用周末或假期去参加登山活动无疑可以更好地陶冶情操，缓解学习压力。

登山对于改善人的肺通气功能、增加肺活量很有益处；同时登山作为有氧耐力运动，还能增强心脏的收缩能力，提高参加血液循环的血量，使心脏充盈，每搏输出量增加。同时，登山对于运动器官更有良好的刺激，如可增强四肢的协调能力，使人体肌纤维增粗、肌肉发达，肌力增长，并有助于骨密质的增强。

登山可以改善人的精神状态，有效地缓解人的心理压力，在空气新鲜的旷野行走，在气势宏伟的山麓攀登，“会当凌绝顶，一览众山小”的成功令人心旷神怡。从大山归来，你会觉得身、心都得到一次完美的洗礼。

但是登山运动和在平地进行健身有很多不同，在登山前除了要在体力上进行一些准备外，还要注意了解科学登山的知识与技巧，这会避免意外的危险发生，使登山真正达到健身、健心的目的。

要有足够的体力准备，至少应该有 1 个月以上的有氧锻炼基础，粗略地估计，体力应达到可以轻松地完成 20 分钟以上的快走练习，或者可以比较轻松地连续上 5 层楼，不需要大口喘气，心率在 120 次/分钟以下。如果您的体力达不到，在登山时就要分外注意，慢慢上，不行乘坐缆车，到山野呼吸新鲜的空气，也是有收获的。

即使你有很好的体力，也要注意登山的技巧，上山时身体适度前倾，挺直腰、背不仅可以节省体力，而且对锻炼腰背力量大有益处。下山时适当采取左、右交替的侧身下，可以减少对膝关节的磨损。再有，建议上山采取匀速、慢上、不停顿的方法，这样做的好处是：尽量使运动的强度保持在有氧范围内，对健身益处多多，而一会儿跑上山，累了又坐下休息的快速、间歇式上山方法对心血管系统和运动器官的刺激过大，也容易堆积酸性代谢产物，加快疲劳，在休息时还会因为山风较“硬”着凉感冒。

登山最好不要选择清晨，清晨时空气中二氧化碳浓度最高，负氧离子相对较少，而且人体内血液黏稠度高，是心血管疾病的高峰期。阳光高照的时候是登山的佳机。如果在登山过程中有头晕、胸闷、恶心等不良感觉，一定要及时停止运动。

最后，不要忘了每半小时补充一次水分，这有助于机体内的水合作用，使你减轻疲劳感，顺利通往顶峰。

（十一）轮滑与健身

轮滑，一个令爱好运动者心动的名词，一种在都市中悄悄蔓延的时尚，一个让大街小巷充满动感、让各种年龄的人们跃跃欲试的“精灵”，尤其是被新生事物充分吸引的青少年们，正在让更多的人爱它、想它，渴望成为驾驭它的主人。的确，轮滑不仅充满乐趣，而且有着良好的健身效果，何乐不为?

轮滑之所以深受大众喜爱，是因为它动作不算复杂，装具不算太华贵，对场地要求相对不高，特别是运动起来的那种快乐感、自信感、风驰电掣般的动感，给人激情，使人备感舒爽。

轮滑之所以受到健身专家的推崇，是因为它确实对强身健体有一定的生理效应，如轮滑运动对身体的平衡能力、协调性和灵活性很有益，玩轮滑时膝关节、脚踝关节需要适当用力支撑身体，完成支撑、滑行、转弯等动作，这对关节的支撑能力特别是灵活性有很好的锻炼作用。

正确地进行轮滑运动，其实可以使全身心都得到改善，因为轮滑本身是一种全身的有氧运动，一个已经掌握了轮滑基本技巧的运动者，在轮滑时心率会达到120次/分钟的“有效锻炼心率”。同时轮滑运动时本身腰部、臀部、大腿、脚踝肌肉都在用力，而且技术良好者，会利用合理的摆臂来加强身体的平衡和提高滑行效果，从而使上肢甚至胸部肌肉得到锻炼，因而，轮滑运动是符合有氧锻炼的基本要素的。但是，如果从发展心肺耐力的角度来看，轮滑的确比不上跑步或快走。有研究证实，同样时间的轮滑运动与跑步相比，其热能消耗和对心肺功能的影响都不及跑步。但轮滑对关节的损伤小于跑步，特别是它所具有的趣味性和对全身灵活性的锻炼效果都比跑步更容易使人感兴趣和容易坚持。

轮滑还可以培养青少年的意志和进取意识，通过轮滑运动，可以排解压力，愉悦心情，放松神经，具有休闲和健身的双重作用。

尽管轮滑对身心健康都有积极的影响，但也会有一定的不安全因素，进行轮滑时应该遵守规则，并应该掌握科学的方法，适度锻炼，否则，它也会给我们带来悲剧，使原本快乐的生活蒙上阴影，让娱乐、健身的初衷变成相反的结果。

（十二）柔韧性的影响因素

柔韧素质指用力做动作时扩大动作幅度的能力。关节运动幅度的增加，对于提高动作质量十分重要，往往柔韧性越好，动作就越舒展、优美和协调，并且有助于减少运动损伤。影响柔韧性的因素主要有以下两方面。

（1）关节的构造及其周围组织的伸展性

关节活动幅度的大小，与关节的解剖结构特点、关节周围组织的体积以及跨关节的韧带、肌腱、肌肉和皮肤的伸展性等生理状况有关。

关节面结构是影响柔韧性的重要因素，主要由遗传因素决定，但训练可以使关节软骨增厚，可使组成关节的两个关节面积差增大，从而增加活动范围。关节周围组织体积过大，如皮下脂肪含量或结缔组织过多都将影响邻近关节的活动幅度从而使柔韧性降低，经常进行柔韧性训练，可以消耗关节周围脂肪，防止结缔组织臃滞，增加肌肉及韧带组织的伸展性；跨关节的韧带、肌腱越多，关节越稳定，但是灵活性、柔韧性就差，柔韧性练习可以充分拉伸肌腱、韧带，提高其伸展性，从而增加关节的活动范围。

此外，柔韧性还取决于年龄和性别等因素，并与肌肉温度有关，通过准备活动可使肌肉温度升高，降低肌肉内部的黏滞性，加大伸展性，有利于柔韧性的提高。

（2）神经系统对骨骼肌的调节能力

神经系统对骨骼肌的调节能力，尤其是主动肌与对抗肌之间协调关系的改善，以及肌肉收缩与放松调节能力的提高，可以减少由于对抗肌紧张而产生的阻力，有利于增大运动幅度；此外，肌肉放松能力的提高，也是扩大动作幅度、提高柔韧性的重要因素。经过体育锻炼可以很好地提高神经系统对骨骼肌的协调性，使支配主动肌与对抗肌的神经元之间协调运作，并逐渐形成动作的动力定型，使动作舒展优美。

（十三）足球健身

足球运动是一项在大场地进行的用脚控制足球的具有对抗性的群体性运动，参与人数多，运动强度比较大，在运动中需要频繁地跑步、传球、射门，要求有较强的运动能力，是青少年最喜爱的运动方式之一。足球运动能全面提高身体的综合素质，尤其对下肢肌肉的爆发力、速度耐力和心肺功能的提高具有很强的促进作用。足球运动趣味性强，有广泛的群众基础。

进行足球运动的时候应注意进行充分的准备活动，调动各器官的兴奋性。按足球运动规则开场，守门员、前锋、中场、后卫等角色应该每次有所变动，使得每个人都有各种角色的锻炼机会。运动过程中，尤其是抢球的激烈时刻，要量力而行，一次抢球后，可以慢跑让身体有积极的休息，不能站立不动或干脆坐下。由于足球运动强度较大，每周锻炼 1～2 次比较合适，没有基础的人不可过于频繁。最后注意整理和放松：绕场慢跑 5 分钟；趴在场地上互相按摩、放松 5 分钟，尤其是小腿腓肠肌和大腿股四头肌的按摩。

运动的同时还要注意预防肌肉拉伤、扭伤、抽筋、骨折等情况的发生。要以“快乐足球”为宗旨，避免激烈的竞争。有慢性疾病或体质较差者，最好不要参加对抗性的足球运动。由于运动中有很多身体接触，要注意保护自己，量力而行。

（十四）篮球健身

篮球运动是一项活动者以各种专门的技艺为手段，以主动控制空间为目标，以主动控制球为争夺焦点，以主动掌握时间与速度为保证，在空间、地面交叉展开立体性攻守对抗的体育竞技运动和娱乐体育活动。篮球运动对青少年的身体素质、心理素质和智力水平的要求都比较高，具有对抗性、多变性及可提高心智等特点。作为一种群体性的体育活动，它需要一实长 28 米、宽 15 米的场地，两端竖立两个篮架，平时运动时，只要一个球。参加运动的人，都能在此项活动中充分享受到快乐，并达到锻炼身体、增强体质的目的。篮球运动可以充分地提高机体的全身力量、心肺功能、反应能力。

运动的时候选择适当的方法：准备活动，做 5 分钟各大关节的柔韧性练习，动作到位，充分拉伸肌肉；10 分钟绕场慢跑，充分热身，调动各器官的兴奋性；前锋、中场、后卫等角色应该有所变动，使得每个人都有各种角色的锻炼机会；注意整理和放松：绕场慢跑5分钟；趴在场地上互相按摩、放松5分钟，尤其是小腿腓肠肌和大腿股四头肌以及腰部的按摩。

运动的同时还有一些注意事项：热爱篮球的朋友们最好能成立所谓的“篮球协会”，相互约好时间、地点，并且互相监督约束，以便长期坚持。由于运动中有很多的跑动和身体接触，有很大的运动强度，运动中要注意保护自己，量力而行。充分热身，预防肌肉拉伤、扭伤、抽筋、骨折等情况的发生。注意补充含有盐分和糖分的水，补充维生素B族和锌等。要以“快乐篮球”为宗旨，避免激烈的竞争。有骨关节疾病或慢性疾病者，谨遵医嘱。

（十五）羽毛球健身

羽毛球是一种隔网进行的以击打羽毛球为目的的全身运动项目，无论是进行有规则的羽毛球比赛还是作为一般性的健身活动，都要在场地上不停地进行脚步移动、跳跃、转体、挥拍，合理地运用各种击球技术和步法将球在场上往返对击。羽毛球具有很强的娱乐性和观赏性。羽毛球主要训练腿部肌肉、手腕灵活性、手脚伸展能力、肩膀肌肉和弹性。羽毛球场的网较高，对于训练弹跳能力也有很大帮助，无疑对青少年有着很强的吸引力，尤其是女性。

运动的时候选择适当的方法：准备活动，做5分钟各大关节的柔韧性练习，尤其是腿部和肘、腕关节的准备活动，动作到位，充分拉伸肌肉；5~10分钟和平球，充分热身，调动各器官的兴奋性；按羽毛球运动规则进行，每周争取有3~5次机会；每次运动时间可以自行规定，如规定三局两胜或五局三胜等，可根据具体情况而定，保证每次运动时间在1小时左右；整理和放松：绕场慢跑5分钟，散步5分钟。

运动的同时还要有一些注意事项：要有恒心，尽量规定出固定时间段如中午或下午餐前1小时；约好比较固定的朋友互为陪练，互相监督约束，以便长期坚持。羽毛球运动强度可大可小，由对抗激烈程度决定。如果竞争过于激烈会出现头晕、缺氧症状，所以应避免过于激烈的对抗。及时补充水分，有骨关节疾病或慢性疾病的患者，谨遵医嘱。

（十六）网球健身

网球是一项隔着球网用拍子击打一个橡胶制空心球的运动，是一种有氧户内外运动。网球运动隔网对垒，不属于肢体碰撞运动，能减少不必要的伤害。网球是训练肌肉耐力的运动，对于体格不甚强健的人来说，同时亦能锻炼心肺功能。但对于心肺功能已经相当良好的人来说，网球却不能进一步提升带氧能力。网球主要训练腿部肌肉、手腕灵活性、肩膀柔软度、臂力及反应能力。

运动的时候选择适当的方法：准备活动，做 5 分钟各大关节的柔韧性练习，尤其是腿部和手腕关节的准备活动，动作到位，充分拉伸肌肉；5 ~ 10 分钟和平球，充分热身，调动各器官的兴奋性；每周争取有 3 ~ 5 次机会；每次运动时间可以自行规定，如规定得分点，可根据具体情况而定，保证每次运动时间在 1 小时左右；整理和放松：绕场慢跑 5 分钟，散步 5 分钟。

运动的同时还要有一些注意事项：要有恒心，尽量规定出固定时间段如中午或下午餐前 1 小时；约好比较固定的朋友互为陪练，互相监督约束，以便长期坚持。网球运动强度较小，主要是考验上肢和躯干肌肉的力量和韧性，所以开始前要做好两部位的准备活动。由于经常运动右臂（或左臂），容易造成两臂粗细不均匀及惯用臂形成“网球肘”，所以运动完要注意及时按摩、放松，平时还要加强对侧肢体的锻炼。及时补充水分，有骨关节疾病或慢性疾病患者，谨遵医嘱。

（十七）排球健身

排球运动是由参加运动的人，以身体的任何部位（以单手或双手为主）相互在空中击球，使球不落地，既可隔网进行比赛，也可不设球网进行击球游戏的一种体育项目。大众排球不需要太多的经费，对场地、设备要求不高，主要规则容易掌握，运动量可大可小。大众排球运动可采用竞赛形式，也可采用娱乐健身形式，大众排球可同性、可混合，可在室内或室外，也可在沙滩草地、雪地上进行，并且大众排球运动是一项没有身体接触的集体性体育活动，不易造成伤害。排球运动可以提高运动中枢对肌肉、肢体的控制能力，增加肌肉的体积、重量、力量，使骨密质增厚，增强弹跳力，提高身体的空间感觉能力，深受青少年的喜爱。

运动的时候选择适当的方法：做 5 分钟各大关节的柔韧性练习，尤其是腿部和手腕关节的准备活动，动作到位，充分拉伸肌肉；10 分钟绕场慢跑，充分热身，调动各器官的兴奋性。按排球运动规则进行，每周争取有 3 ~ 5 次机会。最后整理和放松活动，绕场慢跑5分钟；趴在场地上互相按摩、放松5分钟，尤其是小腿腓肠肌和大腿股四头肌及腰部的按摩。

运动的同时还要有一些注意事项：热爱排球的朋友们最好成立一个“排球协会”，相互约好时间、地点，并且互相监督约束，以便长期坚持。排球运动相对于其他球类项目，运动强度较小，主要是需要身体的弹跳力，所以必须充分热身和注意弹跳动作要领，以防跟腱受伤。上肢尤其是腕部在击球过程中受力较大，应该做好防护措施。要以“快乐蓝球”为宗旨，避免激烈的竞争。有骨关节疾病或慢性疾病患者，谨遵医嘱。

（十八）乒乓球健身

乒乓球运动是中间有横网，运动员各站球台一侧，用球拍击球，球须在台上反弹后才能还击过网，以落在对方台面上为有效的一种运动。乒乓球运动是一项集健身性、竞技性和娱乐性为一体的运动。作为一项全身运动，乒乓球运动所特有的速度快、变化多等特点，对参与者有很高的锻炼价值。乒乓球运动可以有效地提高人的身体素质。不仅相应地提高了速度素质、力量素质和身体的灵敏性、协调性，而且使肌肉发达、结实、健壮，关节更加灵活稳固，还可以调节改善神经系统的灵活性，增强中枢神经系统对其他系统及器官的调节能力，提高反应速度，改善心血管系统和呼吸系统的功能，提高心理素质。

运动的时候选择适当的方法：做5分钟各大关节的柔韧性练习，尤其是手臂、肩部、大腿、腰部肌肉的准备活动，动作到位，充分拉伸肌肉。每周争取有3~5次锻炼机会，乒乓球属于中低强度的运动项目，对于青少年一般不会过量，除非对战双方战技战术都相当高。一般三局两胜的运动量即可，也可以四局三胜，视得分速度情况而定。保证每次运动时间在1小时左右。最后做整理和放松活动，做肩部和大腿、腰部等的放松活动。

运动的同时还要有一些注意事项：要有恒心，尽量规定出固定时间段如中午或下午餐前1小时；约好比较固定的朋友互为陪练，互相监督约束，以便长期坚持。乒乓球运动强度较小，主要是考验手臂、肩部、大腿、腰部肌肉力量和韧性，所以开战前要做好充分的准备活动。及时补充水分。有骨关节疾病或慢性疾病患者，谨遵医嘱。

（十九）踢毽子健身

踢毽子是一项深受青少年喜爱的运动，它在调节心性的情况下，能对身体机能进行良好的改善。

踢毽子以下肢肌肉的协调运动为主，功夫在脚上。锛、磕、拐、盘，转身稳步，起跳骗腿，前合后仰，在他人看来，就像欣赏跳舞。髋关节、膝关节、踝关节等，以纵轴为中心摆动，带动远端供血最困难、动作难度最大的部位，增强了肌肉的力量和相应关节的柔韧性。盘、拐、绕等动作，缝匠肌、腘肌、股肌等腿部肌肉得到锻炼；而锛、磕、落等，足背肌、足底肌的作用必不可少。至于花毽儿的一些高难度动作，像“雾里看花”、“苏秦背剑”、“倒挂紫金冠”、“外磕还龙”、“朝天一炷香”等，头顶、后背、脚跟、脚面等部位，毽子上滚下翻，滴溜儿乱转，这时，腰肌、髋肌、臀肌，甚至胸肌、腹肌等都要参与。骨骼肌的动静脉大量开放，下肢血流的动力性平衡得到维持。既增强了肌肉、骨骼的运动功能，又有效地预防了一些血液回流障碍性疾病。

长期低头伏案，颈椎前倾，疏于活动，容易得颈椎病；胸、腰等部位脊椎的生理弯曲失常，久之则拱腰驼背，成为所谓的“办公室型体态”。踢毽子时，随着毽子的起落，脊椎各关节屈伸有节、有度，椎体的深、浅层肌及颈前、颈后肌等一张一弛的功能锻炼，避免了椎关节的僵化，增强了关节的稳定性，预防了颈椎病，修整了腰肢体态。

踢毽子还可以缓解大脑皮层的“亚健康”状态。踢毽子要求人的思想高度集中。瞬间完成踢的动作，技术到位，动作准确，毽子才能遂心如意。大脑皮层势必建立起新的兴奋灶，转移思维，“换换脑子”。对于调节高级神经活动、化解心理压力十分有益。毽子虽小，娱乐和艺术等功能俱全，魅力十足。心到、眼到、脚到；反应要灵敏，动作要迅速，相互配合要心领神会。飞舞的毽子牵动着所有人的眼球，调动着所有人的责任感，激发着所有人团结进取的精神；稍微不小心都会造成毽子起落中断。其间有说有笑，有喊有叫，有逗有让，气氛融洽、热烈，增进人际关系。

（二十）游泳健身

游泳是一种全身性运动，由于游泳时水的阻力远远大于陆上运动时空气的阻力，水中运动比在陆地上运动消耗较多的热量，再者，水的导热性比空气大 24 倍，水温一般低于气温，这也有利于散热和热量的消耗。据研究，游泳时人的新陈代谢速度很快，30 分钟就可以消耗 1 100kJ 热量，而且这样的代谢速度在你离开水以后还能保持一段时间，所以游泳是非常理想的减少内脏脂肪的方法。对于比较瘦弱者，游泳反而能够使体重增加，这是由于游泳对于肌肉的锻炼作用，使肌肉的体积和重量增加的结果，游泳可以把胖人游瘦了，把瘦人游胖了，可以让所有的人都有一个流畅的线条。

水中游泳使体重有相当一部分被水的浮力承受，对于有下肢和腰部疾病的患者，下肢和腰部会因此轻松许多，关节和骨骼损伤的危险性大大降低，并且肌肉又得到了应有的锻炼。

由于游泳时的憋气和换气过程，还可刺激呼吸系统功能，提高肺活量，同时水中游泳的姿势和水对人体的按摩作用都有利于静脉回流，使回心血量增加，降低心肌耗氧量，从而使心肺适能提高。

游泳有多种姿势，不同的姿势可以锻炼不同的肌肉群，所以通过游泳可以锻炼几乎你所有的肌肉，尤其是坚持有规律的强化训练，几个月的时间你的体形、体质肯定会有明显的改善。

在水中，由于浮力作用，人的骨骼得到了充分的放松，这对于正在生长发育的青少年来说，可以促进骨骼良性改善，平衡身体成分，以达到塑形美体的效果。

（二十一）跑向健康

在奥林匹克运动的故乡——希腊山的岩石上刻着：“你想变得健康吗？你就跑步吧！你想变得聪明吗？你就跑步吧！你想变得美丽吗？你就跑步吧！”

跑步可以保护心脏，心脏是人体易衰老的重要器官，心脏的功能正常对其他内脏器官功能有直接的影响。医学上认为，保持健康先要保持心脏功能。青少年进行跑步锻炼可使冠状动脉保持良好的血液循环，长期跑步锻炼人的冠状动脉不会因年龄而缩窄，保证有足够的血液供给心肌，从而可以预防各种心脏病，保持良好的心脏功能。跑步是一项全身性运动，能够加速周身血液循环，调整全身血液分布，消除淤血现象。通过下肢运动，推动人体向前移动的同时，有力地驱使静脉血回流心脏，减少下肢静脉和盆腔淤血，预防静脉内血栓形成。

跑步可以调节大脑皮质的兴奋和抑制，有益于提高神经系统的功能，消除脑力劳动的疲劳，预防神经衰弱。跑步还可以调节人体内部平衡，调整情绪，振作精神，改善物质代谢，促进新陈代谢，降低血脂水平、胆固醇水平，控制人体重量，不仅有减肥效果而且可以使体格更健美。

跑步能增强呼吸系统的功能，使胸廓增大，呼吸肌更发达，肺活量增加；还能增强人体运动系统的功能，使肢体抗压、抗弯、抗断的能力增强；有明显的健身强心作用。

（二十二）跳绳健身

跳绳花样繁多，可简可繁，随时可做，一学就会，特别适宜在气温较低的季节作为健身运动，而且对女性尤为适宜。跳绳可以坚实全身肌肉，消除臀部和大腿上的多余脂肪，使你的体形健美，并能使动作敏捷。其简便易行，作用明显的特点深受女性的喜爱。

跳绳是全身运动，能增强人体心血管、呼吸和神经系统的功能，同时亦可培养准确性、灵活性、协调性，以及顽强的意志和奋发向上的精神。

法国健身专家为健身者设计了一种“跳绳渐进计划”。初学时，仅在原地跳 1 分钟，3 天后即可连续跳 3 分钟，3 个月后可连续跳上 10 分钟，半年后每天可实行“系列跳”如每次连跳 3 分钟，共 5 次，直到一次连续跳上半小时。这就达到了比较标准的有氧健身运动。

（二十三）如何锻炼肌肉力量

肌肉力量锻炼非常受青少年欢迎。它可促进骨骼健康，有效地改善身体成分均衡，有助于减肥（肌肉组织每天消耗热量高出脂肪组织 15 倍），益于心脏健康（体内最大的肌性器官），保护关节和结缔组织，改善外在形象、心理健康，等等。

肌肉力量练习可以分为上肢及肩部肌肉力量练习、胸部肌肉健美练习、腰背部肌肉力量练习、下肢肌肉练习、腹部肌肉力量练习。每个部位的各个肌肉又不止一种练习方法，练习时结合实际选择适当的方法。

发展肌肉力量的锻炼处方有以下 5 种。

（1）每周进行 4 次锻炼是坚持长期锻炼的最大频率限度。一般认为，要使肌肉力量明显地增加，而又不致产生慢性疲劳的积累，每周进行 1 ~ 2 次锻炼最为适宜。

（2）力量锻炼的间隔时间，一般以肌肉能完全恢复为准。肌肉在锻炼后3～5秒已恢复50%，2分钟完全恢复。为了增强肌肉力量，锻炼的间隔不宜太长，一般为1分钟左右。每次练习实际时间以20分钟为最佳。

（3）根据自己的兴趣选择适宜的运动项目。一般肌肉力量的训练应采用负重练习，如哑铃、拉橡皮绳等。

（4）当运用杠铃进行练习时，需有同伴帮助你完成练习，以便在不能完成的情况下，同伴可以保护你。

（5）每次锻炼前都要做好充分的准备活动，以15～20最高重复次数的重量或阻力作为准备活动的负荷重量。

（二十四）运动为什么能减肥

人体运动的能源主要来自糖和脂肪。减肥是消耗体内已经堆积的过多脂肪，而脂肪在体内分解的唯一正常途径是有氧氧化。运动时肌肉能量供应的方式包括无氧供能和有氧供能两种，在大强度运动过程中，无氧供能比例较高，而在中小强度运动过程中，有氧供能比例较高。因此，减肥运动的强度不宜过大。有氧氧化需要的能量主要由葡萄糖和脂肪提供，在有氧运动中，糖的动用速率明显高于脂肪，只有在超过40分钟的有氧运动过程中，脂肪的供能比例才可能达到较高程度，否则，减肥效果较差。所以在长时间的有氧运动中，肌肉对血中游离脂肪酸和葡萄糖的利用增多，导致脂肪细胞释放大量的游离脂肪酸，使脂肪细胞瘦小；同时也使多余的血糖被消耗，不能转化为脂肪，从而达到减肥的目的。

人在体育运动时，肾上腺素、去甲肾上腺素分泌量增加，可提高脂蛋白酶的活性，加速富含甘油三酯的乳糜和低密度脂蛋白的分解，故能降低血脂，使高密度脂蛋白升高，最终加快脂肪细胞释放游离脂肪酸的作用。

经常从事耐力运动的人，其肌肉细胞膜上的胰岛素受体敏感性提高，与胰岛素的结合能力增强，胰岛素对脂肪分解有很强的抑制作用，它能减少伴有儿茶酚胺和生长激素等的升高，最终加快游离脂肪酸的生成。

肥胖者安静状态时代谢率低、能耗少。经过系统的运动锻炼，使机能水平提高，特别是心功能的增强、内分泌调节的改善，使肥胖者代谢水平提高，基础能耗增大。

体育运动可以转移肥胖者对食物的渴望，进行适宜强度的运动训练后，又会发生正常的食欲下降，摄食量减少，从而限制了热量的摄入，达到减肥的目的。

（二十五）锻炼健身不可忽视温度环境

在进行体育健身活动时，人们常常对周围的硬件环境（如绿化、地面平整度等）关注较多，对气象条件，尤其是对看不见、摸不着的温度和湿度要素，容易忽视。这样当然会影响健身效果。古人说的早晨锻炼“必待日光”，不仅是时间界定问题，更主要的是说明早晨健身对包括气象因素在内的环境条件有特定的要求。

在众多气象要素中，温度变化对健身锻炼影响最为直接和明显。众所周知，人体有完善的体温调节机能，在不同的气温条件下，机体的代谢强度和散热方式会发生相应的变化，以保持体温的恒定。但这种体温调节能力是有限的，当气温过高（超过35℃）时，健身锻炼就有预防中暑的问题。年长者和儿童，此时就不适于进行体育运动了。而对热环境较适应者（如运动员和身强体壮的年轻人），可进行适当的运动，但必须注意补充水分和维生素，也要注意平衡饮食，运动量要由小到大，逐渐达到预定要求，且运动时间不要过长。当感到体温上升、头昏、头痛、口干等身体不适时，要立即停止运动，并到凉爽处进行休息。

也不可忽视低气温对健身锻炼的影响。低气温对人体的损害主要是造成局部冻伤和全身体温过低。在寒冷环境下进行长时间运动（如长跑等），体温散失过多，会出现头晕、协调能力下降、步履不稳等症状。此时，切不可躺下休息，否则体温会进一步降低，以致引起昏迷，甚至死亡。正确的方法是多摄入热量食物，衣服穿着适当，控制运动时间，以维持体温水平及机体正常功能，使体育锻炼真正达到强身健体的目的。

正是因为人体对高低温环境的适应能力比较有限，所以医疗保健学家提出“耐热锻炼”和“耐寒锻炼”的理念，即在春夏之交进行耐热锻炼，而在秋冬之交进行耐寒锻炼，锻炼方式可选择一般的健身方式（如跑步、打太极拳等），也可采取古人“春捂秋冻”的一些措施（如增减衣服），这样就使得人体的生理机能主动适应越来越大的气温变化，从而逐渐适应即将到来的高温和低温环境。从这个意义上说，春秋季的健身锻炼显得格外重要。春秋季节，气温的日变化也最大，尤其早晨气温较低，要注意防风防寒，以免因晨练而引起感冒等呼吸道疾病。

（二十六）运动——最绿色的预防疾病的生活方式

运动作为一种经济有效的健身和防治疾病的手段已被人们普遍接受，尤其是青少年，有氧运动则是降脂和控制体重的有效运动方式。

良好的免疫机能作为机体抵抗力的标志，可以帮助人们抵抗病菌的侵入，适度运动可提高免疫机能，降低感染疾病的风险，因而，运动有助于预防感冒。一项研究结果显示，爱好运动者与从不参加体育运动者相比，患感冒的次数明显要少。这说明合理的运动可使免疫系统发生有益的变化，从而有利于人们抵抗疾病的侵袭。

运动可以加快新陈代谢，帮助人体对氧的充分利用，使交感神经兴奋，胰岛素分泌减少。而儿茶酚胺、胰高血糖素和生长激素分泌增加，运动还可抑制甘油三酯的合成，促进和加快脂肪分解，不但对脂肪肝患者降脂减肥有效，同时对肝内脂肪消退也能起到良好的作用。血脂检查显示，62% 的脂肪肝患者甘油三酯有不同程度增高，仅仅通过饮食控制和药物治疗难以取得满意疗效，而加强运动锻炼可起到加速、促进、协同药物治疗的作用，显著提高疗效。运动持续时间和周期均较长，使运动中能量的消耗主要由糖和脂肪氧化分解来提供，脂肪的动用可直接改善与腹部肥胖综合征有关的异常脂代谢，调整血浆脂蛋白的组成，改善纤维蛋白的活性，使体脂尤其是内脏脂肪丢失，致使体脂减少，体脂百分比下降，腰臀脂肪分布比值缩小，脂肪肝程度减轻或基本恢复正常。

（二十七）体位性低血压的运动干预

体位性低血压是由于体位的改变，如从平卧位或蹲位突然转为直立，或者是长时间站立发生的低血压，患者会有站立不稳、视力模糊、头晕目眩、软弱无力等症状，严重时会发生晕厥。有部分年轻人在突然站立时发生心悸、晕厥甚至摔伤，这源于体位性低血压，在运动医学上也被称为直立性调节障碍。

检查自己是否患有体位性低血压可以采取这样的方法：使用血压计测量

平卧位血压后紧接着测量站立位血压，此时如果收缩压下降20mmHg以上，或者舒张压下降10mmHg以上便可能患有体位性低血压，需要在日常生活中加以注意。

合理的运动对改善和预防体位性低血压有一定的意义。

首先，体育锻炼可改善人体对血压的调节能力，以往的研究已经证明，经常进行适宜的运动可以降低血压，其实运动对血压的调节是双向的，它可以通过改善血管壁的弹性，降低外周循环阻力，降低血管随年龄增长逐渐硬化的速度，从而改善人体调节血压的能力，这对预防体位性低血压的发生有长期的效应。

其次，适宜的运动可以增强人的体质，研究发现，发生体位性低血压者一般都是体质虚弱、缺乏锻炼的人，所以可以从强壮体质入手，降低体位性低血压的发生率。

最后，通过体育运动可以改善人的心理状态，减缓精神压力，消除抑郁情绪，增强植物性神经系统的调节能力，这有利于对抗体位性低血压的发生。

（二十八）小腿抽筋简易应急

梦到深处忽然惊醒，小腿抽筋，疼得几乎没法动弹，这是大多数人都可能遭遇过的情景。之所以会出现这样的情况，主要和寒冷刺激、剧烈运动、缺钙等有关，因此小腿抽筋在游泳、剧烈运动后或是在老年人中非常常见。青少年在运动后冲凉、过度运动或偏食引起的小腿抽筋亦不容忽视。

治疗小腿抽筋的方法较多，且都简单易行，通常都以牵拉放松局部肌肉来缓解疼痛。

牵拉：

方法一：坐正，伸直发生抽筋的下肢，躯干前屈，用双手扳住前脚掌，缓慢、持续向躯干侧牵拉，直至痉挛缓解。有他人帮助时，患者采取仰卧位，帮助患者抬起患肢到垂直位，并使膝关节伸直，用手持续向下，压患者的前脚掌。牵拉时不要用暴力，以免造成肌肉损伤。

方法二：小腿发生抽筋，可伸直发生抽筋的下肢，脚尖向上挑，直至痉挛缓解。

抽筋发生在游泳时应立即自救，深吸气后将头潜入水中，用双手握住前脚掌，用力向躯干方向牵拉，直至肌肉松弛。切忌恐慌，也不要硬往岸边游，那样会适得其反，且容易危及生命。

穴位刺激：可用手指按压委中穴（膝后凹陷处中心点）、承筋穴（小腿后部肌肉的最高点）、承山穴（小腿后部肌肉的分叉处）等。

局部按摩：用双手快速搓擦小腿三头肌，或用手按揉或轻叩小腿肌肉，可帮助缓解肌肉痉挛。

热敷：如果上述方法未能完全解除症状，可改用热毛巾、热水袋敷于腿肚处，能有效促进肌肉的血液循环，缓解痉挛。

同时，为预防小腿抽筋，运动前还应做好准备活动，运动中及时补充运动饮料。老年人平时则应多吃些含钙较多的食物，补充维生素 D，注意下肢保暖，加强体育锻炼。

（二十九）肌肉酸痛怎么办

除病理原因外，青少年肌肉酸痛的主要原因是运动强度过大，运动频率过于频繁，还有运动后的放松活动不及时、不充分。

常出现在进行一次运动量较大的运动，特别是肌肉力量练习后，或发生在刚开始参加体育锻炼对运动不够适应。有时肌肉酸痛不是发生在运动结束后即刻，而是发生在运动结束后 1～2 天，因此称为延迟性肌肉酸痛。是由于运动时肌肉活动量大，引起局部肌纤维及结缔组织的细微损伤，以及部分肌纤维痉挛所致。由于只是肌纤维细微损伤和局部肌纤维痉挛，有酸痛感，但肌肉仍能完成其运动功能，酸痛后，经过肌肉内局部细微损伤的修复，肌肉组织变得更为强壮，随后同样负荷将不易再发生酸痛。

处理方法如下。

（1）热敷酸痛的部位，促进血液循环，有助于损伤组织的修复及痉挛、酸痛的缓解。

（2）进行拉伸练习：柔和、缓慢地对酸痛肌肉进行静力性拉伸练习，有助于肌纤维的修复。

（3）按摩：按摩有助于肌肉放松，促进血液循环，有助于损伤的修复及痉挛的缓解。

（三十）肌肉痉挛怎么办

肌肉痉挛俗称抽筋，是肌肉不自主地强直收缩。

对于热爱运动的青少年来说，对此进行了解并提出应对之策有着重要意义。

运动中最易发生痉挛的肌肉是小腿三头肌，其次是足底的屈拇肌和屈趾肌。痉挛时肌肉僵硬或隆起，剧烈疼痛，且一时不易缓解。寒冷环境中运动，如准备活动做得不够，肌肉受到寒冷的刺激后，兴奋性增高即可发生肌肉痉挛。如游泳时受到冷水刺激，引起小腿抽筋；在热环境中进行长时间运动或剧烈运动时，大量排汗丢失大量电解质，或动作不协调、情绪过分紧张都会引起痉挛。

处理方法如下。牵引痉挛肌肉，几分钟后即可缓解。例如，游泳中发生腓肠肌痉挛时，不要惊慌，深吸一口气，仰浮于水面，用抽筋肢体对侧的手握住抽筋肢体的足趾，用力向身体方向拉，同时用同侧的手掌压在抽筋肢体的膝盖上，伸直膝关节，即可缓解。如果不行，应呼救或立即上岸处理。

（三十一）运动中腹痛预防与处理

运动性腹痛泛指运动过程中或运动结束时产生的腹部疼痛，疼痛部位多数发生在右上腹部，也有的出现在左上腹部或下腹部。特点是：安静状态时不痛，运动时或运动后痛，其疼痛的程度受运动负荷影响；另外，一般除疼痛外，不伴随其他症状。运动性腹痛多见于长跑、自行车、篮球、排球运动中，在游泳等其他项目锻炼中也时有发生。一般来说，在运动的初学者中发生率较高，但即使是国家级的运动健将，有的也受过这样的困扰。

运动性腹痛的产生原因主要有以下 4 点。

（1）准备活动不充分

内脏器官的惰性要大于骨骼肌，如果“热身”不够，而开始运动就过于剧烈，内脏血管收缩、缺氧、代谢产物的刺激，腹直肌痉挛、胃肠痉挛等，都会引起腹痛。

（2）饮食不当

如运动前吃得过饱，饮水过多，胃部胀满，腔道过度膨胀，或是运动前过于饥饿；还有，如果在运动前吃了较多产气、不易消化的食物，如豆类、薯类、牛肉等，胃肠道不适，都会反射性地引起腹痛。

（3）腹部炎症性疼痛

如慢性肝炎、阑尾炎等腹内炎症，胆道疾病或一些腹外疾病等，在运动时由于胃肠活动加强了对病灶的刺激，从而引起血流淤滞，被膜被过度挤压、牵拉，胆道平滑肌痉挛等引发疼痛。

（4）宿便、蛔虫症、腹部受凉等都可引发腹痛

当运动性腹痛发生时，不要惊慌，也不要马上停止运动，但首先要把运动的强度降下来，如果发生在跑步时，可以用手按压疼痛部位，然后采用深呼吸的方法调整呼吸减速慢跑，如果一段时间后仍不能缓解，甚至疼痛加剧，就要停止运动。运动后腹痛可以热敷腹痛部位，同时做深呼吸，指压足三里和内关穴也有缓解腹部疼痛的作用。当然，实施上述措施应该是在除外疾病的前提下。

对于运动性腹痛还是应该给予重视，经常性的腹痛不仅破坏了运动健身的乐趣，而且也会影响身体健康。预防的方法如下。

① 饭后 1 小时以后再进行运动，过饱或过饥时都不要参加剧烈运动。运动前半小时内的饮水量不要超过 300mL，为防止运动性失水，可根据运动量在运动中每 20 分钟补水 120mL 左右。

② 除了在运动前充分“热身”外，运动负荷要循序渐进，适合自己的体能，并且应该学习正确的呼吸方法，如不要在跑步中张大嘴呼吸，或与同伴边聊天边跑步，这会吸入过多的冷气。

③ 运动中要注意腹部保暖。如果已经患有慢性胃肠病，应及时治疗，在未愈前先不要参加剧烈的运动。

（三十二）运动性昏厥的原因及处理

运动中，由于脑部突然血液供给不足，而发生的一时性知觉丧失现象，称作运动性昏厥。

昏倒前，患者常感到全身无力、瘫软、头昏耳鸣、眼前发黑、面色苍白、失去知觉、突然昏倒、手足发凉、脉搏慢而弱、血压降低、呼吸缓慢等。

晕厥的原因是由剧烈运动或长时间运动，使大量血液积聚在下肢，回心血量减少所致。亦和剧烈运动后引起的低血糖有关。

处理方法如下。立即使患者平卧，足略高于头部，并由小腿向大腿心脏方向推摩或拍击。同时用手指点压人中、合谷等穴位。如有呕吐，将患者头偏向一侧；如果停止呼吸，应立即进行人工呼吸，醒后可饮热水。

（三十三）运动后如何科学饮水

运动不仅消耗能量，也消耗水分，尤其在夏日进行运动，往往口干舌燥，青少年应如何补充体内丢失的水分，也是需要注意的一个方面。

第一是饮水的质量问题。应尽量不喝各种饮料，如汽水之类；要喝白开水，或绿豆汤，或1%的淡盐水等，以祛热除暑，及时补充体内由于大量出汗而丢失的钠。

第二是忌饮过冷的水。因为平时人的体温在37℃左右，经过运动后，可上升到39℃左右，如果饮用过冷的水，会强烈刺激胃肠道，引起胃肠平滑肌痉挛、血管突然收缩，造成胃肠功能紊乱，导致消化不良。

第三是饮水的量。运动中出汗多，需饮用的水量自然大，但不能一次喝足，要分次饮用。一次饮水量一般不应超过200mL，两次饮水至少间隔15分钟；另外，饮水速度要慢，不可过猛。

（三十四）运动后多吃碱性食物

许多青少年在体育锻炼后常有肌肉发胀、关节酸痛、精神疲乏之感。为了尽快解除疲劳，他们就会买些鸡、鸭、鱼、肉、蛋等大吃一顿，以为这样可以补充营养，满足身体需要。其实，此时食用这些食品不但不利于解除疲劳，反而对身体有不良影响。

人类的食物可分为酸性食物和碱性食物。判断食物的酸碱性，并非根据人们的味觉，也不是根据食物溶于水中的化学性，而是根据食物进入人体后所生成的最终代谢物的酸碱性而定。酸性食物通常含有丰富的蛋白质、脂肪和糖类，含有钾、钠、钙、镁等元素，在体内代谢后生成碱性物质能阻止血液向酸性方面变化。酸味的水果，一般都是碱性食物而不是酸性食物；鸡、鸭、鱼、肉、蛋、糖等味虽不酸，但却是酸性食物。

美国一位病理学家经过长期研究指出，只有体液呈弱碱性，才能保持人体健康。正常人的体液呈弱碱性，人在体育锻炼后，感到肌肉、关节酸胀和精神疲乏，其主要原因是体内的糖、脂肪、蛋白质被大量分解，在分解过程中产生乳酸、磷酸等酸性物质。这些酸性物质刺激人体组织器官，使人感到肌肉、关节酸胀和精神疲乏。而此时若单纯食用富含酸性物质的鱼、肉、蛋等，不利于疲劳的解除。而食用蔬菜、甘薯、柑橘、苹果之类的水果，由于它们的成碱作用，可以消除体内过剩的酸，增加尿酸的溶解度，可减少酸在膀胱中形成结石的可能性。

所以，人在体育锻炼后，应多吃些富含碱性的食物，如水果、蔬菜、豆制品等，以利于保持人体内酸碱度的基本平衡，保持人体健康，尽快消除运动带来的疲劳。

（三十五）战胜“极点”

人们在进行长跑、长距离骑自行车、长距离游泳等耐力运动时，开始一段时间后有气急或难受的感觉，严重的甚至出现心慌、头晕、四肢无力等症状。这在运动生理学上称作“极点”。这是因为在剧烈的运动中，支持心跳和呼吸的内脏没有跟上肌肉和关节等运动器官的行动步伐而引起的不适应，属于正常的生理现象。

“极点”是可以战胜的，战胜“极点”还可以锻炼意志品质，又是提高运动水平的关键，方法如下。

（1）运动前做充分的准备活动，使管理内脏的神经兴奋起来，是推迟“极点”出现和减轻“极点”症状的关键。

（2）从自己的实际情况出发，掌握好运动的速度，不宜太快，或突然加快速度。

（3）出现“极点”时，不要惊慌，注意控制呼吸的节奏，加深呼吸，让肺部吸入较多的氧气，排出更多的二氧化碳。稍微放慢速度，当我们坚持一下后，症状会慢慢缓解，出现“极点”消失、“第二次呼吸”到来的现象。这时，不适的感觉就离你远去了。

三、心理健康

（一）青少年心理健康的 5 个方面

青少年心理健康主要包括以下 5 个方面。

（1）正确的人生态度

正确的人生态度来源于正确的认识，正确的世界观。抱有正确人生态度的人，对周围的事物有较为清醒的认识和判断，既有远大的理想，又有实事求是的精神，因而在社会变革时期能够跟上时代的步伐，头脑清楚，眼界开阔，立场坚定，既不保守，也不冒进。总之，正确的人生态度使人在分析问题、处理问题时比较客观、稳妥，与时代共同进步，心态始终保持在健康水平。

（2）平和的心境

心理健康的人对自己、对他人、对工作、对学习、对生活都比较满意，没有心理障碍。满意的心境来源于正确的认识，由于他们能一分为二地论人论事，因而既能接受自己，又能悦纳他人。他们有自知之明，对自己的外貌、德才学识有正确的分析。他们在别人的议论包围中既不会因被赞扬、歌颂冲昏头脑，也不会因批评、责备而烦恼，因为他们自己心中有数，能从别人的议论中汲取有益的东西。他们既不自骄自傲，也不自轻自贱。对自己有清醒的认识，不会湮没在别人的议论中无所适从，他们总是处于一种独立自主的状态。他们对别人也有一种客观的、全面的评价，不会忽冷忽热，不会苛求别人。对工作、生活、学习也有正确的标准，既不好高骛远，也不急功近利，因而心境总是满意的、愉快的。

（3）和谐的人际关系

乐于交往的人往往能在相互交往中得到尊重、信任和友爱。这是因为他们以同样的态度对待别人，因而减少了很多不必要的矛盾。与人为善的人能够与大家互相理解、彼此感情融洽，协调一致，相互配合默契。人际关系和谐，心理当然就比较舒畅，心理会处于健康状态中。

（4）良好的个性

统一的人格良好的个性是心理健康的重要标志，无论在什么情况下都应保持统一的人格，做到自信而不狂妄，热情而不轻浮，坚韧而不固执，礼貌而不虚伪，灵活而不油滑，勇敢而不鲁莽，既有坚持到底的精神，又不顽固执拗，始终保持坚强的意志，诚实、正直的作风，谦虚、开朗的性格。

（5）适度的情绪，充分的理智

人与动物的区别在于有理智。健康心理必须有自我控制能力，有适度的情绪，不过悲、过喜、过忧、过怒。要用积极的情绪战胜消极情绪，不使消极情绪、过激情绪维持较长的时间。要始终保持热情饱满、乐观向上的情绪，而要克制沮丧悲观的情绪，更不要反复无常。

（二）怎样维持良好的情绪

青少年在生活变化面前，应经常保持开朗明快的心境和愉快的情绪，遇事要保持冷静，客观地作出分析和判断。要多方面培养自己的兴趣与爱好，如书法、绘画、听音乐、各种体育等，择其所好，从事这些活动，可以修身养性，陶冶情操，同时能使自己能力得到全面发展。对自己要有自知之明，遇事要尽力而为，适可而止，不要好胜逞能而去做力不从心的事。不要过于计较个人得失，不要经常为一些鸡毛蒜皮的小事动辄发火，愤懑要克制，怨恨要消除。经常从事一些力所能及的体育运动，既能锻炼筋骨，增强体质，又能使人心情舒畅，精神愉快。

保持良好的人际关系，这样可使人在心理上得到满足，感到学校这个大家庭的温暖。总之，愤怒时要制怒，宽容；过喜时要收敛，抑制；悲伤时要转移，娱乐；忧愁时要释放，自解；焦虑时要分散、消遣；惊慌时要镇静，沉着。无论遇到什么事情，都要随遇而安，冷静思考，泰然处之。时刻告诉自己要努力，我能行。这是一种乐观向上的良好心态，也是一种健康的情绪，它会促进血液循环，有利于肺部气体交换，有利于脑部轻松。

（三）产生压力的原因

我们先来认识这种压力带来的危害，然后对症下药着手对此进行处理。

压力源自“危险”，人遇到危险的本能反应是逃跑、反击或畏缩，身体必须将大量血液输送到四肢，以提供所需的能量。长期受压，人体内的血糖、血脂、血压长期升高，人体的修补机制会被抑制，蛋白质生产减慢，导致免疫力下降。长期面对压力通常源于不健康的生活方式、人际关系和心态，以及人与工作的错配。有效的抗压法是着重于补充脑部营养，处理压力源头及改变思维模式。

（1）身体上肥胖

美国一项实验彻底颠覆了“心宽体胖”这一说法。因为最新研究显示，压力过大可能会使小腹越来越大，青少年可得当心。美国研究人员发现，如果身材苗条的青少年所承受的压力过大，腹部脂肪囤积也会跟着直线上升。因此想要保持魔鬼般的好身材，心情最好还是得放轻松。主持研究计划的加州大学艾波尔教授说，研究人员目前还不清楚究竟腹部脂肪的囤积是因压力而起，还是由其他原因所致。不过，根据实验结果显示，在健康青少年身上，就算他们其他部位的可体松（cortisol）分泌在正常的范围之内，而且体重也在正常范围之内，但若心理压力过大，其腹部的可体松分泌就会增加，而导致脂肪囤积。可体松的分泌由肾上腺素所控制。研究人员并不清楚为何体重比较轻的青少年比肥胖青少年更不能承受压力，不过他们很肯定的是“身材苗条的青少年比较不能适应压力，而且也较易引发负面情绪”。艾波尔教授推测，身材苗条青少年的腹部脂肪可能是压力过大和荷尔蒙分泌失调所造成的，而体重过重青少年的腹部脂肪则是导因于肥胖。腹部脂肪的囤积可能导因于基因、抽烟、运动和饮食，艾波尔教授的研究把压力也列为小腹肥胖其中的一个因子。

（2）心理上焦虑

焦虑是一种常见的情绪表现，适度的焦虑在一般生活场景中具有积极的意义，而持续严重的焦虑会导致机体免疫机能低下，内分泌调节紊乱，从而损害健康。

近几年来，许多拥有高学历的正常成年人都会突发一种奇怪的疾病：没有任何病理变化，也没有任何器质性改变，但他们会突发性地出现恶心、呕吐、焦躁、神经衰弱、精神疲惫等症状，女性还会并发停经、闭经和痛经等妇科疾病，发病间隔、起病时间不一定。有关专家认定，这是一种身心障碍，未正式公布的名字是：信息焦虑综合症。信息焦虑综合症，又称作知识焦虑综合症。最早提出这个概念的是香港中文大学医学部的孙彼得教授，他发现在信息爆炸时代，人们对信息的吸收是成平方数增长的，但人类的思维模式还没有很好地调整到可以接受如此大量信息的阶段，由此造成一系列的自我强迫和紧张，非常接近精神病学中的焦虑症状，孙教授称之为信息焦虑综合症。顾名思义，信息焦虑综合症的意思就是由于过量地吸收信息引起的焦虑症状。过量地吸收信息，并非是一个主动意识，在大多数情况下，是一种被动行为。从日常生活上看，每天都泡在图书馆或上网查阅资料的人都很容易引发焦虑。

2008 年进行了一次青少年焦虑心理调查分析，从焦虑症的检出结果，反映出当代青少年的心理情绪状况不容乐观。青少年面临学习、生活及就业的巨大挑战，面临着人生的重大转折，在理想与现实之间感受到强烈的反差，是心理障碍和心理疾病的高发人群。调查还发现，男生的焦虑症检出率较女生高，这可能与社会或家庭对男生的期望比女生的更高有关，从而导致承受的主客观压力较大，焦虑水平也较高。另外，从调查中还可看出，不同年级的学生的焦虑状态检出情况也不尽相同。针对当前青少年焦虑症发生的现状，国内各学校的领导应引起足够的重视和关注，并积极采取健康促进、健康教育，在学校中广泛开展心理健康教育、心理咨询活动，必要时使用抗焦虑药物，以期从根本上消除和减轻学生的不良焦虑心理，以利于青少年健康全面地发展。

（四）如何对抗压力

抗压性强好，还是将压力转换成脾气发泄出来较好？上述两种方式都不好，压力应适当地释放出去，在生活方面有很多抗压法，只有善加利用，才能积极地调整自己的情绪。发泄压力的方法不只是发脾气，压力在生活中无处不在，在面对外界压力方面每个人都有自己的方式方法。

（1）运动抗压

有氧运动可增加脑部氧气和养分供应，有助于排除体内废物及提升集中力和解难能力；运动期间分泌的内啡肽可使人感觉愉快，同时可减低皮质醇对心态的不利影响。它不仅能改变人的心理状态，有利于消除忧郁等不良情绪，而且还能在一定程度上改善因性格缺陷所带来的负面情绪。所以每周 3 ~ 5 次，每次 30 ~ 45 分钟的有氧运动，如步行、游泳、跳绳等，将有助于调节心情，减低身心压力。

（2）饮食抗压

尽量每天吃天然食物，少吃精制或含防腐剂的食品；每天吃 5 份不同的蔬菜和水果，多摄取不同的维生素；如果体质敏感，压力大时应戒掉喝咖啡、浓茶、含咖啡因的汽水等；低盐食物可防止血压升高；中餐多摄取蛋白质以补充消耗，晚餐多吃碳水化合物，可助入眠等。

（3）睡眠抗压

睡眠充足，情绪较好，记忆力和理解能力也会增强；睡眠时间长短因人而异，一般为7～9小时；环境许可的话，每天应午睡15～30分钟（最好在13:00前小睡）；定时上床就寝；压力大时需要更长的睡眠时间。

（4）友情抗压

人际交流网络能提供安全感，无恐惧，可减少身体受压；多与同学和家人相处、接触可提升正面情绪，身体接触可刺激激素的分泌，让心情更轻松，减低皮质醇对身体的影响；要巩固关系，自己必须先踏出第一步。

（5）兴趣抗压

培养兴趣可分散压力，如果人际关系不如意，至少还有其他方式可支撑情绪；兴趣可以是看小说、报纸杂志、上网、听音乐等松弛神经的活动；也可以是投入心力，可终身享受的活动，如运动、画画等；每天要花30分钟到1小时在兴趣上。

（6）心理咨询

在日常学习生活中，人们要承受来自各方面的压力，并不是所有的事情都能得到父母亲人、朋友同事的完全理解。青少年处在个性成长、敏感脆弱的时期，压力的纾解显得尤为重要。人们需要通过自己的方式来解决这些心理障碍，心理咨询是一个新兴的有效途径。

（五）你有心理障碍吗

如果你有下列症状，建议你去看心理医生。

忧郁症：一种持久性的心境低落，常伴有焦虑、躯体不适和睡眠障碍。

焦虑症：一种持续性紧张或发作性惊恐的状态，并非由实际威胁引起，紧张惊恐程度与现实不相符。

恐怖症：对一种情景、物体或人产生强烈的恐惧或紧张，从而不得不回避。

强迫症：一种明知不必要，但又无法摆脱，反复呈现的观念、情绪或行为，常伴有焦虑和恐惧。

疑病症：过分地关注自身健康，怀疑身体某部位或某一器官异常。尽管临床检查无客观证据，但总认为患了某种疾病，同时伴有焦虑不安。

癔症：由心理因素暗示或自我暗示所引起的一种疾病。表现为短暂的精神障碍、躯体障碍，但无器质性病症。

神经性厌食：指一种以厌食、消瘦、闭经、虚弱为特点的女性心理疾病。

神经性呕吐：一种反复餐后呕吐，但不影响食欲、体重的疾病，常具有癔症性格、暗示性格，女性多见，往往在明显心理因素作用下发病。

性心理病：包括心理因素导致的阳痿、早泄、性冷淡、异装癖、恋物癖等。

（六）运动对情绪的调节作用

情绪一般可分为正性和负性两大类，凡是能给人们带来愉快体验（包括喜、爱、满意、欣慰等）的情绪都可称为正性情绪；反之，会带来痛苦体验（如愤怒、焦虑、恐惧、悲痛等）的情绪则叫负性情绪。负性情绪是一种不良情绪，长期处于负性情绪会大大降低人体免疫功能，从而直接或间接引发诸多疾病。

研究表明，体育运动是一种很好的“神经安定剂”，它不仅能改变人的心理状态，有利于消除忧郁等不良情绪，而且还能在一定程度上改善因性格缺陷所带来的负性情绪。对大多数人来说，只要日常有意识地控制情绪，适当多参加运动，就能重拾快乐心情。运动可以引发积极的思维和情感，这些积极的情绪对抑郁和困惑等消极心境具有抵抗作用。

此外，运动时能促进大脑分泌一种具有吗啡作用的化学物质——内啡肽。内啡肽可以帮助我们降低抑郁、焦虑、困惑及其他消极情绪的程度。通过改善体能，也能增强自我掌控感，重拾信心。德国柏林自由大学的医生作过一项研究，他们追踪曾经罹患重度抑郁症至少 9 个月的 5 名中年男性和 7 名妇女，发现药物对这些患者的疗效相当有限，甚至是无效。研究人员要这些患者每天在跑步机上运动 30 分钟，在 10 天的运动期间，逐渐增加其运动量，并评估患者情绪状况的变化。结果在 10 天后，有 6 名患者表示抑郁情绪大有改善。需要提醒的是，必须保持一定的运动时间，才能达到使心情舒畅的效果。对一般人来说，要以中等强度的活动为主，如慢跑、游泳、跳健身操等，运动持续时间为40～50分钟，每周锻炼4～5次。有条件的话，尽量在室外空气清新、环境优美的地方进行锻炼，环境的变换也能避免单一和枯燥带来的郁闷心理。

（七）培养健康的性格

每个人同时拥有以上5种性格特征，只是可能某一个特征比较明显，形成主要性格。性格的构成，40%源自先天，剩下的60%则与童年的家庭生活、成长经历有关。英国心理学家约翰·波比（John Bowlby）指出，在行为上，会较喜欢接触外界环境，愿意和别人玩耍，社交能力强，被称为安全型。反之，如果父母对孩子的需要不敏感，孩子会经历焦虑，对父母有抗拒（焦虑型），或避免与父母有接触（逃避型）。人际关系和婚姻关系，都受性格影响。焦虑型的孩子，长大后与人太亲密时会感到不安，很难完全相信别人，也会担心爱侣不爱自己，因而对关系充满失望和愤怒。逃避型的，不在意有没有亲密关系，不会依赖别人，也不想别人依赖自己。虽然性格部分是天生的，以及受童年经历和家庭环境的影响，但是后天努力对性格的影响仍是不容忽视的。青少年正处在规划人生、树立人格的重要阶段，对于性格的重塑有着良好的契机和客观需要。

（1）认识自己。认识自己的价值观、核心信念，以及本身性格的特点、优缺点，从而肯定自己。发挥优点，加以磨炼，激发潜能。

（2）接纳缺点。别对自己的缺点过于介怀，最重要的是分辨哪些是不能接受，哪些是能接受的。

（3）反省过去。尤其在面对某些困难时，会感到非常害怕、担心，要细想一下是什么原因造成的。

（4）勇于尝试。即使面对失败，仍勇于尝试，作出改善。

（5）接受意见。听取好友勉励、忠告，不要过于自我，处处拒人于千里之外。

主要参考文献

[1] 王瑞元，孙学川，熊开宇．运动生理学［M］．北京：人民体育出版社，2002.

[2] Donoghue WC. How To Measure Your % Bodyfat，1987.

[3] Powers,S. K. Total Fitness. 1999.

[4] 陈吉棣．运动营养学［M］．北京：北京医科大学出版社，2002.

[5] 陈明达，于道中．实用体质学［M］．北京：北京医科大学、中国协和医科大学联合出版社，1993.

[6] McArdle WD，Katch FI，Katch VI. Exercsie physiology：Energy，nutrition and human performance(3rd Ed)．Philadelphia/London，Lea & Febiger，1991.

[7] 国家体育总局编．国民体质测定标准手册（成年人部分）［M］．北京：人民体育出版社，2003.

[8] 中华人民共和国教育部，国家体育总局．国家学生体质健康标准解读［M］．北京：人民教育出版社，2007：25－54.

[9] 国家体育总局编．第二次国民体质检测报告［M］．北京：人民体育出版社，2007.

[10] 刘纪清，李国兰．实用运动处方［M］．哈尔滨：黑龙江科学技术出版社，1993.

[11] 田野．运动生理学高级教程［M］．北京：高等教育出版社，2003.

[12] 谭思洁，刘洵．体适能评价与运动处方［M］．人民体育出版社，2006.

[13] Power SK，Howley ET. Exercise Physiology,2002.

[14] Wilmore JH，Costill D. Physiology of Sport and Exercise[M]．Human Kinetics,1994.

[15] 邓树勋，洪泰，曹志发．运动生理学［M］．北京：高等教育出版社，1998.

[16] 王保成，杨汉雄．竞技体育力量训练指导［M］．北京：人民体育出版社，2001.

[17] 刘吉．365 天运动处方［M］．北京：人民体育出版社，2001.

[18] 姚鸿恩．体育保健学［M］．北京：人民体育出版社，2001.

[19] 季浏．体育与健康［M］．北京：华东师范大学出版社，2000.

[20] Mike Featherstone. Lifestyle and ConsumerCultur, in Theory, Culture & Society，Sage, London, Vol. 4(1987) ,55.

[21] Morrison DN, Mcgee R, Stantonwreta. Sleep Problem…Jam Aedachild Adolesc Psyehiatyr, 1992:994 - 993.

[22] Chambers M J, Kim J Y, The role of stat - rtait anxiety in insomnia and dyatime restedness[J]. Behavioral Medieine, 1993, 19:42 - 46.

[23] Snyder E. E, SPreitzer E. A. Involvement in sports and Psychological well - being[J]. International Journal of sports Psychology, 1974(5):28 - 39.

[24] Heinzelmann F, BagleyRW. ResPonse to Physical activity Progrmas and theire effects on health behavior[J]. Publie Healtl Report, 1970(85):905 - 911.

[25] 谭思洁，刘洵．健康评价与运动处方［M］．天津：天津科技出版社，2005.

[26] Ainsworth BE, Haskell WL, Leon AS, et al. Compendium of physical activities: Classification of energy costs of human physical activities[J]. Medicine and Science in Sports and Exercise, 1993, 25(1): 71 - 80.

[27] 冯连世，李开刚．运动员机能评定常用生理生化指标测试方法及应用［M］．北京：人民体育出版社，2002.

[28] 谭思洁．运动机能评定与恢复［M］．天津科技翻译出版公司，2007.

[29] Howley ET. Type of activity: resistance , aerobic and leisure versus occupational physical cctivity[J]. Med Sci Sports Exerc, 2001(33): S364 - S369.

[30] Ainsworth BE, Haskell WL, Whitt MC, et al. Compendium of physical activities: an update of activity code and MET intensities[J]. Med Sci Sports Exerc, 2000(32): S498 - S516.

[31] Robergs RA, Landwehr R. The surprsing history of the "HRmax = 220 - age" equation[J]. J Exer Physonline, 2002, 5(2):1 - 10.

[32] Bishop D. Potential mechanisms and the effects of passive warm - up on exercise performance[J]. Sports Med, 2003(33):439 - 454.

[33] Pollock ML, Gaesser GA, Butcher JD. The recommended quantity and quality of exercise for developing and maintaining cardiorespiratory and muscular fitness, and flexibility in healthy adults[J]. Med Sci Sports Exerc, 1998(30): 975 - 991.

[34] American College of Sports Medicine, Preventative and Rehabilitative Exercise Committee. Guidelines for exercise testing and prescription (4th Ed.). Lea & Febiger, Philadelphia, 1991.

[35] 马连鹏．科学体育生活方式的形成与促进［J］．中国体育科技，2004，40（1）．

[36] Strong WB, Malina RM, Blimkie C. J. et al. Evidence based physical activity for school - ageyouth[J]. J Pediatr, 2005(146):732 - 737.

[37] Food and Nutrition Board. Dietary referenceintakes for energy, carbohydrate, fiber, fat, fatty

acids, cholesterol, protein, and amino acids (macronutrients). Chap. 12: physical activity[M]. Washington, DC: National Academies Press, 2005.

[38] American College of Sports Medicine. Positionstand: The recommended quantity and quality ofexercise for developing and maintaining cardiorespiratory and muscular fitness and flexibility[J]. Medicine and Science in Sports and Exercise, 1998(30): 975 – 991.

[39] Christine Kimber, et al. Elevating Physical Activityas a Public Health Priority: Creation of the National Society of Physical Activity Practitionersin Public Health[J]. Journal of Physical Activityand Health, 2009, 6(6): 677 – 681.

[40] 中共中央、国务院. 中共中央国务院关于加强青少年体育增进青少年体质健康的意见 [N]. 人民日报, 2007 – 05 – 25 (01).

[41] Vivian H Heyward. Advanced fitness assessment and exercise prescrip – tion[J]. The United States of America: Human Kinetics, 2006: 3 – 4.

[42] 何志文, 陈玮君. 对青少年学生体质健康状况下降的思 考（之一）——青少年学生体质健康水平下降的原因调查 [J]. 体育科技文献通报, 2008, 16 (6): 13 – 16.

[43] 李海燕. 青少年体力活动测量方法的研究与应用 [D]. 上海: 上海体育学院, 2010.

[44] Shephard RJ. Absolute versus relative intensity of physical activity in a doseresponse context[J]. Med Sci Sports Exerc, 2001: 33.

[45] Armstrong N, Welsman JR. The physical activity patterns of European youth with reference to methods of assessment[J]. Sport Med, 2006: 36.

[46] 李海燕, 陈佩杰, 庄洁. 上海市青少年体力活动现状与体质健康相关性研究 [D]. 上海体育学院运动科学学院, 2011.

[47] Warburton, D., Katzmarzyk, P. T., Rhodes. R. and Shephard, R. Evidence – based physical Activity guidelines for Canadian adults[J]. Appl, Pbysiol. Nulr. Metab, 2007: 32.

[48] 陈玉忠. 关于我国青少年体质健康问题的若干社会学思考 [J]. 中国体育科技, 2007, 43 (2): 83 – 90.

[49] Pate RR, Pratt M, Blair SN, et al. Physical activity and public health hrecommendatioQ from the Centers for Disease Contml and Prevention and the American College of Sports Medicine[J]. JAMA, 1995, 273 (5): 402 – 407.

[50] 刘爱玲, 李艳平, 胡小琪, 等. 我国儿童少年闲暇时间静态活动现状分析 [J]. 中国学校卫生, 2008, 29 (4): 313.

[51] Anderssen SA. Low cardiorespiratory fitness is a strong predictor for clustering of cardiovas-

cular disease risk factors in children, age and sex[J]. Eur Cardiovasc Prev Rehabil, 2007 (14) : 526 – 531.

[52] 程晓萍，邹晓莉，柳晓琳等. 锦州市 1150 名小学生膳食调查及营养状况评价［J]. 中国学校卫生，2002，23（5）：390 – 391.

[53] 王蕴芬，等. 全国 13 省及自治区学生营养不良监测报告［J]. 中华预防医学杂志，1990，24（6）：383.

[54] 刘洵，谭思洁. 运动生物科学基础［M]. 北京：人民体育出版社，2008.

[55] 曹立全，陈爱华，谭思洁. 核心肌力理论在运动健身和康复中的应用［J]. 中国康复医学杂志，2011，26：（1）93 – 97.

[56] 王香生，黄雅君. 体力活动与健康. 研究与应用［J]. 体育与科学. 2008，29（6）：75 – 78.

[57] Westerterp KP. Assessment of physical activity level in realation to obesity: current evidence and research issues[J]. Med Sci Sport Exerc, 1999, 31(11 Suppl): S222 – 525.

[58] 梁洁，蒋卓勤. 14 ~ 16 岁青少年能量代谢研究［J]. 现代预防医学，2008，35（10）：1840 – 1846.

[59] Schmitz kH, Treuth M, Hannan P, et al Predicting Energy Expenditure from Accelerometry Counts in Adolescent Girls[J]. Med Sci Sport Exercise, 2005, 37(1): 155 – 156.

[60] Morris JN, Heady JA, Raffle PA , Roberts CG, Parksjw. Coronary heart – disease and physical activity of work[J]. Lancet, 1953, 1265(6795): 1053 – 1057.

[61] Lees SJ, Booth FW. Sedentary death syndrome[J]. Can J Appl Physiol, 2004, 29 (4): 447 – 460.

[62] Haskell WL, Lee IM, Pate RR et al. Physical activity and public health: updated recommendation for adults from the American College of Sports Medicine and the American Heart Association[J]. Med Sci Sports Exerc, 2007, 39(8): 1423 – 1434.

[63] Hagg U, Thranger J. Skeletal stages of the hand and wrist a sindieators of the pubertal growth spurt[J]. Acta Odont Scand, 1980(38): 187 – 200.

[64] Ong K K, Ahm ed M L, Dunger D B. Lessons from large population studies on timing and tempo of puberty(secular trends and relation to body size): the European trend[J]. Mol Cell Endocrinol, 2006(254 – 255): 8 – 12.

[65] BiZhenwang, JiChengye. Secular growth changes in body height and weight in children and adolescents in Shandong , China between 1939 and 2000[J]. Ann Hum Biol, 2005 (32): 650 – 665.

[66] Cole TJ. The secular trend in human physical growth: abiological view[J]. Econ Hum Biol, 2003(1):161 - 168.

[67] Ritchie LD, Ivey SL, Woodward - Lopez G, et al. A larming trends in pediatric over weight in the United States[J]. Soz Pravent Med, 2003(48):168 - 177.

[68] Lin Wan sheng, Chen CAN, Su JZX, et al. Secular changes in the growth and development of Han children in China[J]. Ann Hum Biol, 1992(3):249 - 265.

[69] 季成叶，胡佩瑾，何忠虎．中国儿童青少年生长长期趋势及其公共卫生意义［J］．北京大学学报（医学版），2007，39（2）：126 - 131.

[70] 姚凯峰，孙飙．国内外体力活动研究现状分析［J］．南京体育学院学报（自然科学版），2001，10（3）：10 - 14.

[71] Gholding A, Jones IE, Taylor RW, et al. More broken bones: A 4 - year double cohort study of young girls with and without distal forearm fractures [J]. J Bone Miner Res, 2000(15): 2011 - 2018.

[72] 张倩，马冠生．体力活动对骨量的影响［J］．国外医学卫生学分册，2005，32（4）：239 - 243.

[73] 杜维婧，张倩，胡小琪，等．北京郊区青春期学生全身骨量影响因素研究［J］．中国骨质疏松杂志，2006，12（5）：475 - 478.

[74] Dianne Haies. 现代健康指导手册［M］．孙云霞译．北京：中国轻工业出版社，2008.

[75] health. people. com. cn/GB/2003 - 7 - 17.

[76] 王捍峰等．健康顾问［M］．北京：经济日报出版社，2006.

[77] 世界卫生组织的人体健康十条标准．基层医学论坛，2006（06）．

[78] 参晓平．健康不健康看“五快三良”［J］．烹调知识，2003（07）．

附录

各项运动 1 小时的热量消耗

运动项目名称	每千克体重	能量消耗	体重 75kg	体重 65kg	体重 55kg
	Kcal/h	kJ/h		Kcal/h	
射箭	4.61	19.29	346	300	254
篮球	4.11	17.20	309	268	227
（投篮）	5.25	21.97	394	341	289
（中等强度）	6.19	25.90	464	402	340
（剧烈）	8.70	36.40	653	566	479
平地骑车（148m/min）	4.41	18.54	331	287	243
划独木舟（107m/min）	6.14	25.69	461	399	338
跳舞（中等强度）	3.67	15.36	275	239	202
（剧烈）	4.99	20.88	374	324	275
击剑	4.41	18.45	331	287	243
橄榄球	7.31	30.59	548	475	402
高尔夫球	4.67	19.92	357	309	262
手球（剧烈）	8.58	35.90	644	558	472
骑马	2.90	12.13	218	189	160
爬山	8.84	36.99	663	575	486
划船	12.02	50.29	902	781	661
跑步（148m/min）	9.50	39.75	713	618	523
（188m/min）	12.03	50.33	902	782	662
（241m/min）	13.67	57.20	1025	889	752
摩托车	5.94	24.85	446	386	327
滑冰（中等强度）	5.01	20.96	376	326	276
（剧烈）	9.02	37.74	677	586	496
滑雪	8.49	35.52	637	552	467
足球	7.86	32.86	590	511	432
壁球	9.15	38.28	686	595	503
游泳	3.41	14.27	256	222	188
蝶泳（36m/min）	10.30	43.10	773	670	567

续表

运动项目名称	每千克体重	能量消耗	体重 75kg	体重 65kg	体重 55kg
	Kcal/h	kJ/h		Kcal/h	
蛙泳（18m/min）	4. 23	17. 70	317	275	233
网球（中等强度）	6. 10	25. 52	458	397	336
（剧烈）	8. 58	35. 90	644	558	472
排球（中等强度）	5. 01	20. 96	376	326	276
（剧烈）	8. 58	35. 94	644	558	473
走路（3 218m/h）	3. 09	12. 93	232	201	170
110～120 步/min	4. 58	19. 16	344	298	252
7 241m/h	5. 82	24. 35	437	378	320
上楼	15. 27	63. 89	1 145	993	840
下楼	5. 86	24. 52	440	381	320
柔道、摔跤	11. 30	47. 28	848	735	622

步行能量消耗参考值

速度（m/min）	能量消耗（kJ/kg/min）	MET（unit）
60	0. 33	4. 5
80	0. 41	5. 5
100	0. 48	6. 6
120	0. 56	7. 7
140	0. 64	8. 7
160	0. 71	9. 8
180	0. 79	10. 9
200	0. 87	11. 9
220	0. 95	13. 0

游泳能量消耗

速度		能量消耗	
km/hour	m/min	kJ/min	kcal/min
0. 6	10	12. 54	3. 0
1. 2	20	15. 06	3. 6
3. 0	50	41. 16	11. 0
4. 2	70	107. 94	25. 8